RESCATA TU VIDA AMOROSA

DR. HENRY CLOUD
DR. JOHN TOWNSEND

Rescata tu vida amorosa por Henry Cloud y John Townsend
Publicado por Casa Creación
Una compañía de Strang Communications
600 Rinehart Road
Lake Mary, Florida 32746
www.casacreacion.com

Traducido por Grupo Nivel Uno, Inc.
Diseño interior por Grupo Nivel Uno, Inc.

Library of Congress Control Number: 2005938542

ISBN: 978-1-59185-848-5

Impreso en los Estados Unidos de América

08 09 10 * 7 6 5 4 3 2

Para todos aquellos matrimonios que buscan rescatar su vida amorosa y encontrar la cercanía y pasión que desean

Contenido

ACTITUD TONTA #6

ACTITUD TONTA #7

ACTITUD TONTA #8

Agradecimientos

A nuestro agente literario, Sealy Yates y su ayudante, Jeana Ledbetter, por su guía y aliento durante el proceso de escribir este libro.

A la gente de Integrity Publishing: Byron Williamson, presidente; Joey Paul, editor general; Tom Williams, editor asistente; Rob Birkhead, vicepresidente de mercadotecnia; y Angela DePriest, gerente editorial, por su visión, entusiasmo, creatividad y excelencia, que hicieron realidad este libro.

A nuestra asistente Janet Williams, por su interés y continuidad en hacer todo lo que había que hacer.

A nuestros padres, Henry y Louise Cloud y Jack y Becky Townsend, por darnos un modelo de matrimonio que en total suma más de 100 buenos años.

A nuestras esposas, Tori y Barbi, por su gracia, amor y los muchos sacrificios que hicieron para mantener en rescate nuestras propias vidas amorosas.

Al personal de Cloud-Townsend Resources, por su dedicación, apoyo y compañía durante estos años.

A Steve Arterburn y la gente de New Life Ministries, por su diligencia y asistencia.

A Bill Dallas y Church Communication Network, por su visión y compañía al brindar acceso a programas que promueven el crecimiento espiritual y el liderazgo.

El agradecimiento especial de parte de John «a los matrimonios cuya relación ha significado tanto para mí: Tom y Martha McCall, Ted y Jennifer Trubenbach, y Eric y Debbie Heard. Me han enseñado mucho, para mi vida y mi propio matrimonio».

Y de parte de Henry, «gracias a los matrimonios cuya relación ha significado mucho para mí: Bill y Julie Jemison, Guy y Christi Owen. Me han enseñado mucho para mi vida y mi propio matrimonio».

Lee esto primero

Si tienes este libro en las manos, lo más probable es que estés en una de dos situaciones: una, te gustaría que tu matrimonio fuera íntimo, apasionado, lleno de amor. Y dos, las cosas en tu matrimonio no van tan bien como debieran.

Si es así, no pierdas la esperanza. Estamos contentos de que estés aquí, y queremos que sepas que hay mucho que puede hacerse para rescatar tu vida amorosa. Tu matrimonio merece ser rescatado, y este libro te mostrará cómo funciona esto.

Piensa durante un momento en las primeras semanas, quizá meses, de tu conexión con tu esposo. ¡Eran dos imanes que se atraían mutuamente! Y muy posiblemente, sentían cierta obsesión el uno por el otro. Deseos, atracción, ternura, profundidad. Emociones, risas, lágrimas. Cuando estaban juntos, era algo fabuloso. Y si estaban separados se echaban de menos.

Y después, por alguna razón –y hay muchas– el fuego comenzó a apagarse. Vieron partes del otro con las que no podían relacionarse. Quizá uno de los dos se retrajo o se volvió controlador, manipulador, irresponsable y hasta cruel. La comunicación y la conexión dejaron de ser lo que eran en los buenos tiempos. Comenzaron a pensar cosas tontas el uno del otro ¡y también a hacerlas!

Un problemita llevó a otro y a otro, y, antes de que se dieran cuenta, los deseos, la intimidad y la pasión comenzaron a marchitarse. Y fueron reemplazados por la distancia, la alienación, la desconfianza, el conflicto, una sensación creciente de estar dormidos o insensibles, y el miedo de que ya no hubiera solución. ¿Qué hago ahora? ¿Estoy atrapado en esto para siempre?

Si esto describe tu viaje, no te desalientes. No estás solo o sola. Muchos matrimonios han pasado por eso de perder la gran conexión que tenían. ¿Puede recobrarse?

Mira la historia de Roberto y Débora, por ejemplo. Cuando se conocieron y se enamoraron, no podían estar separados. Era algo romántico, apasionado y lleno de energía y sueños para el futuro. Sus amigos envidiaban su felicidad.

Pero como sucede con tantas parejas, comenzaron lentamente a caer en la alienación, los sentimientos de dolor, las peleas. Los problemas se convirtieron en cuestiones graves. Ya casi no había buenos momentos. La luna de miel había terminado, definitivamente, y la realidad no se veía bien.

Intentaron las tácticas habituales: ser más positivos, salir de noche, ocuparse con el trabajo y los hijos. Sin embargo, todo parecía empeorar. Lo malo se veía un poco mejor desde afuera, y ambos se sentían falsos, vacíos y cada vez más distanciados entre sí.

Roberto comenzó a trabajar horas extras, y a pasar más tiempo con sus amigos. Débora se involucró de lleno con la atención de sus hijos. Y el abismo de la desconexión se hacía cada vez más grande, hasta que parecía no haber forma de construir un puente para cruzarlo. De hecho, las cosas empeoraban cada vez a mayor velocidad, y antes de que se dieran cuenta, estaban pensando en divorciarse.

Finalmente, llegaron a los principios de este libro. Y comenzaron a trabajar en los pasos que presenta. Descubrieron las causas de origen de los problemas que no habían logrado vislumbrar. Y vieron cómo les afectaban, a cada uno por separado, y también a su relación. Pusieron en práctica los consejos y directrices para resolver estas cuestiones, para sanar sus heridas y avanzar hacia el amor y la pasión. Comenzaron a abrirse nuevamente, y lo mejor de todo es ¡que recuperaron la pasión y la intimidad que creían perdida para siempre!

Hoy, Roberto y Débora están enamorados nuevamente el uno del otro, y avanzan en su matrimonio. Han vivido el rescate.

La historia de éxito de este matrimonio es la de muchos otros que han trabajado siguiendo estos principios. Los conceptos de rescate realmente funcionan, y lo han hecho durante mucho tiempo. No es una píldora mágica, sino algo mucho mejor: un sistema comprobado de mirar tu vida amorosa y mirarse a sí mismos, y aprender qué pasos dar para mejorar. ¡Aprenderás a «desaprender» esas tontas ideas que dieron lugar, en su mayor parte, a este lío en que están metidos!

Ahora, supongamos que el matrimonio está desequilibrado y que uno de los dos tiene más interés por rescatarlo, en tanto el otro no parece darle importancia. No te des por vencido. Hay mucho que puedes hacer, y te lo enseñaremos aquí. Puedes maximizar tus propios esfuerzos para traer intimidad y conexión a tu matrimonio. Y como verás, una persona puede efectuar un gran cambio en la relación.

Así que, comienza a trabajar en tu propio rescate. ¡Esperamos y oramos por lo mejor en tu vida amorosa!

ACTITUD TONTA #1

«Es el otro quien debe cambiar»

Puede parecerte extraño que al abrir un libro sobre el matrimonio, lo primero que veas es que te digamos que es tonto esperar que el otro cambie. ¿No es por eso que compraste este libro, para ver los cambios en la persona a la que amas? Sin embargo, como veremos, la clave para mejorar tu matrimonio está en que cambies tú primero.

Esto puede parecer un poco antinatural, porque te interesa mejorar tu relación y no mejorar como persona. Aunque la clave está en esto: los matrimonios que crecen están conformados por personas que crecen. La relación será tan buena como las personas que la compongan. Y nada ayuda más a una relación que el hecho de examinarnos y ver nuestras propias cuestiones, nuestro bagaje, nuestros defectos, nuestras debilidades y penas. Cuando entiendes qué es lo que te hace funcionar y comienzas a solucionar tus asuntos personales, entonces tu capacidad para amar, dar gracia, mejorar la comunicación, poder hablar con sinceridad y resolver problemas también mejora. Así que comienza por ti mismo, porque es la mejor manera de lograr lo que buscas.

¿Qué pasa si el otro no quiere hacer lo mismo? Bueno, puede suceder. Y sucede. Pero aún así, te sorprenderás, mientras leas esta sección, al descubrir que tu ejemplo, tu forma de relacionarte, afectará profundamente tu relación y el otro ser para bien y por el bien del amor. Y es sorprendente el modo en que darás libertad al otro para que pueda rescatarse a sí mismo.

En esta sección, te daremos varios principios comprobados que te ayudarán a mirarte con una lupa, y a ver cuál es tu contribución a la relación. Te daremos directrices para ayudarte a aplicar los cambios, y crezcas en lo personal y en tu vida amorosa.

Cambia tú, y no quieras cambiar al otro

"Bien, muchachos", yo (John) les dije a Dennis y Kathy. "Cuéntennos la historia completa." Mi esposa, Barbi, y yo estábamos cenando con ellos por primera vez. Durante la conversación, habían insinuado que su matrimonio estaba pasando por un mal momento, aunque en apariencia, todo se veía bien.

Dennis respondió: "Probablemente no estaríamos donde estamos ahora si Kathy no hubiese tomado la iniciativa". Se dirigió a su esposa. "¿Por qué no les dices?"

"Bueno", comenzó Kathy, "nunca tuvimos una crisis importante, como sucedió con algunos de nuestros amigos. Fue más como una sensación de haber caído en la rutina o eso es lo que sentí el año pasado. Dennis estaba muy metido en su trabajo, y yo me ocupaba de los niños. Todo estaba bien. No podíamos quejarnos, pero ya no nos conectábamos como sucedía antes."

"¿Qué pasaba?", pregunté.

"Es que solamente hablábamos de lo que hacíamos: el trabajo, los hijos, el dinero, la iglesia, las vacaciones. Necesitábamos hablar de estas cosas, pero nunca nos conectábamos realmente en el nivel emocional, un nivel real. Y finalmente le dije a Dennis que quería más, y que necesitaba una mejor conexión con él."

"¿Y cómo funcionó eso?"

Dennis sonrió con timidez. "Respondí como lo hacemos los hombres. Le dije que todo estaba bien así como estaba. No peleábamos, y la familia iba bien, así que ¿para qué hacer olas?"

"¿Y entonces qué pasó?"

"Durante un tiempo insistí", respondió Kathy, "y luego me di por vencida. Estaba un poco enojaba con él, pero pensé que quizá estaba siendo ingrata por lo que sí teníamos, así que intenté ser feliz, y me resigné a vivir la vida así como la estábamos viviendo. Como dije, no estábamos mal, así que seguí de esa manera".

"¿Pero no funcionó, verdad?"

"Claro que no. Cada vez me sentía más alejada de él. Y Dennis se daba cuenta. Trataba de ser amable, al preguntarme qué había hecho durante el día, y me invitaba a cenar, ¡claro! Pero yo no me sentía conectada con él como quería."

"¿Y qué hiciste entonces?"

"Bueno, no sabía en realidad qué hacer. Era más cuestión de cosas que sucedían, y no tanto de planificar nada. Intenté lograr que entendiera lo que necesitaba, y hasta comencé a llorar, que es algo que no suelo hacer. Dennis se preocupó, pero tampoco se comprometió entonces a hacer algo por nuestra relación." Puso su mano sobre la de él para mostrar que no era su intención criticarlo.

"Le dije entonces que no estaba enojada con él, ni que le echaba la culpa. Lo que quería era una relación más profunda. Aparentemente, por algún motivo, él no buscaba lo mismo. Así que empecé a reunirme con un grupo pequeño en mi iglesia, donde se hablaba de la conexión y la intimidad. Si no podía conectarme mejor con él, al menos tendría una conexión de algún otro tipo."

"Dennis, ¿de qué manera te afectó eso?"

"Me gustaba. Pensé que ella se sentiría mejor con esto."

Kathy continuó. "Me reunía con gente muy agradable, y nos hicimos amigos. Dejé de preocuparme por mi matrimonio, porque puse mi atención en el grupo. Y eso inició un cambio en mí hacia Dennis, aunque no el cambio que yo esperaba. Vi que le estaba pidiendo que hiciera algo que ni siquiera podía entender. Cuando le decía que quería más intimidad, él no sabía de qué le hablaba. Así que comencé por ser más íntima y vulnerable con él, corriendo riesgos en cuanto a mis sentimientos, miedos y sueños. Le expresaba mis sentimientos, pero sin esperar ni insistir en que hiciera lo mismo. Poco a poco, le empecé a preguntar qué sentía, y lo alenté a hablar."

Dennis interrumpió: "Allí pude entender algo al menos. Creo que fue la combinación de los intentos de Kathy por llegar a mí en un nivel más profundo, y su demostración de cómo hacerlo, al darme seguridad. Ese tipo de cosas nunca fue fácil para mí. Como dije, soy hombre. ¿Qué podía saber del mundo de los sentimientos? No tenía idea. Ella se mostraba amable conmigo, pero al mismo tiempo era directa".

"Entonces, poco a poco comencé a abrirme, a intentar pensar y hablar en términos emocionales. Descubrí que tenía sentimientos de los que nunca me había percatado. Finalmente, empezamos a conectarnos. Me resultó raro al principio, como si hablara en una lengua extranjera o algo así. Pero ahora no puedo imaginarme sin esta conexión con Kathy. Es como si le hubiéramos dado una nueva oportunidad a nuestro matrimonio."

"¡Wau!", dije cautivado por su relato. "Kathy, ¿te fue difícil todo ese trabajo?"

"Al principio me costó", dijo. "Pensaba que era yo quien cargaba con todo el peso de la relación. Pero todo comenzó a cambiar cuando vi que *fuera que Dennis respondiera o no, este camino que empezaba a recorrer sería bueno para ambos.* No sentía resentimiento, como antes. Ahora que miro hacia atrás, veo que valió la pena. He apreciado su voluntad para correr riesgos. Me ha mostrado partes de sus sentimientos que han sido duras, pero nos hemos acercado mucho. Siento que ahora compartimos la carga."

Comienza con el enfoque correcto

De seguro, Dennis actuó tontamente al no responder a los pedidos de Kathy en cuanto a su conexión. Pero también habría sido tonto de parte de Kathy seguir intentando cambiarlo a él. En cambio, tomó el camino más largo y se fijó en qué cosas podía contribuir al matrimonio. Ella cambió, y no buscó cambiar al otro.

Quizá tu matrimonio sea como el de Dennis y Kathy: está bien, pero le falta la intimidad que deseas. O quizá estén en problemas, y hasta pasando por una crisis. Quizá te has resignado a no tener la intimidad que quieres en tu matrimonio. Sea cual sea tu situación, lo mejor que puedes hacer ahora mismo para rescatar tu vida amorosa es concentrar tu atención sobre tu propia persona y no en la del otro. Como descubrió Kathy, pueden suceder cosas buenas en una relación cuando uno comienza a trabajar sobre sí mismo.

Y posiblemente pienses: *Esto me deprime. Será mejor que me conforme con cómo están las cosas, que me adapte e intente ser feliz de todos modos.* Eso es lo que pensaba Kathy al principio. Sin embargo, nada hay más lejano de la verdad. Porque cambiar tus propias actitudes puede hacer grandes cosas por tu bien y el de tu matrimonio.

La salud da lugar a la salud

Durante años, yo (John) sufrí de dolor crónico en la zona lumbar a causa de una lesión deportiva. Los tratamientos tradicionales de elongación, descanso, masajes, frío y calor no hicieron mucho. Un día, un ingeniero me dijo: «Tu espalda es como un punte colgante. Para fortalecerlo, debes fortalecer las estructuras que lo sostienen, es decir, los músculos en los que se apoya». Me sugirió un régimen de abdominales diarios. Seguí su consejo, y en unos meses el dolor había desaparecido.

No entiendo el principio de ingeniería que subyace a esto, pero sí sé que cuando me concentré en mejorar una parte de mi cuerpo, la otra parte mejoró también. Lo mismo sucede con el matrimonio, que es como un cuerpo. Lo que se hace individualmente tiene efectos sobre la relación. Y en términos generales, *puedes hacer más de lo que imaginas para mejorar tu relación.*

La Biblia lo explica en términos de ser una persona de luz. Es decir, la persona que sigue la luz de Dios, el amor, las relaciones y el crecimiento. «Así alumbre vuestra luz delante de los hombres, para que vean vuestras buenas obras, y glorifiquen a vuestro Padre que está en los cielos» (Mateo 5:16). La luz suele causar una reacción en los demás, incluyendo a tu cónyuge. Miremos los tres puntos clave que puedes hacer para traer buena luz a tu conexión.

PUEDES AGREGAR INGREDIENTES IMPORTANTES AL MATRIMONIO. Observa el modo en que Kathy se hizo vulnerable ante Dennis, en lugar de fastidiarlo y mostrarse resentida. Estaba trayendo buenos ingredientes de crecimiento a su matrimonio. Al trabajar con ella misma, Kathy hacía que a Dennis le fuera más fácil la apertura, confianza y seguridad. Kathy también se estaba librando de ingredientes negativos como la distancia, culpa y construcción de murallas. Y su participación en un grupo pequeño le dio conexión, sentido y apoyo, que fluyeron hacia su matrimonio. Cuando haces brillar la luz sobre tu propia vida y actitudes, agregas crecimiento y salud, no solamente a tu vida, sino a tu matrimonio. Quizá no veas resultados instantáneos, y eso está bien. Los antibióticos tampoco dan resultados instantáneos. Sin embargo, con el tiempo verás mejoras. Comienza por tomar decisiones saludables y de crecimiento en tu propia vida. Comienza por conocerte a ti mismo, los demás y Dios de manera más profunda.

PUEDES TENER INFLUENCIA SOBRE TU CÓNYUGE. No solamente cambiarás para traer cosas buenas a tu matrimonio, sino también para poder ayudar al otro a crecer y cambiar. Por ejemplo, Kathy dio el modelo de la vulnerabilidad personal y luego directamente alentó a Dennis a abrirse con sus propios sentimientos. Él respondió ante su ejemplo e influencia directa.

A veces, intentamos controlar a nuestro cónyuge, al obligarlo a cambiar. Pero la realidad es otra: no podemos cambiar al otro, porque el otro es quien toma la decisión. Y en un nivel más profundo, no queremos que alguien nos ame porque esté obligado a hacerlo. Queremos que nos ame porque así lo desee, y porque nos desee a nosotros. Así que deja ya de buscar controlarlo todo. La influencia es mucho más útil. Da el ejemplo, da información, pide, sé vulnerable, seguro y siempre respeta la libertad de decisión de tu cónyuge.

Como hemos visto, este tipo de influencia puede lograr mucho. Así que no temas presionar a tu cónyuge con *el tipo de presión correcto*.

Háblale, hazle saber que le amas y que el crecimiento de ambos como pareja te importa. La presión saludable produce crecimiento y salud.

PUEDES HACER QUE EL OTRO TE AYUDE. Los matrimonios más saludables son aquellos en los que ambos cónyuges están comprometidos con el crecimiento y el cambio, que trabajan sobre sí mismos, como lo hacen hoy Dennis y Kathy. En estos contextos, cada uno rema en su propio lado del bote, contribuyendo hacia el avance del matrimonio.

Convoca a tu cónyuge a formar parte de un equipo. Conversen sobre lo que ambos desean: más conexión, más seguridad, más intimidad emocional, más vulnerabilidad, más sinceridad, más autenticidad, mayor sentido de equipo y una relación sexual más satisfactoria. Hablen de cómo se afectan mutuamente, de cómo se decepcionan, y de lo que quieren cada uno del otro. Luego, pongan el hombro al mismo tiempo para cambiar las cosas. Esta es la forma en que las parejas rescatan sus vidas amorosas y viven matrimonios grandiosos.

Salvavidas: HAZ COMO KATHY: TRABAJA PRIMERO SOBRE TU PROPIA PERSONA ¡Y LUEGO ESPERA QUE SUCEDA LO BUENO!

El amor crece cuando desaparece la dependencia

«Te necesito.»

«Estoy incompleto sin ti.»

«Te extraño y siento la soledad.»

«No podría hacerlo sin ti.»

¿Te suena conocido? ¿Como la letra de una canción de amor? En ciertos contextos románticos, las frases como estas despiertan sentimientos de pasión e intimidad en las personas, y eso a veces puede ser muy bueno. Por eso es que los compositores de letras siguen usándolas. Las afirmaciones como éstas hacen que las parejas sientan que se pertenecen mutuamente. Hacen que dependa el uno del otro, que se sientan completos y felices de no estar en soledad. La dependencia y el amor parecen fundirse en una misma cosa.

Sin embargo, cuando pasamos del ámbito de las canciones de amor al país de las relaciones reales, la cosa cambia. A veces, la dependencia puede ser un problema en el amor. Ahora, hay cierta necesidad de dependencia que dos enamorados necesitan, una dependencia saludable y satisfactoria. Por ejemplo, todos necesitamos saber que nuestro cónyuge estará allí para nosotros cuando estemos deprimidos o estresados. Ese tipo de dependencia forma parte del apoyo, la empatía, el afecto. Pero el otro tipo de dependencia puede ahogar al amor romántico. En este capítulo, te mostraremos la diferencia y te daremos formas de vencer las dependencias que quizá estén matando tu vida amorosa.

Amor y dependencia

Para muchos, *el amor y la dependencia* son sinónimos. Sin embargo, hay un mundo de diferencia entre ambos, y esa diferencia puede tener un efecto enorme sobre tu matrimonio. Definamos ambos términos.

AMOR: El amor tiene que ver con llegar a la otra persona. En su esencia, *el amor es tomar posición en beneficio de esa persona.* El amor que sentimos por los demás es producto del amor que Dios genera para nosotros y define el modo en que hemos de acercarnos a otros: «...amémonos unos a otros; porque el amor es de Dios» (1 Juan 4:7).

Cuando intentas entender qué está pasándole a tu cónyuge y cómo ayudarle a tener una vida mejor, le estás mostrando amor. Estás extendiéndote, saliendo de tu propia perspectiva, intentando entrar en la suya para su beneficio.

DEPENDENCIA: La dependencia es diferente. *La dependencia es el estado de necesitar a la otra persona para poder sentirte pleno y seguro.* Tiene que ver más contigo que con la otra persona. Percibes al otro como un recurso que satisface tu necesidad, en lugar de verlo como persona por derecho propio, con sus propias necesidades y puntos de vista.

La dependencia no es mala en un contexto apropiado. En sentido técnico, es la primera etapa en el aprendizaje de lo que es el amor. La dependencia de un bebé es algo maravilloso, en tanto toma y recibe la seguridad, el calor y el alimento de su madre. Durante esa etapa de la vida, la única tarea del bebé es aprender a depender y necesitar.

Con el tiempo, las experiencias del amor y la constancia se interiorizan en la mente del bebé, que comienza a necesitar menos, y ahora usa el amor que ha recibido. A medida que el proceso continúa, los hijos crecen, maduran y se independizan de sus padres, que es de lo que se trata la adultez.

Sin embargo, también en la adultez somos dependientes. Dependemos de Dios, porque necesitamos su amor y poder. Dependemos de nuestras relaciones de apoyo, para recibir gracia y aliento. Y nuestro cónyuge forma parte de este sistema de apoyo.

Sin embargo, es un tipo de dependencia distinto del que teníamos de niños. Los adultos dependen de los adultos; en el caso de una pareja, ambos sienten dependencia mutua. *Pero un adulto ya no tiene la responsabilidad principal sobre otro adulto. Es lo opuesto, porque caminan juntos, como compañeros de la vida y crecimiento.* Y el matrimonio está compuesto de compañeros que dependen mutuamente entre sí como iguales, y no como alguien necesitado que depende de otro que le provea. Cada uno sigue siendo responsable de su propia vida y bienestar, que es muy distinto de la responsabilidad agregada de un padre por su hijo.

Y aunque hay momentos y situaciones en la vida en que verdaderamente dependemos de los demás, como en una crisis, problemas de salud, crisis emocionales o catástrofes económicas, la norma de las relaciones comprometidas es que cada persona sea independiente en términos de la responsabilidad por el alma propia, y dependiente en términos de ser compañeros que se ayudan mutuamente en la vida.

El origen del problema

Aunque el amor y la dependencia son muy diferentes, producen el mismo resultado, lo cual puede ser confuso. *El amor y la dependencia sirven para atraer a dos personas.* Las personas se sienten atraídas, se buscan y se casan a causa del amor, la dependencia o una combinación de ambas. Lo has visto varias veces. Una pareja se conecta, pensando que están enamorados, y descubren luego que una de ellas necesitaba a la otra por un vacío emocional o un asunto no resuelto, y entonces enseguida afloran los problemas.

¿Dónde se origina este tipo de dependencia en la persona? La mayoría de las veces es el resultado de una disrupción en el proceso de desarrollo infantil que describimos antes. Puede haber sucedido algo en una relación importante que impidió que esta persona entrara en el mundo adulto de la autonomía y responsabilidad.

Por ejemplo, hay personas que sufren a causa de una cantidad o calidad insuficiente de amor. Pueden haber estado a cargo de gente fría, distante, preocupada, ausente o deprimida, por lo que su «tanque de amor» nunca se llenó. Estas personas suelen vivir en estado de privación y añoranza, buscando continuamente una conexión que llene el tanque.

Otras, habrán tenido relaciones cálidas y amorosas con quienes les criaron, pero su libertad de decisión y autonomía era algo que se desalentaba y hasta se castigaba. Es decir, que sus conexiones primarias habrán resistido sus intentos por independizarse. El mensaje que quedó impreso en estas personas es que es bueno ser dependiente e infantil, y que no es bueno ser una persona independiente.

Puede haber otros orígenes para el problema de la dependencia, como el amor poco consistente de parte de quienes le criaron o un trauma. Sea cual sea el origen, esto se manifestará en la incapacidad de la persona para ser un individuo autónomo. Y sus relaciones se verán muy afectadas por esta incapacidad.

Dependencia en la conexión amorosa

Pueden surgir diversos problemas en una relación en la que la dependencia de una de las partes no se ha resuelto. Por ejemplo:

INCAPACIDAD PARA AMAR. El verdadero amor es imposible cuando una persona depende de su cónyuge. No es capaz de percibir al otro como individuo con ceñimientos, valores o vida separada de su propia necesidad de constancia, estabilidad, presencia, validación o apoyo de lo que sea que le haga falta. Su necesidad es tan grande que tiene que preocuparse más por su supervivencia que por el otro. Así que suele sentir que la relación no es de ida y vuelta, sino de una sola dirección, sobre todo cuando tiene necesidades. A veces, la persona dependiente comienza a cuidar al otro. Puede ofrecer cierta seguridad, estructura, consuelo, apoyo o ayuda económica. Y aunque estas cosas pueden ser buenas, también *pueden ser intentos por acercar más al otro, solamente con el fin de poder vivir dependiendo de esta persona.* Esto no es amor, sino dependencia insalubre. Cuando el otro no responde cuidando al dependiente, entonces éste no se siente amado y tratado con injusticia.

DIFERENCIACIÓN E INDIVIDUALIZACIÓN. Las personas dependientes, se resisten con frecuencia a la experiencia de ser individuos separados del otro. No disfrutan diferencias de opinión, conflicto, discusiones o demás. Para el que es dependiente, todo esto amenaza al amor que necesita. Ven el amor como una fusión con el otro. Y por eso, el ser individuos independientes, separados de la otra persona, los hace sentirse solos y abandonados. La persona dependiente, a menudo, interpretará esta individualización como falta de amor o interés de parte del otro y no como algo necesario para ambos.

INTERCAMBIO DE PODER. Con frecuencia, la persona dependiente otorga mucho poder a su compañero, lo cual afecta el equilibrio y la mutualidad de la relación. Se siente desesperada por conectarse, y por eso, para evitar toda distancia, permitirá que el otro tome el control, decida en todo y se haga cargo de la relación. Para la persona dependiente, esto suele parecer algo justo, un intercambio válido, hasta que comienza a sentirse segura en la relación y surge su necesidad de poder decidir. Entonces aparecen los problemas más grandes.

PROBLEMAS DE LIBERTAD. El amante dependiente se ve amenazado por la libertad de su cónyuge, y percibe sus decisiones como la eliminación de amor y constancia. Al sentirse amenazado por la libertad del otro, manifestará celos, resentimiento e inseguridad. El cónyuge dependiente se vuelve más desesperado y apegado, mientras el otro quizá se siente atrapado y controlado. Esto suele ocurrir después de la luna de miel. Al principio, la pareja no puede separarse y quiere estar siempre unida. Durante un tiempo, esto está bien, porque están cementando su unión y apego. Pero cuando se ha desgastado la novedad del matrimonio y vuelven a la vida real, con sus rutinas, amigos, trabajo y demás, la parte dependiente se resistirá a esta reinserción, y la otra persona se sentirá asfixiada. Lo que se percibía como amor ahora se siente como prisión.

CONFLICTOS DE PASIÓN. Las parejas con problemas de dependencia suelen tener problemas con el sexo y el romance. La pasión de comienzo se esfuma. Esto tiene sentido, porque la dependencia crea una conexión de padre e hijo en el matrimonio. El hijo dependiente quiere que le cuide un padre protector. Sin embargo, Dios no designó el romance y el sexo para una relación de maternidad o paternidad, sino para el hombre y la mujer adultos. Así que hasta tanto no se resuelva el asunto de la dependencia, la pareja tendrá problemas en la intimidad.

Madurar y dejar atrás la dependencia

Si tu vida amorosa está naufragando a causa de la dependencia, no hay por qué desesperarse. Puedes comenzar a rescatar tu matrimonio aplicando soluciones viables. Te damos varias claves para el éxito en la maduración de la dependencia hacia una adultez feliz y segura.

ENCUENTRA LUGARES DONDE LA DEPENDENCIA PUEDA MADURAR. No puedes decirle nada más a la dependencia no resuelta de la infancia que debe desaparecer. Hay que resolverla y completarla, como sucede con los niños que pasan por un proceso de maduración. Sin embargo, los matrimonios que no son sanos suelen mantener a una persona atascada en este estado de inmadurez. Por eso, la solución está en encontrar contextos que ayuden a la persona dependiente a madurar. Un buen grupo de apoyo, grupo pequeño o un consejero podrían ser la respuesta. De este modo, la persona con problemas de dependencia encontrará ayuda y ánimo para aprender a ser más completa, plena e independiente por derecho propio.

ALIENTA EL RIESGO Y LA AUTONOMÍA. Cuando la persona dependiente da un paso hacia adelante, apoya y afirma esta decisión. Esto puede significar permitirle expresar sus ideas, confrontar, enojarse o hacer cosas sin ti. Cuando suceda esto, hazle saber que sigues amándola igual que antes. De hecho, sus intentos por ser menos dependiente te acercan a ella, y ahora sientes que hay un espacio entre ambos, necesario para poder experimentar el amor.

Enfrenta los patrones de conducta. Cuando uno de los dos observe señales de advertencia de dependencia como «Ya no me amas», o afirmaciones, conductas controladoras, resistencia a la libertad, es hora de actuar. De manera suave, pero directa, dirás: «Cuando te enojaste y te retrajiste porque yo quería salir con mis amigas, me sentí asfixiada, y no quiero eso. No es bueno para ninguno de los dos. Quiero que salgas con tus amigos, y quiero poder salir con mis amigas también. Hablemos sobre cómo lograr esto».

Mantente fuera de tu zona de comodidad. A menudo, y sin darse cuenta, las parejas entran en una conexión del tipo "padre e hijo", en la que la persona dependiente recurre a quien percibe como adulto para encontrar seguridad, instrucción y gracia. Esto puede ser cómodo en un sentido, porque impide los conflictos y el desacuerdo. Pero hay que salir de esta zona de comodidad y enfrentar el asunto, porque esta conexión "padre e hijo" puede hacer que la relación se vuelva aburrida, poco saludable, asfixiante y controladora. El amor marital genuino se da cuando dos personas con mentes y opiniones independientes se unen para apoyarse mutuamente.

No temas a la necesidad. Al mismo tiempo, no creas que está mal decir: «Te necesito». Esto no le hace mal al matrimonio. Es verdaderamente bueno que se necesiten mutuamente. Simplemente hay que entender a qué se están refiriendo. La dependencia como problema dice: «Te necesito para sobrevivir, para ser feliz, para no estar en soledad, para sentirme bien». Ahora, la dependencia saludable dice: «Te necesito para que seas mi compañía amorosa, para que estés conmigo como yo lo estaré contigo, para que me ayudes a crecer».

Salvavidas: NO TE CASTIGUES SI TIENES PROBLEMAS DE DEPENDENCIA. EN CAMBIO, DATE CUENTA QUE EL MOMENTO DE TERMINAR DE MADURAR Y ENTRAR EN LA ADULTEZ HA LLEGADO; NECESITAS ACTUAR. ¡PUEDES LOGRARLO!

Pero si yo no soy el inmaduro aquí

"No esperaba que un psicólogo dijera algo así", dijo David cuando él y Sonia vinieron a mi consultorio (dice John). Se veía sorprendido y hasta un tanto irritado.

"Lo siento, David, pero creo que este es el asunto principal que los está separando a ti y a Sonia. No quiero que pienses que estoy criticándote, porque lo que intento hacer es ayudar. Pero sí, pienso que eres inmaduro. Y si anhelas tener el matrimonio que creo que quieres, tendrás que enfrentar tu inmadurez con firmeza y abordarlo."

David me miró con escepticismo: "¿Qué quieres decir con «inmaduro»?".

"Bueno, por ejemplo, no veo que hagas grandes esfuerzos por ver el lado de Sonia en las cosas. Pero al mismo tiempo, sí esperas que ella vea el tuyo. Esa es la posición de un niño. Sin embargo, tú eres un hombre. Eso es inmadurez."

"¿Cuándo hice eso?"

"Hace unos minutos, cuando hablábamos de que Sonia se siente desconectada de ti, porque compraste la lancha sin consultarle."

"Te dije", respondió David, "que Sonia hizo exactamente lo mismo con los muebles".

"Sí, pero eso fue hace meses. Se sintió mal, y desde entonces siempre te ha consultado toda decisión de gastos, lo cual tú no has hecho. Lo que necesitas es escuchar cuando Sonia te dice cómo se siente cuando no escuchas su perspectiva de las cosas. No interrumpas ni pongas excusas. Escúchala y mírala a los ojos."

David asintió, y Sonia se dirigió a él.

"Estoy muy asustada", dijo. "Ya no estoy enojada contigo. Solamente tengo miedo de perderte. Cuando intento decirte que la lancha me hace sentir que quedaremos económicamente inestables, te enojas porque hablo del asunto, y pierdo toda esperanza de que podamos salir adelante. No sé qué hacer." Sonia se ahogó en sollozos, y calló.

La expresión de David cambió. Había venido preparado para proteger su libertad y territorio, después de mi aparente ataque a su autoestima.

Pero la vulnerabilidad de Sonia le tomó por sorpresa, y se le llenaron los ojos de lágrimas. Se acercó a ella y dijo: "Cielo, no sabía que estuvieras asustada. Pensé que estabas enojada nada más. Lo siento".

Sonia se recuperó un poco y lo miró. En ese momento dije: "David, has dado un buen paso. Acabas de entrar en el mundo de Sonia".

En sesiones subsiguientes, continuamos conversando. Poco a poco, David pudo ver su inmadurez, y progresó hacia la resolución de su problema. La clave estaba en ver cuánto afectaba a Sonia su inmadurez. Y esto le ayudó a seguir adelante.

¿Qué es la inmadurez?

Mucha gente es como David: les disgusta que se les califique de «inmaduros». Sin embargo, la mayoría de nosotros somos inmaduros en algún nivel. La inmadurez es otra de esas cosas tontas que puede hacer naufragar un matrimonio. Pero también es algo que podemos vencer, y podemos dejarlo atrás para encontrar cercanía, intimidad y pasión en tu matrimonio.

Ser inmaduro es ser incompleto o subdesarrollado. En términos del crecimiento personal y emocional, la inmadurez tiene que ver con ciertas actitudes que muestran que una persona todavía no ha llegado a ser adulto en sentido pleno de la palabra. Y estas actitudes afectan la capacidad de amar, relacionarse, interesarse por otros y construir buenas relaciones. Aquí menciono algunas de las actitudes más comunes que indican inmadurez.

DESAPEGO. ¿Alguna vez has estado con alguien que estaba físicamente presente, pero emocionalmente a un millón de kilómetros de distancia? Estaba su cuerpo, pero no su mente. Esto describe el desapego, que es la tendencia a desconectarse de una relación. La persona que se desapega, busca distancia mental para concentrarse en otra cosa, haciendo que el otro se sienta solo y desconectado. El desapego es señal de inmadurez relacional. Los adultos necesitan tener la capacidad de conectarse a niveles emocionales profundos consigo mismos y con los demás. Es la base misma del amor. Cuando buscas desapegarte, no estás maduro ni completo en tu capacidad para amar y conectarte plenamente.

CONTROL. Cuando uno de los cónyuges resiente la libertad del otro, el asunto es el control, que también es un tipo de inmadurez. Fuimos diseñados por Dios para controlarnos a nosotros mismos, tener dominio propio, y no para dominarnos mutuamente. Las parejas maduras se apoyan y disfrutan de la libertad mutua. Sin embargo, el compañero inmaduro intenta que el otro haga las cosas a su modo, usando muchas veces la intimidación, agresividad, manipulación o culpa. Intentar controlar a tu cónyuge es una actitud tonta que hará naufragar tu vida amorosa. Cuando uno siente que tiene que elegir lo que quiere el otro, no se siente libre. Y quien no es libre no puede amar. El amor crece únicamente cuando tiene libertad para tomar decisiones propias.

IRRESPONSABILIDAD. Una de las señales de un matrimonio maduro es que ambos cónyuges son responsables y fieles en la relación. Es decir, que hacen lo que prometen. Toman iniciativas para resolver problemas. Cuando se equivocan, lo admiten y cambian. Los cónyuges responsables se hacen cargo de su parte del peso de la relación. El compañero que no cumple con su parte de la responsabilidad en un matrimonio demuestra inmadurez como un Peter Pan que no quiere crecer. Puede ser encantador y amoroso, pero poco confiable. La irresponsabilidad es otro signo de que el cónyuge todavía no ha alcanzado la adultez.

EGOCENTRISMO. Los adultos deben ser capaces de salir de su punto de vista y entrar en el mundo de los valores, sentimientos, experiencias y opiniones del otro. La madurez es cuando uno puede ponerse de lado por un momento y sentir lo que siente el otro. Cuando un cónyuge no está dispuesto a comprometerse en este nivel, por lo general, se debe a la inmadurez del egocentrismo (a veces puede ser también desapego, pero quien busca el desapego tiene más desconexión que egocentrismo). Este era el tipo de inmadurez de David, y tuvo que aprender a entrar en el mundo y corazón de Sonia.

Lo que la inmadurez hace en tu relación

Como quizá hayas aprendido de primera mano, la inmadurez causa desequilibrio, pérdida de seguridad y amor, y sentimientos negativos en el matrimonio. Es como si formaras una sociedad comercial con un niño de doce años. Aunque puede ser un niño bueno con mucha motivación, sigue teniendo doce años solamente, y hace lo que hacen los de su edad. En una reunión de mercadeo, prestará atención durante unos minutos y luego se paseará por la sala de conferencias. Y mientras tú te ocupas de los números, él querrá gastar dinero en videojuegos. En lugar de compartir responsabilidades, quiere que tú hagas el trabajo para que él pueda jugar.

Algunos matrimonios son como esa sociedad. Cuando uno de los cónyuges es inmaduro, el otro se sentirá cargado, resentido, como el padre de un niño egoísta. Cuando el inmaduro se siente controlado y asfixiado, querrá apartarse de esta persona resentida. Además, es más difícil conectarse en un nivel emocional vulnerable con alguien inmaduro. Si uno no tiene la misma capacidad de adultez, es difícil poder dejar pasar las cosas, confiar, abrirse y correr riesgos emocionales. Por ejemplo, hay cosas de las que hablo solamente con mi esposa y no con nuestros hijos. A veces, uno de ellos entra en la habitación cuando estamos conversando, y yo le digo: «Disculpa, es una conversación de adultos. ¿Puedes volver en unos minutos?». Y es que hay lugares en donde no podemos ir con un niño, sino solamente con una persona madura. Lo que buscas es un compañero con quien compartir tu corazón, mente y alma, y saber que estás con alguien compatible.

Ocúpate de ello ahora

Lo bueno de la inmadurez es que no es una enfermedad incurable. Sanará con el tratamiento adecuado. Cuanto antes comiences, tanto más tendrás el tipo de vida amorosa que realmente deseas. Aquí van algunas de las formas en que puedes tratar la inmadurez:

EXAMINA PRIMERO TU PROPIA INMADUREZ. Quizá hayas estado leyendo el capítulo y pensando: *Mi cónyuge tiene que solucionar su inmadurez.* No tomes ese camino. Las parejas más felices se componen de individuos que primero se examinan a sí mismos en cuanto a su inmadurez. Como enseñó Jesús: «saca primero la viga de tu propio ojo» (Mateo 7:5). Esto es algo que todos necesitamos hacer.

Este paso tiene que ver con el amor. Cuando uno ama a alguien realmente, no desea que su inmadurez dañe a esa persona. Uno quiere preservar, contribuir a la relación, para que crezca. Y hará todo lo necesario para dejar de poner obstáculos en el camino.

Los que entienden y aplican esto están en camino de dejar de lado su inmadurez, porque esta es una posición amorosa y madura. Cuando David vio el miedo de Sonia, comenzó a salir de sí mismo. Es un primer gran paso. ¿Ves lo simple que puede ser?

Como pareja, necesita acordar que quienquiera que no mire primero sus propios asuntos y problemas, está descalificado para juzgar la inmadurez del otro. Esto es importante. Díganse mutuamente: «Quiero hablar de nuestra vida amorosa y de cómo mejorarla. Quiero que me digas qué es lo que sientes que hago para crear o aumentar los problemas».

DETERMINA QUÉ TAN SEVERA ES TU INMADUREZ. A veces, la inmadurez es algo menor, como la esposa que se retrae cuando está molesta. Y la solución está a la vista: puede aprender a decir qué es lo que siente. Pero otras veces, la inmadurez es un asunto importante, como cuando uno de los cónyuges se cierra, hundiendo la vida amorosa de ambos durante días o semanas. ¿Cuán severa es tu inmadurez? Pregúntale a tu cónyuge o las personas en quienes confías. Humildemente, escucha sus opiniones y recuerda que solemos minimizar nuestros efectos sobre los demás. Comienza a trabajar sobre este problema. Si tu inmadurez es menor, el sólo hecho de darte cuenta te ayudará a dejar tu comportamiento inmaduro. Por ejemplo, supongamos que eres una persona algo controladora. Podría ser muy bueno que al preguntarle a tu pareja cómo te desconecta esto de ella, eso pudiera darte suficiente concienciación y aliciente para dominar tu impulso de querer controlarla. Pero si tu inmadurez es más profunda, ambos necesitarán conversar durante un proceso, y no una sola vez. Toma la iniciativa de decir: «Quiero que me digas cuando mi inmadurez te afecta y se interpone entre nosotros. Nuestra relación es más importante para mí que lo que quiero en ese momento».

Tu inmadurez quizá sea lo suficientemente severa como para necesitar ayuda externa. Por ejemplo, alguien que tiene arranques de ira cuando su cónyuge le contradice, está claramente fuera de control. En estos casos, hace falta buscar ayuda en un grupo de apoyo o terapeuta.

¿Y qué pasa si mi cónyuge no ve su inmadurez?

Lamentablemente, a veces las personas inmaduras no quieren reconocer su problema. En realidad, esto suele formar parte de la inmadurez misma. Una perspectiva inmadura es la que tiene que ver más con la propia persona que con la relación del matrimonio. Si este es el caso, tómate el tiempo y haz el esfuerzo de ayudar a tu cónyuge a ver cómo su actitud te afecta y afecta al matrimonio. Esto puede suceder de diversas formas: pedidos, requerimientos, límites y consecuencias, que a menudo ayudan a ambos a mirar la misma página. (Ambos hemos escrito libros que tratan este asunto en detalle: ver el libro de John, *Who's Pushing your Buttons?, Handling the difficult people in your life* [¿Quién pulsa tus botones? Tratar con las personas difíciles en nuestra vida], y el libro que escribimos juntos, *Boundaries Face to Face: How to Have that difficult conversation you've been avoiding* [Límites cara a cara: cómo tener esa conversación difícil que has estado evitando].)

Salvavidas: NO HAY NECESIDAD DE DEJAR QUE LA INMADUREZ HAGA NAUFRAGAR TU VIDA AMOROSA. PUEDE SER QUE TE DISGUSTE HUMILLARTE AL ENFRENTAR TU PROPIA INMADUREZ, PERO UNA VIDA AMOROSA DE CALIDAD EXCELENTE VALE EL ESFUERZO. ENFRENTAR TU INMADUREZ ES HACER ALGO MADURO, Y ES EL PRIMER PASO PARA VENCERLA.

Me enloqueces

En la primera sección de este libro, nos concentramos en la importante idea de rescatarte primero a ti mismo. A veces, es obvio que algo anda mal en tu matrimonio, aunque no puedes encontrar específicamente qué es. Si hay conductas reiteradas que te enloquecen, y no cambian ni se resuelven con el tiempo, es señal segura de que hay un problema. Puede ser la desconexión emocional reiterada, las discusiones que no llevan a ninguna parte o una conducta belicosa crónica. A menudo, son patrones de conducta dolorosos, y la pareja se resiste a enfrentarlos, esperando que desaparezcan en algún momento. Sin embargo, evitarlo es otra de las tontas actitudes que pueden hundir tu matrimonio o hacer que se inunde, de tal modo que no puedan navegar. Si no se solucionan, esos patrones de conducta se hacen permanentes, y hasta pueden empeorar. En este capítulo, te mostraremos cómo identificar y resolver estos elusivos problemas.

Los patrones que te enloquecen en tu matrimonio pueden ser el origen de la información diagnóstica. Señalan algo que sucede continuamente detrás de escena, que crea y da lugar al problema. Cuando identifiques ese algo, puedes resolver el asunto y ver que el patrón de conducta desaparece. Las parejas con matrimonios excelentes se ocupan activamente de ese proceso de descubrir y llegar a la raíz de los patrones de conductas problemáticas.

Brian y Lorena enfrentan un asunto que no habían resuelto

Brian y Lorena pensaban que tenían un matrimonio bueno, excepto en un área. No podían discutir bien. Cada vez que estaban en desacuerdo con respecto a un asunto, ya sea sobre la crianza de los hijos, la economía del hogar, el sexo o la familia política, las cosas iban cuesta abajo enseguida. Uno de los dos se enojaba demasiado, entonces el otro se ponía a la defensiva y terminaban desconectados. El problema no se iba a resolver jamás, porque eran incapaces de volver atrás. Este patrón de conducta se repetía una y otra vez.

Brian y Lorena detestaban su incapacidad para resolver problemas. No les gustaba sentirse tan distantes. Intentaron solucionarlo y utilizaron diversos métodos. Se comprometieron a no volver a pelear. Intentaron comunicar sus sentimientos de un mejor modo. Intentaron ser más afectuosos. Sentían que progresaban un poco durante un tiempo, aunque no tanto como lo deseaban. Y las peleas feas seguían surgiendo.

Finalmente, vinieron a verme (dice John) en busca de ayuda, y enseguida fue evidente qué era lo que les sucedía. Lorena temía a todo conflicto personal y no tenía la capacidad para enfrentarlo. Cuando Brian estaba molesto, enojado o era directo con ella, se sentía atacada, no querida. No tenía problemas con Brian cuando él se mostraba compasivo y comprensivo, pero esos sentimientos de seguridad desaparecían apenas su esposo quería conversar sobre un problema. Y aunque Brian había intentado ser amable y sincero, Lorena no podía soportarlo. Sus padres siempre habían evitado la negatividad, el enojo y el conflicto. Así que, cuando se casó con Brian y surgieron los conflictos inevitables, no sabía qué hacer.

Lorena sabía que el problema no tenía que ver con la falta de comunicación o amor entre ella y su marido. Se trataba de un asunto propio no resuelto. Aprendió a manifestarse y aceptar las críticas y opiniones de su marido, sin que ello afectara la comunión entre ellos. Por ende, su matrimonio creció mucho más sólido y saludable. Ya no tenían que eludir los conflictos. Ahora podían enfrentar la vida y sobrellevar las situaciones como se presentaran.

El punto es que Brian y Lorena podrían haber seguido comunicándose, siendo positivos y afectuosos el uno con el otro. Pero si el asunto del conflicto no se hubiese resuelto, habría seguido surgiendo una y otra vez. Esta es la naturaleza del ser humano. *Si uno no se ocupa de los asuntos subyacentes, puede estar seguro de que aparecerán nuevamente.*

Es como tener una planta en el jardín que se marchita a causa de la deficiencia de algún nutriente. Por mucho que la cuidemos, pongamos al sol, reguemos y protejamos de los insectos, si la deficiencia nutricional no se repara, la planta no podrá progresar, *porque no estamos ocupándonos del verdadero problema.*

Ocuparse del bagaje emocional no resuelto es clave para rescatar nuestra vida amorosa. Todas las buenas intenciones, salidas románticas y afirmaciones positivas del mundo no nos librarán del problema. Los patrones negativos seguirán surgiendo hasta que enfrentemos el problema y apliquemos la solución.

Muchas causas, muchos patrones

No alcanzaría el espacio en este libro para enumerar todos los asuntos que pueden causar patrones negativos reiterados en un matrimonio. Enumeraremos los más comunes, y todos tienen solución:

ASUNTOS DE CONFIANZA. Cuando uno de los dos tiene problemas para abrirse y se vulnerable, esto afecta la comunión. La confianza es necesaria para la intimidad, porque requiere la capacidad de dejar que alguien entre en una parte profunda y frágil de nuestro ser. Los asuntos de confianza no resueltos pueden acabar causando diversos problemas como la dificultad en la intimidad emocional, los largos períodos de silencios sin explicación, la percepción de que el cónyuge no es seguro y los conflictos sexuales. Si ves alguno de estos patrones en tu matrimonio, explora la posibilidad de que uno de los dos tenga problemas con la confianza.

RESCATE. A veces, un cónyuge permitirá la mala conducta y las actitudes negativas de otras personas al rescatarlos de las consecuencias de éstas, en lugar de enfrentar el origen de esas actitudes o conductas. Esto tiene que ver con la incapacidad de distinguir entre el amor y el rescate, la tendencia a sentirse exageradamente responsable de los demás o la incapacidad para enfrentar la desilusión del otro. Un matrimonio en el que uno de los cónyuges es rescatador, manifestará a menudo los patrones reiterados que incluyen la persistente inmadurez de una de las partes, la exteriorización de problemas, la alienación del amor y los problemas económicos. Uno de los dos disculpa al otro por su conducta, se responsabiliza por el problema económico y por la actitud egoísta del otro.

PASIVIDAD. La persona pasiva espera cuando se requiere iniciativa. Evitará acercarse a su cónyuge, y, en cambio, espera que éste se acerque. Evitará los conflictos, al esperar que desaparezcan. El matrimonio en el que una de las partes es pasiva, tendrá patrones recurrentes de distancia emocional, y requerirá que una de las partes esté siempre en búsqueda del otro para obtener amor y contacto, provocando quizá que el cónyuge activo sienta que tiene que resolver todos los problemas del matrimonio.

FALTA DE INTEGRACIÓN. La integración se refiere a la capacidad de ver a los demás como buenos y malos al mismo tiempo, y ser capaces de vivir en dicha realidad. Los cónyuges que no están integrados suelen ser incapaces de apreciar las cosas buenas en el otro ser cuando están pasando por momentos negativos. Para esta persona, su cónyuge será grandioso u horrible. A veces, esta falta de integración lleva a percibir al cónyuge —a largo plazo— como una mala persona cuando haya fracasado en un área, aún después de que haya cambiado. Con frecuencia, los matrimonios con este problema exhibirán conflictos sin resolver, emociones intensas y, en ocasiones, uno de los dos usará a otras personas como sus aliados.

La lista podría seguir y ser muy extensa. El punto aquí es que debemos recordar que *el patrón de conducta recurrente no es el problema*. Es, en cambio, el síntoma de una situación que no se ha resuelto.

Dialoguen sobre sus situaciones

Puede parecer difícil hablar sobre los asuntos que los separan con frecuencia, pero podemos asegurarte que tienes grandes posibilidades de encontrar alivio durante el proceso. Te alegrarás porque, finalmente, no evitan aquello que ambos reconocen los distanciaba en el matrimonio. En lugar de retraerse, enfrentan el asunto directamente, dispuestos a tratar cada situación para poder volver a tener su contacto emocional amoroso. Aquí hay algunas sugerencias que pueden ayudarles a enfrentar y solucionar los asuntos subyacentes en el matrimonio:

OBSERVEN LOS PATRONES CON OBJETIVIDAD. Esto ayuda a tomar cierta distancia en los asuntos para no ponerse a la defensiva. Ustedes son los cirujanos, y el matrimonio está en la mesa de operaciones. Acuerden que ambos quieren mirar de frente los patrones que los separan, sin echarse culpas mutuamente. Están observando su matrimonio de la misma manera en que los médicos observan a un paciente e intentan diagnosticar la enfermedad para poder tratarla. Estén dispuestos a perdonarse y tratarse con gracia.

HABLEN SOBRE LOS PATRONES QUE SE REPITEN. Identifiquen los patrones que se repiten. Supongamos que cuando uno quiere intimidad, el otro busca la distancia. Entonces, el primero se siente herido y rechaza al que le rechazó. El segundo abandona su intento y se distancia todavía más. Esto sucede una y otra vez.

ASUMA CADA UNO SU RESPONSABILIDAD EN ESTE PATRÓN. Cada uno debe ver su contribución. Vayan más allá del problema. Si no eres consciente de tu situación, debes pedirle a tu cónyuge que te la señale. Sean humildes y escúchense el uno al otro.

Los matrimonios que tienen éxito de verdad están marcados por esta actitud: *cada uno de los cónyuges se preocupa más por cómo afecta al matrimonio su conducta y no la del otro*. Ambos están decididos a mirarse sin buscar excusas o echar culpas. No hay límite para lo que puede conseguir un matrimonio que tiene esta actitud.

INICIEN EL CAMINO DEL CRECIMIENTO PARA ASEGURARSE DE QUE SE RESUELVAN LOS CONFLICTOS. Trabajen sobre sus dificultades con amor, comunicación y actitudes positivas. Esto puede ayudar a resolver muchos conflictos. Sin embargo, si hay un asunto que ha estado molestando la intimidad y el amor durante un tiempo, quizás sea necesario intentar otras cosas. Pide a tu cónyuge que te ayude y apoye. Que te recuerde cuando repites la conducta sin darte cuenta. Lee sobre tu conducta, ora respecto a ella, y busca ayuda y sabiduría con gente de confianza. El crecimiento llega en diversas formas. Lo importante es seguir avanzando.

ESTÉN AL TANTO DE LOS PATRONES REPETIDOS. Si uno presta atención a estos problemas, podrá ver el progreso. Cuando el patrón de ira, retraimiento, distanciamiento o ansiedad desaparece, eso muestra que están mejorando. Si el patrón no desaparece, puede ser que estén enfrentando la causa equivocada o que uno de los dos no esté del todo comprometido con el proceso. Si el patrón mejora, pero sigue siendo un problema, pregunten a un amigo sabio qué es lo que puede estar faltando.

Salvavidas: NADIE ES PERFECTO, Y NO HAY MATRIMONIO PERFECTO. AMBOS SEGUIRÁN COMETIENDO ERRORES EN SUS INTENTOS POR CONSTRUIR UNA RELACIÓN EXITOSA. PERO PUEDEN AVANZAR MÁS HACIA LA SEGURIDAD, CERCANÍA E INTIMIDAD, CUANDO SACAN DE RAÍZ LOS PROBLEMAS QUE SUBYACEN A LOS PATRONES REITERADOS EN SU MATRIMONIO. CUANDO RESUELVAN EL PROBLEMA, VERÁN GRANDES CAMBIOS Y PROGRESO.

Una persona no puede cambiarlo todo, pero...

Glenn y Nancy tenían la clásica situación de ser el marido distante y la esposa quejosa. Glenn no estaba emocionalmente comprometido con Nancy, y mostraba poco interés en mantener contacto con ella. «Soy así, nada más», decía. Nancy insistía, se quejaba y esperaba que se unieran más, lo cual nunca sucedía porque sus quejas lo apartaban aún más. Se escapaba de la situación, al trabajar hasta tarde y pasar mucho tiempo en la Internet o mirando televisión.

Aunque los dos tenían su rol en el problema, Nancy se preocupaba mucho más por resolverlo. Glenn se mostraba pasivo y no comprometido, lo cual, ¡por supuesto!, era parte del problema. Tenía sentido que Nancy viniera entonces a verme (dice John) sola sin Glenn.

Se sentía realmente desesperanzada.

"Me siento muy sola en este matrimonio", dijo. "Él es buen proveedor, y no tiene malos hábitos en realidad. Lo que pasa es que no se conecta conmigo. Mírame, he venido sola. No puedo hacer mucho si él no está conmigo."

"Por cierto es un problema que Glenn no esté aquí", respondí. "Pero no ignores el hecho de que el cincuenta por ciento de esta relación está en mi oficina ahora. Y eso es mejor que nada."

Comenzamos a trabajar sobre las situaciones, y pudimos diseñar un plan.

Unos días después, Glenn volvió a casa del trabajo un poco más tarde. Saludó y fue directamente hacia la computadora. Normalmente, en ese momento, Nancy comenzaría a protestar sobre su actitud, dándole a Glenn la excusa de decir que su problema más grande era tener una esposa quejosa.

Sin embargo, esta vez las cosas fueron distintas. Nancy se acercó a su marido y le preguntó cómo había sido su día. Sorprendido, Glenn le contó. Luego, ella dijo: "Quiero disculparme por haberte criticado tanto respecto a tu actitud distante. Sé que eso no ayuda, y empeora las cosas. Así que ya no lo haré más".

Glenn se mostró más contento. Parece que le gustó oír eso.

"Sin embargo, al mismo tiempo", continuó Nancy, "sí tengo un problema con la distancia. Me siento sola y te echo de menos. Necesito el contacto, pero por alguna razón, eliges estar distanciado. Así que encontré unas cosas para hacer fuera de la casa durante algunas noches por semana y que me ayudarán a no sentirme tan sola. Me uní a un grupo pequeño en nuestra iglesia, y las muchachas y yo iremos al cine juntas una vez a la semana. Además, me he anotado en un curso de español en el colegio universitario de la comunidad".

Glenn estaba atónito.

"¡Son tres noches a la semana!"

"Lo sé. No es que estoy enojada. Solamente quería avisarte."

Nancy cumplió con su plan, al realizar cosas por su cuenta y dejar que Glenn hiciera lo que él *decía* que quería. Yo no habría sugerido este plan para cualquier matrimonio, porque hay parejas tan alienadas y débiles que no queda mucho por hacer. Pero pensé que aquí había la conexión suficiente entre Glenn y Nancy como para que esto funcionara.

Afortunadamente, tuve razón. (¡Qué bueno!) En unas pocas semanas, Glenn comenzó a echar de menos a su esposa. No le gustaba estar sin su calor, su interés y energía. Se cansó de cenar solo, de mirar televisión y navegar por la Internet sin nadie más en la casa.

Nancy intentó no mostrarse vengativa cuando estaba en casa. En cambio, cuando estaba allí, se relacionaba con él, atenta y amorosa, dándole su interés y gracia. Que de alguna manera, esto hacía que Glenn la echara de menos aún más.

Finalmente, "Don No Compromiso" le preguntó a Nancy si podía estar más en casa. Ella respondió: "Me gustaría, pero no puedo hacerlo si volvemos a ese matrimonio distanciado."

"¿Qué es lo que quieres?"

"Quiero que llegues a casa a una hora razonable. Quiero que hablemos sobre lo que hicimos durante el día, sobre nosotros, nuestra vida. Y quiero que hagamos cosas juntos, como pareja. Eres mi primera opción, pero no puedo regresar a casa para no tener nada."

Finalmente, Glenn aceptó. No le resultó fácil salir de su zona de comodidad distanciada para conectarse con Nancy, pero ella le animó y él salió de su capullo. Hoy tienen una relación mucho mejor. Nancy contribuyó a transformar su matrimonio con un marido sin disposición, y esto le ayudó a él a ser un compañero dispuesto a crecer junto a ella.

Uno es casi mayoría

Puede ser que tu cónyuge no esté dispuesto a enfrentar un problema. Sin embargo, hay muchas cosas que puedes hacer por tu cuenta para ayudar y cambiar. Primero, identifica el problema. ¿Es un problema de conexión, como el de Glenn y Nancy, o un problema de irresponsabilidad, egoísmo o alguna otra mala actitud o conducta?

Es probable que en tu matrimonio sientas soledad o que no puedes hacer nada. Quizá pienses: *Nada puede cambiar hasta que el otro quiera cambiar.* Afortunadamente, esto no es cierto. Hay mucho que puedes hacer por tu cuenta para ayudar y cambiar. No tienes que esperar hasta que el otro esté dispuesto a moverse. Hay cosas que puedes hacer para animarlo a dar un paso. Veamos y entendamos por qué es esto.

Una teoría científica llamada *teoría del caos* dice, de forma sencilla, que un pequeño cambio en una parte del sistema puede causar un gran cambio en otra parte. Un ejemplo de esta teoría es el efecto mariposa, que dice que por el aleteo de las alas de una mariposa en un lugar del mundo, puede originarse un tornado en otra parte del planeta. La idea es que los cambios repercuten en el sistema entero, afectando a muchas partes.

Esto se aplica a tu conexión emocional. Tú y tu pareja están en un sistema llamado relación. Sus vidas se entrecruzan en muchos lugares: física, social, económica, emocional, doméstica, espiritualmente y más. Cuando una persona hace un cambio, esto afecta al otro de alguna manera, porque sus vidas están conectadas. Si uno de los dos cambia, la relación cambia.

Nancy no intentó controlar a Glenn. Cambió sus patrones de manera saludable y no obró en contra de la relación. Sin embargo, sus cambios lo afectaron y él respondió. De eso se trata esto. Básicamente, la teoría del caos dice que uno no debe entregarse a la desesperanza e inutilidad, porque uno puede afectar las cosas. Al traer luz, amor, verdad y salud a la relación, se exponen los problemas, y esto ayuda a que se realicen los cambios (Efesios 5:13-14).

De cómo uno solo puede hacer mucho

Aquí hay algunas maneras las cuales te ayudarán a resolver tu conflicto relacional de manera positiva y lograr cambios buenos.

DI LO QUE QUIERES Y NECESITAS. Con claridad y de forma específica, expresa lo que sientes que ayudaría a terminar con el problema. Por ejemplo, quizá tengas que establecer claramente que quieres conexión emocional, sinceridad, compartir tiempo y experiencias, libertad, respeto, afirmación o consuelo. Eso le brinda claridad a tu pareja para poder saber qué es lo que buscas. Es fácil omitir este paso, sobre todo si tienes lo que llamamos deseos de rescate pasivos. Es decir, que algunas personas definen el *amor* como clarividencia. Si tienen que verbalizar lo que no quieren, no sienten que su pareja se interesa por ellos. A veces, esto surge como una afirmación impactante: «Si no lo sabes, no te lo diré». Y, a menudo, uno de los dos también tendrá una vaga idea en cuanto a qué quiere hacer, lo cual tampoco sirve de mucho. Decir nada más: «Solamente quiero que lo entiendas... que seas normal... que dejes de portarte tontamente», no sirve de nada. No caigas en esta trampa. Educa a tu pareja sobre lo que necesitas, con expresiones claras, directas y específicas.

DI LO QUE NO ESTÁ BIEN. Es el otro lado de la moneda. ¿Sabe tu pareja específicamente qué actitudes y conductas te molestan, hieren, distancian y ya no vas a tolerar? Esto podría incluir el retraimiento, la pasividad, el control, la irresponsabilidad, el egocentrismo o el engaño.

Son cosas que estás sacando a la luz para que el otro sepa qué es lo que resolverá el problema, satisfará tu necesidad y te acercará más. Recuerda que si no trazas la línea, el otro tendrá razón cuando diga que nunca la cruzó. El Nuevo Testamento dice: «Donde no hay ley, tampoco hay trasgresión» (Romanos 4:15). No puedes gritar «falta», a menos que indiques primero qué es lo que no se puede hacer.

Reconoce tus disparadores. Tus reacciones son propiamente tuyas. Tu pareja puede afectarte y tener influencia sobre ti, pero no dicta ni controla cómo te sientes o reaccionas.

Por ejemplo, si tu pareja suele postergar las cosas como pagos o proyectos, ese es un problema, y hay que tratarlo. Pero si entras en pánico y te preocupas demasiado por esto, tu reacción se inicia por algo que está en ti. Quizá tu familia fuera inestable y te hiciera sentir inseguridad fácilmente. O quizá te cueste depender de otra persona. Cualquiera sea la causa de tus reacciones emocionales, si culpas por ellas a tu pareja, le estás obligando a defenderse y no a ver el problema. En cambio, enfrenta el problema. Reconoce que reaccionas exageradamente ante ese problema y que esas reacciones no son culpa del otro. Y sigue adelante.

Inicia las soluciones. Una persona puede efectuar un gran cambio para resolver conflictos si trae ideas, sugerencias y soluciones. Toma la iniciativa, con positivismo. No esperes que el otro te dé el visto bueno. Habla con personas que sepan, aprende y diles: «Tengo unas ideas que pueden ayudarnos con nuestro conflicto…». Quizá tu idea no sea la perfecta ni la mejor. Y eso está bien. Porque tomar una iniciativa positiva hacia la resolución de un problema hará que ambos comiencen a pensar y actuar.

Sé lo más saludable que puedas. Sé saludable. Crece personal, emocional y espiritualmente. Conócete, y conoce a Dios y los demás para que puedas cambiar y transformarte. Expresa amor, interés, definición, sinceridad, responsabilidad y humildad. Una persona sana inspira un incentivo poderoso para que el otro cambie. Si eres una persona que crece, una persona que inspira, esto ayudará a que tu pareja baje de la torre. Esto le obligará a definirse. Así estarás mejor.

Salvavidas: APROVECHA EL TREMENDO PODER Y EFECTO QUE TIENES EN TU RELACIÓN Y SÉ UN AGENTE DE CAMBIO Y REDENCIÓN. EN ÚLTIMA INSTANCIA, PUEDES ESTAR EN CAMINO A PASAR DEL CONFLICTO AL AMOR, LA RECONEXIÓN Y LA INTIMIDAD.

ACTITUD TONTA #2

«Es el otro quien debe hacerme feliz»

Desde el momento en que los niños ven su primera película de dibujos animados con un príncipe y una princesa, comienzan a formar sus ideas de cómo es el amor y el romance. Las niñas piensan que un día vendrá un caballero con una brillante armadura, montado en un caballo blanco, a buscarlas, y que su devoción hacia ellas las hará felices para siempre. Los chicos piensan que algún día rescatarán a una damisela en desesperación, y que su belleza y pasión sin igual les harán sentir que son los hombres más felices del mundo. Nunca se imaginan que la vida no es exactamente así.

Y, como te dirá cualquier consejero matrimonial, algunas de las expectativas y exigencias que tienen las parejas adultas con respecto a sus compañeros son también de ensueño. Las parejas olvidan a veces que se han casado entre seres humanos reales, y que toda luna de miel terminará por enfrentar la realidad. Si su matrimonio ha de vivir gozo y dicha real, tendrán que dejar ir las fantasías de la infancia y aceptar la realidad.

Para no llegar a sonar demasiado deprimentes, te pedimos que sigas leyendo. Creemos en la dicha y el gozo dentro del matrimonio. Creemos que el amor no termina cuando acaba la luna de miel. Pensamos que el matrimonio es una increíble creación de Dios diseñada para brindar algunas de las experiencias más asombrosas que pueda tener un ser humano. Sin embargo, llegar allí requiere que demos un paso hacia la adultez.

Los niños pueden tener fantasías irreales que solamente se cumplen en los cuentos de hadas. Lo bueno de madurar es que si la gente quiere salir de los libros de cuentos y entrar en el mundo real, pueden encontrar amor perdurable, pleno y hasta intoxicante. Sigue con nosotros mientras vemos cómo ese tipo de amor solamente se encuentra en el mundo real de las expectativas reales ¡Quizá descubras que no esperabas lo suficiente!

La realidad en cuanto a la felicidad

"Cuando estaba soltera, era infeliz y me sentía insegura. Luego me casé con Ronny, y me convertí en una casada infeliz e insegura." Esto dijo mi amiga Denise, a quien yo (John) no había visto en años.

"Aunque al principio fue deprimente darme cuenta de eso", continuó, "realmente me hizo entender que mi fracaso para ser feliz era problema mío nada más. Si esperaba ser feliz, tenía que madurar un poco".

La fantasía del matrimonio

Al enfocarte en el rescate de tu vida amorosa, es importante que reconozcas que muchas parejas tienen una actitud tonta que puede ejercer un peso tremendo sobre el matrimonio. Aquí está la actitud tonta en unas pocas palabras: *el otro tiene que hacerme feliz.* En otras palabras, piensas que si tu pareja es lo suficientemente afectuosa, apasionada, cariñosa, confiable, fuerte, valiente, entre otras cosas, pronto serás una persona feliz en un matrimonio feliz.

La parte que complementa esta idea es: *mi cónyuge es la razón por la que no soy feliz.*

En este pensamiento, tu cónyuge o no te brinda lo que necesitas o te brinda cosas tóxicas que no necesitas, y por eso no eres feliz.

Por mi experiencia, muchas parejas no expresan en realidad la primera fantasía, pero sí admiten la segunda. El problema es que si se cumple una, la otra también se cumple. Es un asunto de dependencia de la otra persona, que te ayudaremos a enfrentar en este capítulo.

Antes de echar agua fría sobre esta fantasía, queremos validar los efectos profundos que los cónyuges tienen entre sí. Como el matrimonio es la más íntima de las relaciones, los cónyuges sí tienen el poder y la influencia de brindarse mutuo gozo, amor y aliento. Lo mismo sucede en cuanto al dolor, la pena y la desilusión. Ambos se afectan mutuamente, y mucho, para bien o para mal.

Sin embargo, decir que tu cónyuge te afecta es muy distinto a decir que tu cónyuge puede o debe hacer de ti una persona feliz. Esa tarea y responsabilidad es tuya, y te cabe solamente a ti. Puedes tener el mejor cónyuge del mundo y ser de todos modos una persona infeliz. La verdad es que tu felicidad es tu problema, pero también es tu oportunidad.

El secreto de la felicidad

Pensarás entonces, *Si mi matrimonio no puede hacerme feliz, ¿cómo lo logro entonces?* Suena razonable preguntarse eso. La respuesta es que la felicidad *no es un buen objetivo para la vida.* Un objetivo mucho mejor es el crecimiento, del cual uno de los subproductos es la felicidad.

Por cierto, no hay nada intrínsicamente malo en la felicidad. Es una cosa buena y positiva, un don de Dios. El Salmo 68:3 dice: «Mas los justos se alegrarán; se gozarán delante de Dios, y saltarán de alegría». Sin embargo, la gente que tiene por objetivo en la vida ser feliz, actúa como un niño. A los niños no les gusta el dolor, la frustración, las reglas o la gratificación tardía. Quieren sentirse bien todo el tiempo. Sin embargo, no los tomaríamos como el gran modelo para lo que aspiramos a ser.

Poner el crecimiento por delante del matrimonio

¡Quitemos la presión del matrimonio! No pidas del matrimonio lo que solamente puede darte el crecimiento personal. En cambio, pon presión en madurar para dejar atrás lo que te impida llegar a ser la persona completa y plena que necesitas ser. El resultado final es que tu matrimonio, librado de una carga que no podía soportar, puede convertirse en un maravilloso refugio de amor, conexión, intimidad y pasión.

Es un poco parecido al modo en que yo (John) intento aprender español. Mi esposa, Barbi, es bilingüe, y de vez en cuando me habla en español para que yo adquiera fluidez. La escucho e intento seguirla, pero no basta con oír hablar a Barbi en otro idioma. Necesito tomar un curso para estudiar en el hogar, hacer ejercicios y practicas. Cuando hago eso, mejoro.

Supongamos que me quejase porque Barbi no me ayuda lo suficiente como para que yo pueda hablar español. Eso no sería cierto ni tampoco me ayudaría a aprender. Porque la razón por la que no puedo hablar español es que no lo he convertido en prioridad y no trabajo lo suficiente en ello.

La gente que madura crea matrimonios que maduran. Y los que no maduran, suelen ver a sus cónyuges como fuente que debe brindarles aquello que no están obteniendo. Pregúntese si está exigiendo de su matrimonio lo que debería lograr a medida que crece y madura.

Por ejemplo, quizá tenga la tendencia a sentir que no es amado, sentir un vacío dentro. El matrimonio le brinda amor, claro, pero por sí solo no llena ese agujero en su corazón que tanto amor anhela. El vacío se llena a través de un proceso de maduración y crecimiento, con Dios, otras personas y la gracia.

Quizá es que dependes de tu cónyuge para que te dé un sentido de propósito y fuerza. Muchas veces, la persona que carece de estructura y confianza se casa con alguien que tiene mucho de ambas cosas, esperando recibir estas cualidades por medio de algún tipo de transferencia. Lo que sucede en cambio es que el más débil se vuelve dependiente del fuerte, y el fuerte se vuelve resentido y hasta a veces controla al débil. Esta no es la forma en que las personas se hacen más fuertes. El propósito y la fuerza vienen cuando aprendemos lo que queremos, cuando elaboramos los asuntos de nuestro miedo a buscar lo que queremos y luego corremos los riesgos necesarios.

No pasarás de un estado de sentirte no amado al de ser amado, o del estado de debilidad al de la fuerza, simplemente porque hayas encontrado el cónyuge adecuado. Porque aun si tu pareja tiene las cualidades necesarias como para facilitar el cambio, se desequilibraría toda la relación. En esencia, tu cónyuge *estaría cumpliendo el rol de padre o madre, y no de amante, de igual.* El matrimonio tiene que ver con dos adultos que se aman, que crecen, que fracasan y se perdonan, juntos. Cuando uno se convierte en padre y el otro en hijo, nadie se beneficia.

Crecimiento dentro del matrimonio

Otro de los beneficios que quitar la presión del matrimonio y buscar tu propio crecimiento es que *la gente que crece suele ser gente atractiva.*

Cuando una persona se vuelve compasiva, puede mostrar compasión hacia su cónyuge. Cuando se vuelve honesta, puede dar y recibir la verdad en el matrimonio. Cuando tiene esperanzas de cambiar, puede darle esa esperanza al otro. Cuando ha experimentado que está bien ser real e imperfecto, puede aceptar la realidad y la imperfección en la otra persona. Cuando puede ver lo profundo de su alma, puede hacer que a la otra persona le resulte seguro y confiable mostrarle lo profundo de su alma también.

Este tipo de crecimiento personal libera a ambos de sentirse responsables por la felicidad y plenitud del otro. Esa es una carga enorme, y es bueno poder liberarse de ella. Recuerdo que una amiga le dijo a su esposo: «Siento que te hice responsable de hacerme feliz. Lo lamento. Es mi problema, y no el tuyo. Sí quiero cosas de ti, pero también quiero darte cosas buenas. De esto, tengo que hacerme cargo yo». El hombre quedó boquiabierto. No podía creer que ya no fuera culpa suya. Y la relación mejoró muchísimo.

Cómo iniciar un matrimonio que crezca

Te damos algunas maneras de iniciar el proceso de rescatar tu vida amorosa de la tonta actitud que hace que tu cónyuge sea responsable de tu propia felicidad.

PREGÚNTENSE MUTUAMENTE SI EL MATRIMONIO ESTÁ CARGANDO EL PESO DE LA «FANTASÍA DE LA FELICIDAD». ¿Alguno de los dos ha estado esperando que el otro le haga feliz, pleno? ¿Están culpándose mutuamente por su infelicidad? A menudo, encontrarás que la parte infeliz ni siquiera se da cuenta de lo que está sucediendo ¡en tanto el acusado sí lo ve todo el tiempo! Si la «fantasía de la felicidad» está viva y coleando en tu matrimonio, pónganse de acuerdo en que esa fantasía debe morir para que el amor real pueda vivir.

COMPROMÉTANSE CON EL PROCESO DE CRECIMIENTO. Como pareja, decidan que ambos encontrarán maneras de enfrentar su propia infelicidad y vacío. Hay muchos recursos disponibles como libros, seminarios y consejería profesional. Lo importante es comprometerse con el crecimiento personal y espiritual, que llevará tiempo, energía, esfuerzo y probablemente también la ayuda de terceros. Por ejemplo, muchas parejas encuentran que al entrar en algún grupo pequeño, éste se vuelve un punto de crecimiento para ellos. Como son individuos, cada uno tendrá sus propios asuntos, problemas, dolores, debilidades e historias pasadas. Encuentren el mejor contexto para ustedes. Y esfuércense por planificar sus compromisos para poder compartir tiempo juntos.

La gente comprometida con el crecimiento del matrimonio también está comprometida con el crecimiento personal. ¿Cómo reparar una casa si uno no toma en cuenta las partes individuales? La estructura, las tuberías, el cimiento, el techo y el piso tienen que estar en buenas condiciones para que la casa pueda considerarse sólida. Nadie logrará hacer crecer un matrimonio si no invierte también en su crecimiento personal.

SEAN COMPAÑEROS EN EL CRECIMIENTO DEL OTRO. La mejor actitud que puede tomar una pareja es la de ser dos compañeros: *Apoyaré tu crecimiento y tú apoyarás el mío. No somos responsables del crecimiento del otro, pero sí nos alentaremos y apoyaremos mutuamente.* Si solamente una de las partes está dispuesta a dar este paso, no se desanimen. Pueden ocurrir cosas buenas cuando uno de los dos quita del matrimonio la presión, y se concentra en su propio crecimiento. A veces, esto inspira al otro para sumarse al esfuerzo. Recuerda que la persona que crece será una persona atractiva, interesante, que anima y siente pasión. Al crecer tú, tu cónyuge verá que en realidad también se beneficia.

Salvavidas: DILE ADIÓS A LA FANTASÍA DEL MATRIMONIO PERFECTO EN EL QUE CADA UNO DE LOS CÓNYUGES DERRAMA ÉXTASIS Y PLENITUD SOBRE EL OTRO. FORMEN UN MATRIMONIO REAL, DE MANERA CORRECTA, Y HÁGANSE CARGO CADA UNO DE SU PROPIA FELICIDAD.

¿Son necesidades o deseos?

"¿Así que crees que debo amarlo incondicionalmente y soportar su conducta?", dijo Alicia, al borde de las lágrimas.

"No dije eso. No", respondí yo (Henry). "Sí creo que debes amarlo incondicionalmente, ya que ese es el único tipo de amor que existe. Pero no digo que tengas que vivir soportando las cosas tal como están, sin decir cuando algo está mal."

"Sí, lo hiciste", insistió Alicia. "Dijiste que tengo que aceptar el hecho de que Benito no expresa el amor de la manera en que yo lo necesito."

"No dije eso. Una de las cosas más importantes que deben hacer los dos miembros de una relación es trabajar duro para expresar, entender y satisfacer las necesidades de cada uno. Esa es la clave, y no querría que no te esforzaras por lograrlo."

"Lo que dije es: la manera en que has decidido que «necesitas» amor, no es una necesidad verdadera. Es más un deseo, tuyo en particular. Sin embargo, te refieres a esto como si fuera una exigencia universal que todo esposo debe cumplir. Dije que debes examinar lo que crees necesitar de Benito, y ver si esas cosas son realmente necesidades. Quiero que ambos aumenten su amor, pero hay cosas que defines como «necesidades» que se interponen en la manera de sentirte amada."

A Alicia no le gustaba oír esto, pero era lo que podía salvar su relación. No era nada feliz con Benito, porque creía que un hombre debía hacer ciertas cosas en una relación, y esas cosas eran sus «necesidades». Por ejemplo, tenía la «necesidad» de que Benito administrara sus finanzas de determinada manera. Si no lo hacía como ella lo «necesitaba», se sentía devastada, se retraía y se dañaba así la conexión entre ambos. Alicia no hablaba de una necesidad real. Para nada. Hablaba de un deseo que ella sentía como necesidad.

Interpretar los deseos como si fueran necesidades es otra de las tontas actitudes que pueden hacer naufragar tu vida amorosa. Sin embargo, el rescate es bastante simple si sabes qué hacer. Es cuestión de entender qué es una necesidad real, y qué no lo es. Si ambos no llegan a distinguir entre los deseos y las necesidades, se desconectarán ante cosas que no debieran desconectarlos o pondrán su energía en las cosas equivocadas, ignorando entonces las necesidades verdaderas que hacen crecer y florecer a la relación.

Necesidades, preferencias y deseos

¿Qué necesita uno en realidad en un matrimonio? *Una necesidad verdadera es algo que, cuando falta, da como resultado un perjuicio.* Un daño. Por ejemplo, necesitamos alimento y agua para sobrevivir, físicamente. Necesitamos refugio, porque de otro modo el frío o el calor nos matarían. Si no se satisface una necesidad genuina, hay destrucción.

Hay muchas cosas que podemos desear aunque no las necesitemos en realidad. Pueden ser esenciales para poder sentir plenitud, disfrute o calidad de vida. Sin embargo, podemos vivir sin ellas sin sufrir daño alguno. Esa es la diferencia entre las necesidades y los deseos.

Las preferencias son como los deseos. Tienen que ver con cómo nos gustaría que fueran las cosas idealmente, aunque no siempre será como las obtengamos. Por ejemplo, cuando voy a un restaurante, *necesito* comida. *Deseo* la pizza del menú. *Prefiero* sentarme en las butacas junto a la pared. No me pasará nada en realidad si solamente tienen hamburguesas y el único asiento libre es junto a una de las mesas. No sufriré ni me pasará nada malo. Obtengo lo que necesito, y solamente tendré que esperar hasta otro día para comer pizza.

Las personas maduras se aseguran de ver que sus necesidades sean satisfechas, y también se esfuerzan por encontrar lo que desean y prefieren. Cubren primero lo básico y luego sobre esto construyen lo demás.

En el matrimonio, hay que agradecer si uno tiene un cónyuge afectuoso, sincero y responsable. Pero Alicia sentía que tenía derecho a algo más. Sentía que «necesitaba» más que una persona amorosa y buena. Necesitaba además que su esposo fuera un genio de las finanzas. Alicia creía que eso le daría la seguridad que «necesitaba» y sentía merecer. Como resultado de ello, estaba muy insatisfecha con su marido cuando no hacía las cosas que ella esperaba de él.

Ahora, no queremos que te aburras, que sientas insatisfacción, ni que tengas una relación sin brillo ni interés alguno. Tampoco queremos que dejes de buscar lo que cada uno de los dos desea. Estamos diciendo que las relaciones verdaderamente tienen determinadas necesidades universales, y que el foco de la atención deberá estar primeramente en esas cosas. Los deseos y las preferencias vienen más tarde en la lista.

Una de las más grandes tragedias de nuestros días es que la gente se siente con derecho a que se satisfagan sus deseos. Y cuando esto no sucede, las personas se sienten víctimas, estafadas, como quien merece más de lo que obtiene. Entonces, se enojan con los cónyuges —a quienes debieran apreciar— o creen en la mentira y se van en busca de la satisfacción a la que creen tener derecho. La realidad es que aquello que están buscando no es una necesidad real.

¿Cuáles son nuestras necesidades reales?

Si te enfocas en las verdaderas necesidades de tu relación primero, luego puedes ir en busca de esas otras áreas de satisfacción como beneficios extras, porque ambos tendrán el tipo de conexión que les permite crecer a niveles más grandes. ¿Cuáles son estas necesidades verdaderas? Aquí enumeramos las que descubrimos:

CONEXIÓN EMOCIONAL. Empatía, apoyo, afecto, escuchar, entenderse, confiar, todo esto forma parte de lo que crea una conexión emocional. Viene a partir de la capacidad de escucharse y entenderse mutuamente. La conexión emocional es el sentido básico de estar presentes mutuamente de manera que se termina con el aislamiento, la alienación y la soledad.

LIBERTAD. El amor solamente puede florecer en una atmósfera de libertad. Donde hay control, manipulación o incapacidad de tener una identidad aparte del otro, el amor muere. Uno tiene la necesidad real de tener libertad, sin ningún tipo de control. Esto significa que uno no se castiga por pasar tiempo alejado del otro, ni por decisiones que no sean compartidas (mientras no sean inmorales, ilegales o no éticas), ni por gustos o preferencias diferentes, entre otras. Disfruten de la individualidad y las diferencias de cada uno. Inviertan el uno en el otro todo lo posible para llegar a ser las mejores personas que puedan ser individualmente, aún cuando esto no tenga nada que ver con la relación. Una buena relación no sirve solamente a las necesidades de la relación, sino también a las de cada una de las partes de manera individual. Así que otórguense la libertad, porque es el cimiento del amor mismo. Y actúen responsablemente con la responsabilidad que les otorga el otro.

PERDÓN. ¿Nos atrevemos a decirlo? Todos somos pecadores. Pecar significa que no llegamos a calificar para la perfección y que creamos ofensas en contra de otros. Sucederá en todo tipo de relaciones, y eso es una realidad. Si una relación no es lo suficientemente fuerte como para soportar el pecado y los defectos, entonces no será lo suficientemente fuerte como para soportar la realidad. Nuestro pecado y nuestras fallas crean una enorme necesidad de perdón. Si nos castigamos mutuamente por las fallas y no perdonamos, la relación sufre y muere.

ACEPTACIÓN. Nuestra necesidad de ser aceptados, así de imperfectos como somos, es similar a nuestra necesidad de perdón. Desde el Jardín del Edén siempre hemos sido menos de lo que debemos ser: física, espiritual, intelectual, emocionalmente y de muchas otras maneras. Como resultado, tendemos a ocultar quiénes somos en realidad. Pero para que haya intimidad y amor, necesitamos revelar nuestro verdadero ser, poniéndonos al desnudo. Solamente podemos hacerlo si tenemos la seguridad de ser totalmente aceptados.

LÍMITES. Todos nos sobrepasamos, aún cuando no tengamos intención de hacerlo. A veces no vemos nuestros errores. Y otras veces los vemos, pero no nos importan. En ambas situaciones, necesitamos límites. La corrección y la disciplina son dos de los mayores dones que podemos otorgarnos mutuamente, y una buena relación nos las brinda.

Como nos dice Proverbios 27:5-6: «Mejor es reprensión manifiesta que amor oculto». En un matrimonio, los límites son esenciales para mantener vivo el amor. Una buena relación no permite que las conductas hirientes ganen terreno, porque estas conductas negativas destruyen al amor. Los buenos amantes las confrontan y limitan su capacidad para sobrepasarse. Expresen los límites y comuníquense cuando algo malo suceda. Háganlo en amor.

SEGURIDAD. Necesitamos saber que el amor de nuestro cónyuge no se irá. Esta es una de las mayores razones para el compromiso bíblico del matrimonio de por vida. Para que el amor crezca en un matrimonio, necesitamos saber que el amor de nuestro cónyuge es seguro, incondicional y para siempre. Es esencial un compromiso seguro, que preserve la conexión en todo tiempo.

IGUALDAD Y RESPETO MUTUO. El amor romántico se basa en la igualdad y el respeto mutuo. El tipo de amor que construye un matrimonio no puede florecer si una de las personas domina la relación y la otra es sometida, sin respeto. La igualdad valora la contribución, el talento, las ideas, los dones, los puntos de vista y la singularidad de cada uno de los componentes de la pareja. En tal conexión, ambos pueden llegar a ser quienes tienen que ser. Esta condición mutua luego se vierte por decantación hacia otras situaciones en donde cada uno muestra respeto y valoración frente a terceros, en lugar de criticar y reprender al otro.

DESEO. Desde la infancia, necesitamos saber que nos desean las personas con quienes estamos. De otro modo, nos sentimos intrusos en nuestras relaciones más significativas. En tu matrimonio, es importante que cada uno le comunique al otro que lo desea. Esto puede hacerse de diversas formas, algunas son universales y otras muy personales. Aprende qué es lo que hace que tu cónyuge se sienta deseado, y luego actúa.

EXPRESIÓN FÍSICA. Los seres humanos necesitamos que nos toquen, nos abracen, nos acaricien y nos alimenten físicamente. Tu relación necesita contacto físico que exprese todas las necesidades que mencionamos. Deseo, igualdad, seguridad y aceptación, todas estas son cosas que se expresan mediante el contacto físico. Además del contacto humano normal, el matrimonio necesita de una relación sexual satisfactoria. La plenitud sexual forma gran parte del designio de Dios de ser «una sola carne». De hecho, la Biblia les dice a los esposos y esposas que no se nieguen sexualmente uno al otro (1 Corintios 7:5). Y al igual que otros aspectos del contacto, el sexo debe ser respetuoso, mutuo, con deseo, aceptación, libertad y seguridad.

TIEMPO. El amor necesita tiempo. No hay relación que haya satisfecho perfectamente las necesidades de ambas partes desde su inicio. Toma tiempo desarrollar el amor, la madurez, la relación. Porque para tener todas estas cosas y satisfacer las necesidades de manera abundante y con medida creciente, hace falta invertir tiempo.

Que lo importante siga siendo lo importante

Al igual que Alicia, la mayoría de las personas lo quieren todo. Queremos que nuestros matrimonios satisfagan no solamente nuestras necesidades reales, sino también todas nuestras expectativas, preferencias y deseos. ¿No sería bueno eso? La verdad es que no será así, excepto en una fantasía. Y ya hemos hablado de los peligros de la fantasía.

Exigir que se satisfagan nuestros deseos y preferencias es una actitud tonta que hundirá a nuestro matrimonio. Sin embargo, al mismo tiempo debemos ver que hay algunas necesidades verdaderamente esenciales. Si estas necesidades reales no se satisfacen la relación sufre.

No te dejes atrapar luchando por satisfacer tus deseos. Trabaja para conseguirlos e intenta satisfacer todos los que puedas. *Pero mantén la atención firme en tus necesidades.* Aprende a expresarlas, a comunicarlas, edúquense mutuamente respecto de las necesidades, satisfáganlas, defiéndanlas, nútranlas y crezcan en la capacidad mutua para satisfacerlas, haciendo todo lo posible por cubrirlas.

En conjunto, estas necesidades son las cosas por las que *vale la pena pelear*, y no *pelearse.* Si pelean a causa de estas necesidades, probablemente estén violando alguna de ellas. Sin embargo, si pelean por ellas, se acercarán más a verlas satisfechas.

Salvavidas: PUEDES MANTENER EL RUMBO DE TU VIDA AMOROSA AL NO DESCONECTARTE CUANDO TUS DESEOS NO SE VEN SATISFECHOS, ESFORZÁNDOTE SIEMPRE POR VER QUE LAS NECESIDADES DE AMBOS SE SATISFAGAN MUTUAMENTE. ¡EL HECHO DE SATISFACER MUTUAMENTE SUS NECESIDADES DENTRO DE UNA CONEXIÓN SEGURA LES DARA MÁS SATISFACCIÓN DE LA QUE CREEN POSIBLE!

Deja de buscar tu media naranja

Yo (Henry) escuché a Fátima mientras me hablaba de su prometido, Daniel. Estaba muy emocionada por su relación y próximo casamiento. Yo también me sentía emocionado, hasta que dijo algo que reveló una actitud tonta que mucha gente tiene respecto de las relaciones: esperaba que su prometido fuera su media naranja.

"Somos el equilibrio perfecto. Yo soy la sociable, y a él le gusta lograr cosas. Se siente bien tener a alguien que siempre peleará todas mis batallas, y yo le ayudaré a ser más extrovertido y expresarse. ¡Somos un gran equipo!"

Odio ser quien traiga malas noticias a una relación que se inicia, pero como consejero, tenía que hacerlo. Podía ver muchos problemas potenciales en su relación si la división del esfuerzo era exactamente como la describía Fátima.

El asunto es el siguiente: Fátima resolvía el viejo problema matemático de manera errónea, y hay mucha gente que lo hace cuando se trata de las relaciones. Esto es:

$$\frac{1}{2} \text{ persona} + \frac{1}{2} \text{ persona} = 1 \text{ persona entera}$$

Aquí está la actitud tonta, expresada de manera distinta: «Soy una persona incompleta, y a ti también te faltan cosas. Entonces, fusionemos nuestras fuerzas y compensaremos nuestras debilidades. Juntos lograremos la felicidad que por separado no tenemos».

Esta estrategia parece caerles bien a muchos. Encuentran a alguien que representa todo lo que ellos no son, y se sienten completos cuando están juntos. Tiene sentido. Siempre nos sentimos más vivos, con más energía, cuando nos acercamos a algo que no tenemos pero sí necesitamos. Porque le da vida a una parte de nosotros que no tiene grandes posibilidades de surgir a la luz cuando estamos solos.

Sin embargo, algo sucede cuando se aplica esta fórmula al matrimonio. Cuando dos personas incompletas se casan esperando fusionar sus puntos fuertes para compensar sus debilidades, el resultado no es la felicidad que esperan. De hecho, lo que sucede es que cada una de las partes lentamente comienza a pedir del otro justamente lo que el otro no posee.

Veamos cómo sucederá esto con Fátima y Daniel. Ella quiere que él sea más sociable, así que la parte de ella que es sociable, como lo expresa Fátima, puede tener con quién hablar y conectarse. Ella comienza a sentirse sola y lo presiona para que se abra. Él se siente presionado y se retrae, sin saber qué hacer. ¿Por qué? Pues, recordemos, que no es un tipo sociable. Él es el conquistador, y por eso a ella le gustó tanto. Sin embargo, ahora ella está despertando a la necesidad de algo que él no posee. Y empiezan a atacarse.

De la misma manera, él quiere de Fátima un poco más de rendimiento: más atención a las tareas, más responsabilidad con las finanzas y cosas así por el estilo. Siente frustración ante la desorganización de su esposa, sus quejas, su poca atención al detalle. Cuando le expresa su frustración ante su ineficiencia, ella se siente incomprendida porque él no es buen comunicador, al menos emocionalmente. Fátima y Daniel ya no aman los atributos que tanto apreciaban al principio. De hecho, ahora los resienten: «Lo único que le importa a él es que se hagan las cosas», dirá ella. «Siempre está persiguiéndome con que me "conecte" más», dirá él. «¿Qué quiere decir con eso?»

Resuelve la aritmética relacional

Buscar en tu cónyuge las aptitudes y puntos fuertes que te faltan es otra de las actitudes tontas que pueden hundir tu matrimonio. Pero como sucede con la mayoría de las actitudes autoderrotistas, esta es una conducta común que puede corregirse fácilmente. No sientas desaliento o soledad. Porque primero, entendamos qué es lo que sucede en esta situación, qué es lo que encuentran todos los que pasan por ella.

El problema está en que se establecen expectativas erróneas en el comienzo a causa de que se aplicó la fórmula equivocada. Las relaciones no son de naturaleza *aditiva*. En otras palabras, un medio más un medio no equivale a un entero en la aritmética relacional. Las relaciones son *multiplicativas*. ¿Recuerdas? « Así que no son ya más dos, sino uno», dijo Dios (ver Marcos 10:8). Entonces, cuando tomamos una persona completa y multiplicamos sus puntos fuertes por la otra persona completa, obtenemos una relación mutua unificada, increíblemente fuerte.

El problema es que cuando multiplicamos media persona por media persona (que es lo que siempre sucede en toda relación, ya que ninguno de nosotros es del todo completo), lo que obtenemos es la cuarta porción de una persona. ¡Menos de lo que teníamos antes! Y las parejas que tienen dificultades, te dirán eso. Porque se derrumban y destruyen, exigiendo que la otra «mitad» muestra más que la mitad original que trajo a la relación al comienzo. Y como se dice con frecuencia, lo que les atrajo de alguien en el primer momento, será el motivo de pelea entre ambos durante los siguientes cuarenta años. ¿Cuál es la respuesta entonces?

La clave para terminar con ese patrón, o bloquear la tendencia hacia él, es saber que *todos* somos incompletos, incluyéndote a ti y a tu cónyuge. Tu primera tarea consiste en bajar tus expectativas de que esa persona «a medio cocer», esté «a punto». Debes saber que tu cónyuge sigue en el horno, y que Dios está ocupado, trabajando para que llegue a ser la persona completa que tanto tú como Dios desean que sea.

Pistas para vivir con una persona «a medio cocer»

Acepta el hecho de que tú y tu cónyuge todavía no son personas completas, terminadas, que están aún en las áreas de necesidad de las que hablamos anteriormente. Deja de lado la exigencia de que tu cónyuge sea distinto y comienza a enfrentar las cosas de mejor manera. ¿Qué significa esto? Aquí te damos algunas pistas sobre como vivir con una persona «a medio cocer», y cómo puedes llegar a dejar de serlo tú también:

ACEPTA A TU CÓNYUGE COMO PERSONA INCOMPLETA, DEL MISMO MODO EN QUE DIOS TE HA ACEPTADO A TI. Hay áreas en que tu cónyuge en realidad es más una «mitad» que un «entero» Así que acepta esa realidad con amor. Deja de protestar con enojo, quejas, vergüenza, condenación y todas las demás formas en que no te agradaría que te trataran a ti.

MIRA LAS ÁREAS EN LA QUE TÚ NO ERES UNA PERSONA COMPLETA ANTES DE CONCENTRARTE EN EL ESTADO INCOMPLETO DEL OTRO. Saca primero la viga de tu ojo (Mateo 7:5). Pregúntale a tu cónyuge en qué áreas necesitas desarrollarte. Pregúntale cuáles son los aspectos incompletos de tu personalidad que más le afectan y comienza por ahí. Sé un modelo de cambio.

CONVIÉRTANSE EN MUTUOS AGENTES ALENTADORES DE CAMBIO, EN LAS ÁREAS DE CRECIMIENTO QUE NECESITAN. Hablen de estas cosas, dialogando y sin pelear ni discutir, como integrantes de un mismo equipo. Creen un espacio seguro donde puedan hablar de esto en amor, sin permitir la entrada a críticas, vergüenza, culpa o enojo.

CONCÉNTRATE PRIMERO EN LAS COSAS IMPORTANTES. Hablen de las necesidades reales del uno y el otro como dijimos antes. Ayudarse a crecer para ser plenos en esas áreas es más importante que muchas de las cosas por las que discuten a menudo.

SÉ PACIENTE. Eso es importante: sé paciente con tu cónyuge, así como Dios es paciente contigo. ¿Quieres ver cómo funciona? Piensa en tu parte más incompleta como persona (las quejas, la vulnerabilidad emocional, el no terminar tareas, compartir sentimientos y el no brindar apoyo, entre otras). ¿Ya? ¿Hace cuánto te has dado cuenta de eso? ¿Y hace cuánto has comenzado a trabajar para morar? ¿Hace cuánto que Dios es paciente contigo en esto? ¿De qué manera te ha amado incondicionalmente durante todo este tiempo? Esta es la forma en que tienes que ver los puntos flojos de tu cónyuge.

No presiones ni apures el proceso

Debes enfrentar esos asuntos, porque de otro modo tu relación no mejorará. Hay que buscar el cambio con esfuerzo si es necesario. Pero no puedes esperar que tu relación cambie de la noche a la mañana. Sí puedes esperar que tu cónyuge te oiga y enfrente el problema, pero no puedes esperar madurez inmediata. Algunas cosas conllevan tiempo. Lo que quieres es estar en el mismo lugar, obrando en tu cónyuge, invirtiendo tiempo en él y deleitándose en mejorar.

Acepta lo que representa el matrimonio, trabaja en él con amor y dense tiempo para crecer. Supongamos que cuando estás horneando una torta, abres el horno antes de tiempo, exigiendo que estuviera lista al instante. Ese tipo de actitud con un cónyuge es una de las formas más seguras de romper una conexión.

Salvavidas: PARA PRESERVAR LA CONEXIÓN ENTRE TÚ Y TU ESPOSO O ESPOSA, DOS PERSONAS A MEDIO COCER, ASEGÚRATE DE AGREGAR LOS INGREDIENTES ADECUADOS: AMOR, SINCERIDAD, ALIENTO, COMUNICACIÓN Y TU PROPIO CAMINO HACIA SER UNA PERSONA COMPLETA. NO APURES EL CRONÓMETRO PARA LA MADUREZ, Y DALE TIEMPO AL OTRO PARA APRENDER Y CRECER. AL SABER QUE TODAVÍA ESTÁN EN PROCESO DE COCCIÓN, PUEDEN ENFRENTAR LOS PROBLEMAS SIN ENVENENAR LA CONEXIÓN QUE NECESITAN PARA PODER TERMINAR AMBOS «BIEN HORNEADOS Y EN SU PUNTO».

¿Postergarme? Es una broma, ¿verdad?

"¿Y cómo están los recién casados?", le pregunté (John) a Ted durante la cena. Me refería al hermano de Ted, Bob, y su flamante esposa Diane.

Ted sonrió y dijo: "Bien. Me divierto viendo cómo se adapta al matrimonio."

"¿Cómo es eso?", pregunté.

"Por ejemplo, la otra noche llamé a Bob para preguntar si podían cenar con nosotros. Dijo: 'Seguro, no hay problema'. Tuve que decir: 'Creo que esta es una de esas cosas que tienes que consultar con Diane'.

Reí y pregunté: "¿Y qué dijo él?"

"Primero dudó y luego dijo: 'Oh, sí. Claro. Le pregunto y vuelvo a llamarte'".

Ted rió. "Seguro que disfruté de eso, demasiado quizá". Le dije: "Oye, hermanito, bienvenido al matrimonio".

Bienvenido, eso es. Bob tenía que adaptar su hábito de decidir qué hace para la cena, de manera que los deseos y necesidades de Diane estuvieran incluidos. Si recuerdas esos días antes de la boda, probablemente sientas que te identificas con esta historia. ¿Recuerdas la libertad de hacer lo que querías, cuando lo querías? Tus horarios, dinero, amistades y hábitos te pertenecían enteramente. No respondías ante nadie más, y eso era prácticamente todo.

Entonces te enamoraste.

De repente, te encontraste en la posición de decirte que no a ti mismo con respecto a ciertas libertades, decisiones y preferencias que antes disfrutabas. Ahora tenías que tomar en cuenta lo sentimientos y deseos de alguien más, y eso puede doler.

Esto se llama autonegación. Y aunque sí puede ser doloroso, literalmente es tu única esperanza para conectarte en los niveles profundos, íntimos y apasionados que has deseado y esperado. Las parejas que entienden y se comprometen con esta autonegación nunca vuelven a mirar atrás con nostalgia porque lo que han ganado es mucho, muchísimo mejor.

Dicho de manera sencilla, la autonegación es la práctica de postergar, y hasta abandonar, actividades y actitudes que bloquean el amor y la conexión. En los matrimonios saludables, la autonegación es una forma diaria de vivir, relacionarse y pensar. Y es una de las claves más importantes para el amor.

Contrario a nuestra intuición

En un nivel intuitivo, lo que acabamos de decir quizá no tenga sentido. Muchos pensamos que el amor tiene la forma de la persona que tanto hemos esperado, por la que hemos orado y finalmente, encontramos. Quizá hayas soportado largos años de soledad en la espera de alguien. Y tiene sentido pensar que cuando por fin encuentras la persona y te enamoras, se satisfarán tus necesidades, deseos, anhelos y esperanzas.

¿El amor no se trata de sentirnos mejor por dentro, más plenos, más conectados, con más ánimo y energía? Por cierto, es este uno de los aspectos del amor y la relación. De hecho, el amor es una transferencia de gracia, aceptación, consuelo y empatía entre dos personas.

Sin embargo, esto es solamente una parte de la historia entera del amor. Es el amor en el nivel del principiante, en su forma inmadura. Los verdaderos amantes van más allá de la idea de pensar que dar y recibir debiera ser un intercambio que fluye fácilmente y sin complicaciones entre dos personas.

Como descubren la mayoría de los matrimonios después de la luna de miel, la relación se vuelve compleja. Y aunque tenemos sentimientos profundos hacia la otra persona, nos damos cuenta de que somos dos individuos diferentes, separados, y esto trae conflictos. Cada uno tiene sus puntos de vista, sus deseos, necesidades, anhelos, valores y sentimientos.

Muchas veces, cuando la pareja comienza a vivir esta realidad, se cuestiona la autenticidad y fuerza de la relación. Piensa: "Eso es demasiado difícil; no se siente como amor de verdad". Y entonces duda de la autenticidad de lo que ha obtenido, y cree que no es genuino.

Apaga el iPod

Esperar que el otro satisfaga todas tus necesidades sin que rescindas ni resignes nada es otra de las tontas actitudes que hundirán tu vida amorosa. Sin embargo, la solución es simple: *la autopostergación y autonegación crean el espacio que ambos necesitan para que el amor crezca.* Cuando más entendemos la autonegación saludable, tanto más amaremos y daremos sinceramente al otro. ¡Y no te sorprendas cuando tu cónyuge comience a responder del mismo modo!

Piénsalo de esta manera: supongamos que quieres hablar con tu esposo o esposa sobre un asunto, pero no te escucha porque tiene puestos los auriculares del iPod y su atención está en la música. Preguntas algo y te mira, sin saber qué dices. No puede entender una palabra porque no hay espacio para ti. Su mente está ocupada con la música y no hay lugar para tus palabras. Pero cuando ve que quieres hablar, y apaga el reproductor, pueden comunicarse y estar juntos.

Del mismo modo, todos nos concentramos en nuestras propias sensaciones, sentimientos, opiniones, sueños, penas, necesidades y deseos. Eso no es malo, pero tenemos muchos. Cuando solamente somos capaces de prestar atención a lo que está en nuestro propio mundo, no dejamos lugar para el mundo del otro. Nuestro iPod interno cierra las puertas a la relación y el amor.

La autonegación es el mecanismo que te ayuda a apagar el iPod de tu cabeza. Te permite decir que no —a veces temporalmente y en otras ocasiones para siempre— a las cosas en las que te concentras. Como resultado, puedes crear espacio para escuchar y responder a las necesidades y deseos de la persona que te ama y a quien amas.

Cuando las parejas aprenden a negarse a sí mismos viven un maravilloso y trascendental misterio de amor: *cuando «me niego» a mí mismo, me conecto con «nosotros»*. Dejar de lado un deseo o exigencia en beneficio de la relación te lleva a un nuevo nivel de vida: la vida de «nosotros». Esta vida es muy superior a la vida de «yo». Es la esencia de por qué dejaste tu estado sin compromiso para apegarte a otra persona. «Yo» sirve a «nosotros» y resulta ser lo mejor para ello.

Esa autonegación no pasará desapercibida para tu cónyuge ¿Puedes imaginar lo que se siente estar casado con alguien que dice: «He decidido gastar ese dinero extra en algo que te gusta. Siento ganas de regalarte algo lindo»? Uno no puede sino sentirse abierto y confiado hacia quien se niega a sí mismo. Del mismo modo, es casi imposible sentirse abierto y vulnerable hacia alguien que no sabe negarse a sí mismo. Porque no es alguien seguro. Uno puede amarlo, pero será muy difícil poder confiar plenamente en él.

Hace poco, mi esposa, Barbi, (dice John), permitió que mis hijos y yo convirtiéramos una habitación de la casa en una sala de música, porque todos tocamos instrumentos. Ella quería usar esa habitación para otra cosa. Al mismo tiempo, ella sabía que la música es importante para nosotros y que también esto atrae a los amigos de nuestros hijos, lo cual es valioso. Algún día quizá recupere la habitación. Pero por ahora, apagó su iPod con respecto a ese deseo y lo sacrificó por un bien mayor. Esa autonegación nos ha acercado mucho, porque hizo que yo sintiera mucha gratitud y amor por ella.

Negarte a ti mismo

Hay personas que se preocupan porque temen negarse demasiado. Sienten que en su relación se les ha negado la libertad, el amor y el respeto, y les queda muy poco.

Es importante aclarar ese asunto. De hecho, en algunas conexiones, el amor se ve afectado porque una de las personas da demasiado y obtiene muy poco. Pero el problema más común en la autonegación es que no haya lo suficiente de uno mismo como para negar. Es decir, que el que da demasiado (en general, esto rescata y posibilita más que el dar con sinceridad solamente) lo hace porque no posee el amor y la estructura interna que necesita para poder negarse. Como matrimonio, quizá deban determinar si necesitan crecimiento o recuperación personal para poder sentirse lo suficientemente plenos como para poder vaciarse a sí mismos, con amor.

La manera como se ve la autonegación

La actitud de autonegación sana y bien entendida significa dejar de lado o resignar cosas como:

LA COMODIDAD DEL DESAPEGO. El amor requiere del esfuerzo de lograr una conexión emocional, aún cuando uno no siente el deseo. Es muy natural desconectarse cuando uno está presionado, cansado o molesto con su cónyuge, y a veces uno sí necesita tiempo «a solas». Sin embargo, con mayor frecuencia, uno necesita negarse la posibilidad de alejarse de la relación. Salir de nuestra zona de comodidad y conectarse, según los términos de la relación y no según los propios, ayuda a generar amor y sentimientos de intimidad.

LOS PROPIOS SUEÑOS Y DESEOS. A veces, uno de los cónyuges necesitará posponer un buen sueño o legítimo deseo por el bien de la conexión. Por ejemplo, la esposa quizá deba demorar el desarrollo de su carrera mientras los hijos están creciendo. O el esposo quizá deba vivir en una ciudad que no es la mejor para su carrera profesional, pero sí para el matrimonio y la familia.

El derecho a exigir justicia. Cuando ambos cónyuges insisten en jugar limpio, entran en un vacío legalista en el que se registra una puntuación y el amor desaparece. Dar más de lo que uno recibe en su vida amorosa y negarse la exigencia de buscar lo que uno considera justo, implica no enojarse si uno termina asistiendo, por ejemplo, a más juegos de béisbol que a conciertos, solamente por acompañar al esposo. El amor no registra puntuación en pos de una mejor conexión y mayor compasión.

Decir lo que uno quiere. Aprende a negar la urgencia de decirle a tu cónyuge exactamente lo que sientes en el momento en que lo sientes. Si se desatiende esta disciplina, se hundirá quizá la vida amorosa. Porque los cónyuges se pueden herir mucho si sienten que tienen carta blanca para decirse lo que sea. A veces justificarán sus palabras hirientes, diciendo: «Bueno, es cierto». El hecho de que algo sea cierto no significa que sea dicho en amor. En cambio, cuando quieras decirle algo a la persona que amas, pregúntate primero «¿Cómo me sentiría yo si me dijeran eso?». Este tipo de actitud también incluye negarse uno el privilegio de confrontar cada una de las cosas pequeñas que haga tu cónyuge. Como dice Proverbios 19:11: «La cordura del hombre detiene su furor, y su honra es pasar por alto la ofensa».

El «ahora». El amor, el romance y el matrimonio requieren que a menudo dejes de lado un bien inmediato en pos de algo mejor a largo plazo. La gratificación instantánea es para los niños. Los adultos practican la paciencia, los tiempos, la espera. Tómate tiempo, por ejemplo, para conectarte desde el corazón y escucharse mutuamente antes de tener relaciones sexuales. Postergar una decisión hasta haber consultado con tu cónyuge, como aprendió Bob, es otro ejemplo. Es como las leyes del ahorro y la inversión en la economía: quienes pueden ser pacientes y esperar siempre cosecharán los mejores resultados a la larga.

Salvavidas: EL AMOR ES GRATIS. ES UN REGALO DE DIOS. SIN EMBARGO, VIVIRLO EN PLENITUD TIENE UN COSTO. TEN LA LIBERTAD DE NEGARTE LAS COSAS QUE SERÍAN UN OBSTÁCULO PARA EL AMOR QUE TÚ Y TU CÓNYUGE QUIEREN. LAS VIDAS AMOROSAS SE RESCATAN TODOS LOS DIAS CUANDO UNA O AMBAS PARTES DICEN QUE NO AL «YO» POR EL BIEN DEL «NOSOTROS», QUE ES MUCHO MÁS GRANDE.

Si el bote se tumba de lado, entrará el agua

Mientras trabajas por rescatar tu vida amorosa, pregúntate esto tan importante: Nuestra relación, ¿está tumbada de lado o en equilibrio? ¿Hay un equilibrio entre la capacidad de decidir y el poder? ¿Tomamos decisiones como equipo? ¿Hay uno de los dos que se relaciona y conecta mejor que el otro? El grado del equilibrio entre el amor y el poder en tu relación será el grado en el que se sienten ambos bien valorados, seguros, amados y dispuestos a ir hacia una intimidad más profunda. Si tu relación se tumba de lado, a tu bote del amor le entrará agua y finalmente se hundirá.

¿Cómo es estar tumbado de lado?

Los matrimonios pueden tumbarse de lado en la relación y el poder. Veamos ambas situaciones por separado.

TUMBADO DE LADO EN LA RELACIÓN. ¿Cuántas veces has oído decir a un amigo o una amiga: «No me ama tanto como yo lo amo»? En general, esto se refiere a una desigualdad percibida en la inversión emocional dentro de la relación. La esposa, por ejemplo, puede sentir que está más comprometida, y que todo le importa más. Como resultado, no se siente querida, y percibe que no forma parte de la vida de su marido. A veces, esta desigualdad es real y en otras es solamente una percepción. De todos modos, es un problema que hay que resolver. Si eres quien percibe el problema, siempre ayudará darle gracia primero a tu cónyuge. Por ejemplo, averigua si su forma de mostrar amor y compromiso difiere de la tuya. Un esposo que no es demostrativo y tiene personalidad reservada quizá esté locamente enamorado de su esposa, pero como sus métodos de comunicación pasan por debajo del radar de ella, la esposa no lo sentirá.

Si ese esfuerzo no rinde frutos y tu cónyuge sigue retraído y pasivo por alguna razón, confronta esto como un problema real. Busca saber por qué no expresa sus sentimientos. Si el otro tiene miedo, está desconectado o tiene algún enojo que teme expresar para no dañar la relación, todo esto puede afectar el equilibrio del matrimonio.

TUMBADO DE LADO EN CUANTO A PODER. Muchas veces, la relación se tumba de lado cuando uno de los dos es más controlador y el otro es más sumiso. El controlador es más dominante, y se hace cargo de toda decisión. El sumiso se adapta, apoya y amolda. Estas relaciones quizá se vean bien desde afuera, pero no es así. Dentro de la relación, el sumiso muchas veces se apaga, se desconecta. No se siente valorado ni respetado, pero no dice nada porque no quiere discutir o pelear, o bien teme correr riesgos y tomar la responsabilidad de decidir. Por eso, se entrega al dominante para evitar conflictos, y se distancia emocionalmente cada vez más.

El dominante percibirá a menudo este retraimiento, y se hará cada vez más dominante. Supone que como afirmar su control funcionó con las vacaciones y las finanzas, también funcionará en cuestiones del corazón. Entonces escalará, insistirá y a veces manipulará al otro. En última instancia, eso fracasará. El sumiso se esconderá cada vez más y de manera profunda, y sus sentimientos reales se harán más inaccesibles. Ninguno de los dos obtiene lo que necesita del otro.

Alan y Karen corrigen el desequilibrio

Como psicólogo, yo (John) he visto muchos ejemplos de ese tipo de desequilibrio. Afortunadamente, también he visto que puede crearse mucho amor y conexión en parejas que entienden el valor de una relación «de ida y vuelta». Por ejemplo, Alan y Karen habían estado saliendo durante un tiempo, y se comprometieron. Querían que les ayudara a resolver un problema en su relación.

Les preocupaba que al volverse más serios en la relación, los sentimientos de Alan con respecto al deseo, el romance y la pasión disminuían. Y él no quería eso. Quería estar tan enamorado de Karen como lo estaba antes del compromiso. Pero no lograba sentir lo mismo. Karen estaba muy preocupada. Realmente amaba a Alan, y le confundía el hecho de que él ya no sintiera lo mismo.

Comenzamos a hablar de su conexión. Y una cosa que surgió enseguida fue que Alan solía intentar agradar a Karen. Le daba mucho poder que debiera haber retenido para sí. Al inicio de nuestras sesiones, por ejemplo, cuando yo esperaba que uno de los dos hablara, Alan siempre miraba primero a Karen, para ver si tenía algo que decir o aparentemente le pedía permiso para hablar. Por su parte, Karen tenía la tendencia de ser un poco mandona y controladora, aunque se veía a sí misma como una persona clara, que afirmaba. Y la verdad es que Karen sí tenía un buen criterio en cuanto a las cosas, por lo que le era fácil a Alan entregarle la conducción de la relación. Por eso, su conexión iba dondequiera que Karen la guiara.

Pensé que ese sería el punto del problema. Cuando uno no posee la mitad de la ecuación del poder que le corresponde, la pasión y el deseo se apagan. Sólo se siente eso cuando hay autocontrol y libertad. En algunos matrimonios, la mujer se siente incapaz de responder sexualmente como querría, porque se siente controlada por su marido.

Una vez pude identificar ese patrón, dije: "Buen, chicos. ¿Hasta qué punto desean que Alan recupere sus sentimientos?".

Ambos expresaron que lo deseaban mucho. Entonces anuncié: "Creo saber cómo pueden solucionarlo, pero habrá un costo para ambos. Karen, tendrás que cerrar la boca a veces, aunque no lo quieras. Y Alan, tienes que dejar de ser poco sincero con Karen cuando resientas el hecho de que ella sea controladora, y tendrás que tomar las riendas de vez en cuando".

Me miraron con sorpresa, como diciendo, *¿estará bromeando este tipo?* Porque esperaban que les dijera que pasaran tiempo de calidad juntos. Pero cuanto más revisábamos las cosas, más entendían Alan y Karen que lo que les hacía falta era encontrar equilibrio de poder. Les dije que por ahora no se preocuparan por el asunto de la pasión, sino que trabajaran sobre los factores de poder y honestidad, y esperaran a ver qué sucedía.

Lo hicieron. Alan comenzó a correr riesgos con Karen. Empezó a expresar su desacuerdo, al expresar su opinión sin primero ver qué decía ella. Y dejó de intentar leer su mente para asegurarse de que todo estuviera bien. Me sentí orgulloso de Karen también porque logró morderse los labios y dejar que Alan tomara algunas decisiones equivocadas. Lo amaba de veras, y estaba dispuesta a resignar parte del control para poder recuperar el amor que antes habían tenido.

En poco tiempo, Alan informó que habían logrado mucho. Su deseo romántico y ese sentimiento de estar «enamorado» de Karen habían retornado, y él podía percibir el cambio de la parcialidad a la relación mutua. Se casaron, y hoy disfrutan de una bellísima conexión.

¿Dónde está el poder?

Cuando hablas con tu cónyuge del equilibrio de poder en la relación, probablemente llegarás a la conclusión de que las dos mitades del entero no son exactamente equitativas como tal. Eso sucede en pocas relaciones. En la mayoría, hay uno de los dos que suele tomar las iniciativas, mientras el otro suele responder.

Esto no indica necesariamente que la relación esté tumbada de lado ni que la persona dominante sea mala. A veces, uno de los dos suele tener una tendencia natural hacia la iniciativa, y le resulta fácil tomar decisiones. Y otras personas suelen reflexionar, responder, pensar y sopesar sus decisiones. Un corolario de esto en el mundo de los negocios es que cuando una persona de mercadotecnia tiene una idea millonaria, el contador la recortará para que se ajuste al presupuesto de la empresa.

Si esta es tu situación, no significa que tengan un problema importante. Ambos necesitan ver el patrón. La persona con menos iniciativa deberá preguntarse y preguntar al otro: «Si quisiera hablar más, ¿siento la libertad y el apoyo de tu parte para hacerlo?». Esa es la pregunta central. Muchas parejas se llevan bien siguiendo este estilo. El indicador saludable es que quien toma la iniciativa siempre busca, pide y verdaderamente se siente abierto a los sentimientos y opiniones de su pareja.

En otros casos, uno de los dos será verdaderamente dominante y no permitirá la relación mutua, en tanto el otro se siente controlado, disminuido, no amado. Como vimos con Alan y Karen, esto los desconecta, y es un problema que hay que enfrentar y resolver.

Muchas parejas que intentan rescatar sus vidas amorosas, tienen problemas con la relación desequilibrada. Hay algunos que tienen un lema: «la paz tiene precio». Y lo que obtienen suele ser paz que no es de verdad, que no les da calor ni vulnerabilidad, sino que es más parecida a una tregua. Si bien una relación desequilibrada puede parecer tranquila y sin conflictos por fuera, por debajo –que es donde más importa– suele haber una sensación de alienación, desconexión, dolor y también enojo.

Volver al equilibrio mutuo

En caso de que tu relación esté en desequilibrio –en mayor o menor grado– puedes tomar acción para rescatar tu relación. Aquí van algunas ideas:

LOS ESCLAVOS VAN POR DELANTE. El cónyuge que se siente controlado, el «esclavo», por lo general es quien debe dar el primer paso. Muchas veces, la parte dominante no se da cuenta del problema porque no está viviendo una sensación de pérdida, y por eso no siente la carencia.

Si el esclavo eres tú, ¡rompe tus grilletes! Dile a tu cónyuge que quieres sentir todo el amor, la pasión y el deseo que tienes dentro. Quieres darte todo de ti. ¡Tendría que ser muy tonto el otro para pelear por esto! Al mismo tiempo, dile que para poder sentir todo esto necesitas tener más poder de decisión dentro del matrimonio y la relación.

ADMITE TU PARTE DEL PROBLEMA. Muchas veces, el «esclavo» ha mencionado este asunto de la pasividad y el sometimiento. Y el desequilibrio puede tener que ver más con sus temores que con los del otro.

A causa de su pasado, puede tener miedo de realizar cambios, enfrentar a su esposo o esposa para tener una relación mutua, razonable, donde no haya control de uno sobre el otro. Y esto no siempre se debe a que el otro sea exageradamente controlado. Admite tu contribución: tu miedo al conflicto, tu miedo a la responsabilidad por las decisiones o tu miedo al fracaso. Esto le ayudará a tu esposo o esposa a ver que no le ves como ogro.

El que tiene más control también necesita ver su parte en el problema y resignar parte del territorio. A veces, descubrirá que no ha estado prestando atención, y esto le llevará a buscar equilibrio entre ambos. Otros encontrarán que les cuesta permitir que su marido o esposa decida, porque perderían la sensación de estar al mando. Y hay quienes tendrán un problema de egocentrismo. El dominante puede resistirse porque siente que tiene derecho a que se hagan las cosas a su manera. Quizá necesite ayuda que le permite ver que su actitud controladora está dañando aquello que más valora: su relación y el amor que necesita.

VUELVE A LA RELACIÓN. A medida que ambos trabajen en el equilibrio del poder dentro de la pareja, deben recordar que las prioridades siguen siendo prioridades: la relación, la intimidad, el amor. Es fácil desviarse y terminar concentrado sólo en el asunto de quién toma las decisiones. Es importante. Pero las decisiones han de estar al servicio de la necesidad de dar y recibir amor. Dile a tu marido o esposa: «Quiero que ambos estemos al mando de esta relación. No se trata de que yo quiera tomar más decisiones nada más, aunque sí lo quiero. Se trata de cómo el compartir decisiones me hará sentir que estoy más cerca de ti, y que formo más parte de «nosotros». Apela a lo que ambos desean: la conexión. Y esta conexión podrá ser rescatada y fortalecida.

ESTABLECE LÍMITES. Si el problema del control no se resuelve, y si tu cónyuge sigue siendo muy dominante, quizá haga falta establecer límites. Hay patrones que no pueden quebrarse fácilmente, y hay situaciones en las que es necesario poner límites. Las consecuencias resultantes pueden ayudarte a mantener tu postura en cuando a que insistes en poder tomar decisiones también. Las relaciones buenas y las que tienen problemas se benefician cuando hay definición, delineación de poder clara, decisión y respeto mutuo. (Nuestros libros *Límites en el matrimonio* y *Límites en el noviazgo* son recursos con más información en el área de establecer autocontrol en tu relación amorosa.)

Salvavidas: AMBOS NECESITAN ALTERNATIVAS. AMBOS NECESITAN PODER. AMBOS NECESITAN AUTOCONTROL. Y CUANDO SU CONEXIÓN PROTEGE Y APOYA LA RELACIÓN EQUILIBRADA Y MUTUA, EL AMOR TIENE LUGAR Y ESTÍMULO PARA CRECER. LA PASIÓN, EL DESEO Y LA INTIMIDAD SUELEN SER EL RESULTADO DE LA MUTUALIDAD. RESIGNA PARTE DE TU TERRITORIO EN POS DEL DON MÁS GRANDE QUE NOS DA DIOS: UNA RELACIÓN VERDADERAMENTE SATISFACTORIA. LOS RESULTADOS DEMUESTRAN QUE NO ES UN SACRIFICIO.

ACTITUD TONTA #3

«El otro tiene que ser perfecto para mí»

Así que, aquí estás en tu relación. Estás aprendiendo a ver tus propios problemas y a vivir en la realidad con tu cónyuge. Quizá sientas la tentación de decir: «Bien, yo estoy haciendo mi parte. Ahora, ¡levántate y conviértete en el amante perfecto que siempre necesité!».

Sin embargo, esta es otra de esas tontas actitudes que pueden hundir tu vida amorosa. Tu próxima movida no será quedarte a un lado esperando que el otro se convierta en el amante perfecto. En cambio, has de ayudar al otro a ver que se satisfagan las necesidades y deseos de ambos. Tu cónyuge necesita de tu ayuda, y tú necesitas ayudarle. Las parejas que aceptan sus necesidades y debilidades mutuas y se ayudan a crecer, avanzan por el camino hacia el rescate de su relación.

Ambos tienen necesidades y debilidades. Y cuando se trata del amor, siempre es mejor ocuparse de lo que es, que de lo que debería ser. Ambos necesitan conocerse en el nivel de la vida real.

Cuando te conectas con las debilidades de tu esposo o esposa, y ayudas a que las venza, estás dando gracia en el nivel más profundo. Y esa gracia siempre produce cosas buenas en una conexión. También es beneficioso en la dirección opuesta: cuando tu cónyuge te ayuda con tus puntos débiles, sientes amor, aceptación, seguridad y gratitud.

Así que, no escapes a las necesidades y defectos de tu cónyuge. De todos modos, no desaparecerán. Usa la redención, la fuerza de sanación para tu esposo o esposa, y traerás amor e intimidad a tu matrimonio.

No hay gente perfecta

Raúl era uno de esos hombres a los que las mujeres describen como «con fobia al compromiso». Son hombres que saben estar de novios, saben buscar, cortejar y disfrutan del romance. Pero pasada la caza, parecen perder su encanto. Caminar por el pasillo de la iglesia no es una idea que les agrade demasiado.

Raúl vino a verme (Henry) porque necesitaba un consejo, ya que su novia en ese entonces estaba cansada de esperar por el anillo de compromiso. Estaban en un momento de la relación en que había que comprometerse o romper. Así que quería que lo ayudara para ver qué hacer.

"¿La amas?", le pregunté.

"Sí, eso creo", respondió. "Es decir, me importa. Pero no estoy seguro de que sea 'la mujer de mi vida'".

"¿Por qué?", pregunté.

"Bueno, no es exactamente todo lo que siempre esperé de la mujer con quien me casaría", dijo. "No encaja en mi lista."

"¿Qué lista es esa?", inquirí.

"La lista de cosas que siempre quise en la mujer que fuera mi esposa", contestó Raúl.

"¿Qué cosas?", quise saber, porque pensé que nombraría algunas cualidades y que luego hablaríamos de cómo se relacionaban con su noviazgo.

"Te las mostraré", me dijo.

Y entonces sacó del bolsillo una lista escrita. ¿Puedes creerlo? Jamás había visto yo algo igual. No hablaba de una lista de cosas deseables que tenía en mente. Tenía una copia de archivo de las características que debería poseer su futura esposa. Había cualidades de atributos físicos («piernas como las de Angelina Jolie»), de personalidad («bondadosa, como la Tía Laura»), y logros como éxito profesional o en el estudio, y asuntos espirituales en cuando a lo teológicamente astuta que debía ser. Quedé atónito.

Una de las cosas interesantes en la lista de Raúl era que incluía cosas mutuamente incompatibles. Por ejemplo, quería una mujer espontánea y creativa, pero que al mismo tiempo fuera muy organizada y estructurada. ¿Alguna vez has conocido a alguien que tuviera altas dosis de esas cualidades tan opuestas? Sería una rareza. Porque en su mayoría, las personas muy creativas no suelen ser muy organizadas ni ordenadas. Hay que elegir una cosa o la otra, y convivir con lo que se eligió.

Miré la lista de Raúl durante un momento, fascinado ante lo extensa e increíble que era.

"¿Qué piensas?", preguntó.

"Si esto es lo que estás buscando, mejor hazte a la idea de seguir soltero", le dije.

"¿Por qué? Todas son cosas realmente importantes."

"Entiendo", dije. "Pero nunca he visto a alguien con todas estas cualidades. Jamás vi que alguien tuviera todas las virtudes de la feminidad combinadas en un mismo cuerpo ¡Y qué cuerpo, también! Hasta en tu descripción física tomas una parte de una súper modelo y la combinas con otra parte de otra persona. Quieres el rostro de una famosa modelo, pero no te gusta su cabello. Esto es lo que quiero decir cuando te aconsejo que dejes de buscar. No lo lograrás. ¿Es esto lo que anda mal en tu relación actual? ¿Ella no cumple con los requisitos de la lista?"

"Bueno, sí, algo así", dijo. "Pensé que me vendría bien saber qué quería, para luego encontrarlo. Comencé a salir con Jenny, y ella no tenía ninguno de estos atributos. Igual, me gustaba y seguimos saliendo. Y ahora tenemos una relación bastante intensa. Me gusta. La amo, pero creo que estoy buscando más de lo que ella es.

"¿Qué es lo que te gusta de Jenny?"

En ese momento, sucedió algo. Fue como si alguien se le hubiera metido en el cuerpo. Cambió su expresión, se suavizó y le brillaban los ojos al hablar de ella. Al describir a Jenny y los momentos que pasaban juntos, se veía su emoción. Me parecía estar hablando con un hombre enamorado.

"Y ahora mientras piensas en ella, ¿qué sientes?", quise saber.

"Siento todas las cosas que siento siempre. Que es grandiosa. Y que me gusta estar con ella", respondió.

"¿Cuál es el problema entonces?"

"A veces siento, como ahora, que me gusta. Pero luego pienso en todo lo que ella no es, y algo dentro de mí quiere salirse de esta relación. Siento que ya no me gusta", dijo, y empalideció.

"Bueno, tienes razón. Eso es un problema", concluí.

El problema del ideal

Uno de los más grandes asesinos de la relación *es la comparación de la persona amada con nuestra fantasía.* La verdad es que una persona real jamás podrá cumplir con los requisitos de nuestra fantasía. Y aunque la persona idealizada sea una persona real, la fantasía de estar con ella está muy lejos de ser lo que imaginamos como ideal. Vemos evidencia de esto en la alta tasa de divorcios de segundas nupcias. La gente piensa que si tan sólo pudiera «encontrar a alguien mejor», podrían enamorarse de verdad. La verdad es que aquello con lo que fantasean no existe, y la comparación a menudo inhibe su capacidad de amar a la persona con la que sí están.

Lo que Raúl descubrió cuando continuamos fue que su amor por Jenny era real. Tenía sentimientos reales hacia ella y un compromiso creciente con su persona y la conexión que compartían. Pero también descubrió que debía dejar de compararla con su fantasía para que su amor pudiera vivir.

Mientras avanzábamos, Raúl comenzó a ver el patrón. Cada vez que se acercaba mucho a Jenny o cuando se topaban con una dificultad o conflicto, surgía la fantasía. Comenzaba a ver cosas en ella que no compaginaban con lo que él quería, y su corazón entonces se apartaba de Jenny. Cumplía con los rituales de la relación, pero no se sentía vinculado. En otros momentos, le decía que no estaba seguro de amarla de veras.

Raúl también vio otra cosa. Vio que lo que causaba la ruptura en la conexión era su comparación con lo ideal, con las cosas que Jenny no tenía. Cuando pudo ver eso, sucedió algo bueno. Se volvió más seguro de su amor por Jenny, y su conexión comenzó a crecer también. Descubrió que cuando «la otra» no estaba presente, la mujer que tenía en realidad era realmente buena. Amaba a Jenny. Poco después, le propuso matrimonio, y hace años que están felizmente casados.

Esto no habría sucedido si no hubiese muerto el deseo de Raúl por la mujer ideal. Vio que tiene que morir una de las dos cosas: *su ideal o su amor real.*

El amor real solamente puede existir con una persona menos que perfecta, porque el mundo no tiene otro tipo de personas. La fantasía de encontrar a alguien perfecto que te haga feliz es solamente eso: una fantasía. Hay mucho amor allí afuera, esperando que lo encuentren. Sin embargo, para encontrar una conexión de amor que sea sólida, la fantasía del cónyuge perfecto tiene que morir.

Los que se entretienen con este tipo de fantasías, terminan con resultados desastrosos. Quizá se sientan atraídos hacia alguien que posee una cualidad que les llama la atención en el trabajo o en su círculo de amigos. Esa persona o cualidad se convierte en el parámetro con el que comparan a su cónyuge, y la relación se ve afectada negativamente. Porque el otro no cumple con los requisitos en esa área. El corazón del que fantasea se aleja, y el amor se aparta. Lo real no puede compararse con la fantasía.

Los que se dejan llevar por la fantasía no se dan cuenta de que la imagen que hay en su mente no es una persona real, sino una imagen ideal que no existe. No se dan cuenta de que la cualidad que admiran en la persona de su fantasía no existe en el contexto de una relación real, con problemas reales que involucran todas las inevitables imperfecciones, conflictos, egoísmo y demás defectos de esa persona. Solamente se concentran en el ideal de su fantasía, y esto destruye lo que podrían tener con la persona real con la que están. A veces, no solamente fantasean en desmedro de su relación y su vida amorosa, sino que dejan el matrimonio para ir tras una fantasía vacía.

Fíjate si te identificas con alguna de las situaciones que presentamos a continuación:

- Miras el cuerpo de tu cónyuge y encuentras más cosas malas que buenas, el resultado es que te sientes indiferente o directamente sin deseo alguno.
- Ves un talento o característica de otra persona, lo comparas con tu cónyuge y tienes una sensación que te deprime.
- Tu cónyuge interactúa contigo de una manera determinada y sales deseando que estuvieras casado o casada con alguien que no fuera así.
- Tienes una relación «parcial» con alguien, como un compañero o compañera de trabajo, lo cual no implica la interacción con la persona entera en una relación real, y luego fantaseas que si estuvieras con esa persona, todo sería mejor que con tu cónyuge.
- Ves material gráfico de fantasía en las revistas, la Internet o las películas y deseas tener a alguien así. O bien lees novelas románticas o ves una película romántica y deseas que tu esposo fuera como el héroe de la historia.
- Recuerdas con nostalgia un amor de la adolescencia o a quien te dejó y lo comparas con tu cónyuge, y éste sale perdiendo en la comparación.
- Ves todo lo que tu cónyuge no es, o lo ves comparado con tus expectativas, más que en términos de las cosas que amas en él o ella.

Una relación es una conexión con una persona real, tal como es. El amor real se da entre personas reales, y todas poseen belleza y defectos, cualidades buenas e imperfecciones. Si vas tras una fantasía, detestarás la realidad. Sin embargo, la realidad es el único lugar donde puedes encontrar amor real y satisfactorio.

No permitas que una fantasía te impida construir amor real con una persona real. Por cierto, siempre podrás mirar a tu esposo o esposa y ver que hay otras personas que quizá en ciertos aspectos sean mejores. Pero no estás en una relación real con otra persona. Estás en una fantasía, con una parte específica de esa otra persona, como su belleza personal o un componente aislado de su personalidad. Si estuvieras casado o casada con esa persona, también estarías en relación con el resto de su identidad, incluyendo sus defectos e imperfecciones hoy invisibles. La fantasía reventaría como una pompa de jabón, y tampoco te sentirías feliz. Estarías comparando sus defectos con los de *otra persona más*, que tiene esa «parte» que tanto deseas. Así que, tira a la basura tu lista de ideales, porque se interpone en el camino de amar a la persona real con la que estás.

No estamos en Disneylandia, ¡madura!

A mí (Henry) me encanta Disneylandia. Jamás olvidaré la primera vez que estuve allí. Tenía cinco años, y sentía que todo era mágico, creyendo realmente que estaba en el lugar «donde la vida es un cuento de hadas y los sueños se hacen realidad». Es un lugar donde los niños y niñas pueden soñar con vivir felices para siempre. Y la magia es real...si tienes cinco años.

Como dice 1 Corintios: «Cuando yo era niño, hablaba como niño, pensaba como niño, juzgaba como niño; mas cuando ya fui hombre, dejé lo que era de niño» (v. 11). Cuando se es niño, uno puede soñar con el compañero perfecto: un príncipe o princesa sin defectos, y ambos vivirán felices para siempre. ¡Claro que cuando se es niño, uno no puede casarse todavía!

Cuando llegamos a la adultez, podemos casarnos, pero el predicador nos hará comprometernos con votos que poco tienen que ver con las fantasías de Disneylandia. Parte de los votos matrimoniales dicen: «En salud o enfermedad, en riqueza o pobreza...». Quizá los votos debieran decir: «En salud *y* en enfermedad, en riqueza *y* pobreza», porque en verdad, no hay un «o», ya que en el matrimonio seguramente habrá riqueza y pobreza, salud y enfermedad. Es un voto de adultos para una relación adulta. Cuando dos personas adultas se unen en matrimonio con el objetivo de producir amor adulto y no una fantasía infantil, los resultados son mejores de lo que podrían haber soñado.

Salvavidas: CONVIÉRTETE EN HÉROE O HEROÍNA ENTONCES, Y RESCATA TU VIDA AMOROSA DE LA TIERRA DE LA FANTASÍA Y LA MALDAD DEL VILLANO, LA COMPARACIÓN CON LA PERSONA IDEAL QUE NO EXISTE EN LA REALIDAD, ESA PERSONA QUE TU CÓNYUGE NO ES NI NUNCA SERÁ. CUANDO LO HAGAS ENCONTRARÁS QUE UN PRINCIPE O PRINCESA TE HA ESTADO ESPERANDO DURANTE MUCHO TIEMPO. SOLAMENTE HACE FALTA EL BESO DE TU AMOR PARA DESPERTAR A LA PRINCESA. SI DEJAS DE HACER COMPARACIONES Y AMAS A LA PERSONA CON LA QUE ESTÁS, TU SUEÑO PUEDE HACERSE REALIDAD. PUEDES VIVIR FELIZ, AUNQUE IMPERFECTAMENTE, PARA SIEMPRE.

Derrama gracia

Aquí hay un dilema que toda pareja que quiera rescatar su vida amorosa deberá resolver:

1. Ambos necesitan copiosas cantidades de gracia y amor.
2. Es responsabilidad de ustedes darse mutuamente grandes cantidades de amor y gracia.
3. Probablemente no tengan suficiente amor y gracia para dar.

Es algo difícil de hacer. El primer punto nos habla de cuánto necesitan ser amados. El segundo es una tarea que todo matrimonio de amor debe cumplir. Y el tercero expresa la realidad de que no poseemos internamente la suficiente gracia y amor. Los matrimonios que salen de su relación para recargar su provisión de gracia encuentran que la conexión mutua se fortalece y solidifica.

Uno de los ejemplos más profundos de esto es lo que yo (John) vi en William y Melina. Cuando ella descubrió que William era adicto a la pornografía de la Internet, se sintió muy herida, y cuestionó todos los aspectos de su matrimonio. Sentía que William la había traicionado, y no sabía si alguna vez se recuperarían.

Por sumarte, William no estuvo a la defensiva, ni buscó echarle la culpa a otra persona. Sentía arrepentimiento y remordimiento, y le dijo a su esposa: «Lamento haberte herido con esto. No tiene que ver contigo. Es algo mío. Haré lo que sea para resolver esto y volver a ganar tu confianza».

Melina lo escuchó y decidió intentar lentamente volver a conectarse con él. William entró en un grupo de apoyo para hombres para buscar la solución a su problema y los asuntos subyacentes que lo causaban. Se esforzó y las cosas mejoraron.

Luego de ver sus cambios durante un tiempo, Melina comenzó a sentirse más segura. Entonces hizo algo que mostró su capacidad de dispensar gracia para ayudar a su esposo. Le dijo: «Realmente odio esto, y las conductas asociadas. Pero estoy dispuesta a saber más de tu problema y de lo que lo causó. Cuéntame».

William se sorprendió mucho de que Melina quisiera conocer más sobre el vergonzoso hábito que casi los había separado. No podía creer que ella deseara entender su problema. Pero Melina decía: «Forma parte de él. No es una parte que me guste, pero quiero conocerlo tanto como pueda para poder ayudarlo y amarlo».

William comenzó a contarle sobre su infancia con una madre controladora y un padre pasivo. Luego, le contó que usaba la pornografía para consolarse en secreto. Se odiaba por esto en su vida adulta, incluso en los años de su matrimonio. Melina escuchó y comprendió. Y aunque no condenaba su conducta, entendió la realidad de que William necesitaba verdad y gracia. Le dijo: «Cuéntame cómo te va durante el proceso. Estaré orando por ti y puedes hablar conmigo. Quizá no siempre pueda yo manejarlo, y por eso es que necesitas a tu grupo. Pero sí quiero que sepas que enfrento esto contigo, y lo haremos juntos».

La actitud de Melina marcó una enorme diferencia. William sintió tanta gratitud, amor y gracia de parte de su esposa, a quien había herido, que como resultado, hoy las cosas para ambos van mucho mejor.

Este tipo de reconciliación no siempre es posible en un matrimonio. A veces la herida es demasiado profunda. Pero es una ilustración de la importancia y el poder de la gracia para rescatar la vida amorosa.

Necesitas más de lo que piensas

Recordarás que la gracia es favor inmerecido. No es algo que realza la relación, sino el sustento del cual depende su supervivencia. Queremos ayudarte a ver cómo se vive la necesidad de gracia, cómo se entiende, para que puedas aprender a brindársela a tu cónyuge.

La mayoría de nosotros no sabemos cuánta gracia necesitamos en nuestra relación matrimonial. Tenemos dentro un enorme lugar vacío que solamente puede llenar la gracia. La vida es dura, y las relaciones amorosas requieren de nuestro esfuerzo. Toda pareja necesita una gran porción de gracia para poder ir más profundo, para reconectarse, correr riesgos, perdonar, aceptar, ser sinceros y ayudarnos mutuamente a llegar a la intimidad.

No solamente es grande nuestra necesidad de gracia, sino que además muchos tenemos en nuestra mente voces negativas y críticas que obran en su contra: «No tengo que ser así»; «Tengo que ser más fuerte»; «Soy perdedor»; «No merezco que me traten bien después de lo que hice». La gracia es lo único que puede derrotar a esas voces y permitirnos llegar a lo más profundo de la relación mutua.

Las parejas que conocen su necesidad de favor inmerecido comienzan en el lugar adecuado. *La necesidad que ambos tienen de recibir favor inmerecido puede acercarlas emocionalmente, personalmente, espiritualmente.* Y lo contrario también es cierto: las parejas que intentan seguir adelante por sus propios medios o vivir sin la dependencia mutua, terminan desconectadas. Donde no hay necesidad, no habrá satisfacción de la necesidad. La relación se convierte en algo insulso.

No cometas el error de pensar que solamente necesitas dar gracia al otro cuando aparecen las dificultades. La gracia otorgada divinamente no es sólo para lo quebrantado, como los problemas, los defectos, la pena. También tiene el propósito de sustentar y mantener la vida y el amor. Es algo continuo, regular, parte de la vida. La gracia debiera ser la norma de una relación y no la excepción.

Así que el mejor lugar para comenzar a rescatar tu vida amorosa es que ambos lleguen al final de su cuerda y admitan mutuamente que necesitan gracia mutua no solamente hoy ni una sola vez, sino todos los días y en todos los aspectos y formas.

Por ejemplo, mi esposa, Barbi, y yo (John) somos el tipo de persona típicamente común y ocupada. Tenemos nuestro trabajo, nuestros hijos y todas las responsabilidades que trae la vida. Descubrimos que cuando entramos en nuestras zonas de «ocupaciones», con nuestras responsabilidades y tareas y desatendemos la gracia que necesitamos mutuamente, las cosas van bien durante un tiempo. Pero luego en algún punto, detectamos fricción, desconexión y falta de entendimiento.

Cuando esto sucede, intentamos utilizar la misma desconexión como señal de que uno de los dos, o ambos, necesitamos gracia. Nos sentamos y somos abiertos el uno con el otro en cuanto a lo que tenemos dentro. A menudo, esa acción nos llevará de vuelta a la sincronización, porque podemos sentir la tensión, las emociones o frustraciones del otro. Así que, haz una pausa y vive la necesidad de gracia. La gracia no puede administrarse hasta tanto se admite la necesidad.

La tarea y responsabilidad de dar gracia

Hazte cargo de la tarea de estar alerta a la necesidad de gracia de tu cónyuge, porque aunque —en última instancia— cada uno es responsable de ver que se satisfagan sus necesidades, las mejores parejas siempre se muestran interesadas en satisfacer las necesidades tanto del uno como del otro.

MUESTRA GRACIA EN TU CONTENIDO Y TONO. Administramos gracia mutua tanto por el contenido como por el tono de lo que decimos. El *contenido* tiene que ver con comunicarle con palabras a tu cónyuge que te importa, cuánto te importa y cuánto le valoras. Por ejemplo:

- «Te amo.»
- «Quiero conocerte mejor.»
- «Te necesito.»
- «Mi vida es mejor gracias a ti.»
- «Quiero estar contigo.»
- «Eres la persona más importante en mi vida.»
- «Quiero que tengamos más intimidad y acercamiento.»
- «Te perdono.»
- «Lamento haberte herido.»

Son unas pocas de las muchas formas en que puedes dar gracia y favor a tu cónyuge. Es importante que le digas cómo te sientes con respecto a su persona. No supongas que ya lo sabe. A tu auto, le cargas combustible con regularidad, porque el combustible se consume. Lo mismo vale para la gracia.

El *tono* es el modo de hablar. La forma en que transmites tus palabras es tan importante como su contenido. Tu tono debe ser cálido y afectuoso, consistente con la gracia que estás dando. Tu tono tiene que atraer a tu cónyuge, y no causar distancia.

Escúchate y presta atención a tu contenido y tono. Quizá te sea útil ponerte en el lugar del otro y escucharte. ¿Cómo te sentirías si estuvieras del otro lado al recibir gracia? ¿Te sentirías ignorado, distante o incomprendido? A menudo, no somos tan afectuosos y cálidos con el otro como esperamos que el otro lo sea con nosotros.

ESTUDIA A TU CÓNYUGE. La gracia es una necesidad universal, pero suele administrarse de manera muy individual y personal. Observa a tu cónyuge, conócelo para poder darle la gracia que necesita. Pregúntate: «¿Podría aplicarse esto que le digo a cualquier otra persona o solamente a mi esposo o esposa?». Esto puede ser un poco más difícil para los hombres, porque solemos no tenemos una percepción tan aguda de las características de nuestras esposas. Pero vale la pena conocerlas mejor. Aquí hay algunas cosas que puedes observar para mejorar el modo en que dispensas gracia a tu cónyuge:

- ¿Qué es lo que le hace sentir inseguridad?
- ¿Qué hace que se sienta feliz?
- ¿Qué le asusta?
- ¿Qué cosas no le gustan de su propia persona?
- ¿Qué cosas necesita oír con frecuencia?
- ¿Cuáles son sus sueños?
- ¿Qué quiere de la relación?

Apoya y afirma a tu cónyuge en esas áreas, y otórgale gracia según sus necesidades.

Inmerecida significa que no la merecemos

La gracia, en la fe cristiana y en el matrimonio, no puede merecerse ni ganarse (Efesios 2:8-9). De la misma manera, tú y tu cónyuge califican para la gracia mutua por necesidad, y no por su conducta o rendimiento.

Nuestra tendencia natural es la de dar amor cuando nuestro cónyuge es afectuoso, y escatimarlo cuando el otro se desconecta de nosotros. Sin embargo, el amor nada tiene que ver con esto. Esta tendencia pone a tu relación bajo la ley, y una conexión que se basa en la ley jamás experimentará la gracia. Aunque muchas veces resulta difícil, una de las cosas que aprenden las parejas que se conectan es que hay que dar gracia cuando el otro no la merece ni la ha ganado. Es la marca de un matrimonio que tiene verdadera intimidad.

Por ejemplo, si tu esposa se comporta de manera egoísta, puedes decir: «Lo que haces me parece egoísta y me distancia. Pero quiero que nos ocupemos de esto y lo resolvamos, porque quiero que estemos bien». O si tu esposo te hirió con alguna crítica puedes decir: «Lo que acabas de decir me molestó mucho. Hay una parte de mí que quiere irse ya mismo. Pero ahora necesitamos conversar y resolver esto. No quiero que se interponga entre nosotros».

Es fácil hacer lo contrario y protestar: «Yo soy la víctima aquí. Tiene que disculparse y cambiar». Esta actitud terminará ahogando tu conexión. Sal de la orientación de la ley, y dale gracia a tu cónyuge dando el primer paso de acercamiento. Si estás allí, y estás a favor de la relación, pueden enfrentar el asunto, resolverlo y seguir adelante juntos. Quizá tengas que endurecer tu piel para darle los favores que tu cónyuge y la conexión necesitan.

No se trata de crear sentimientos positivos en una relación problemática. Los sentimientos no vienen porque queramos sentirlos. El camino que lo hace funcionar es que estén allí el uno para el otro, ambos a favor de la relación, para conectarse tanto como sea posible y avanzar por el camino del crecimiento. Estos pasos crearán los sentimientos que desean. No intentes obligarte a sentir algo, porque no lo lograrás. Crea un contexto de gracia que dé origen a esos sentimientos.

Obtén gracia de afuera

Como hemos dicho, no posees toda la gracia que necesitas para ti y tu cónyuge. Ambos necesitan más gracia de la que hay en la relación. La pareja que vive en una burbuja, sin el apoyo de otros, tendrá problemas en algún nivel.

Habrá momentos en que, sin que sea culpa de nadie, no tendrán gracia suficiente para darse mutuamente. Quizá estén cansados a causa de su trabajo, las tensiones de cada día o la fatiga del esfuerzo. Habrá momentos también en que se sentirán aislados y desconectados. Esto es normal y algo que se espera: forma parte del amor. Durante estos períodos de desconexión, no te alejes ni finjas sentir lo que no sientes. Esto no funciona.

La verdadera solución está en la humildad. Admite tu necesitad, y obtén más gracia fuera de la relación. Dios te da gracia en tu relación con Él. Otras personas también son una gran fuente de la gracia que necesitamos para nuestras relaciones al comprometernos «como buenos administradores de la multiforme gracia de Dios» (1 Pedro 4:10).

Es por eso que la mayoría de las parejas conectadas no solamente se conectan entre sí, sino también con gente afectuosa, segura, llena de gracia y que alienta tu relación con tu cónyuge. No debilitas tu matrimonio si tienes relación con otros, sino que le infundes la gracia que necesitan darse el uno al otro.

Yo (John) he vivido eso en mi matrimonio muchas veces. Después de conectarnos con personas que nos aman a Barbi y a mí, vuelvo a la relación con un deseo y amor renovados. A veces, es porque me siento más pleno por dentro; y otras, porque puedo ver a mi esposa con mayor claridad a través de los ojos de mis amigos. En otras ocasiones, es porque logro verla como la ve Dios.

Admitir nuestra necesidad y llenar nuestro vacío a partir de buenas fuentes es lo contrario a la tendencia natural que tenemos de «intentarlo con más energía», «tragarse las cosas» y «comprometerse más». Es mucho mejor recibir, vivir y otorgar gracia.

Salvavidas: HAZ UNA PAUSA Y EXPERIMENTA TU NECESIDAD DE RECIBIR GRACIA. LA GRACIA NO PUEDE ADMINISTRARSE SI NO ADMITIMOS NUESTRA NECESIDAD. HAZ QUE SEA UN HÁBITO EN TI TAMBIÉN EL DAR GRACIA CON GENEROSIDAD. JAMÁS PODRÁS DAR DEMASIADA GRACIA EN TU RELACIÓN. LA GRACIA HARÁ MUCHO POR RESCATAR TU VIDA AMOROSA.

A veces necesitará un empujoncito

Las parejas que tienen buena intimidad, apego y amor, conocen lo que yo (John) llamo «el empujoncito»: una confrontación saludable y equilibrada que tiene el propósito de alentar a cada uno a ser más de lo que son. Los empujoncitos suelen producir resultados realmente buenos en la relación.

Para ilustrar esto, pensemos en el caso de René. Durante un tiempo, había estado ocupado como ejecutivo en una empresa. Su posición era estable, pero se estaba aburriendo, se sentía inquieto. La esposa de René, Ana, creía en él y pensaba que podía dar mejor rendimiento. Por consiguiente, comenzó a mencionar un sueño compartido, acerca de tener su propio negocio o empresa.

Le decía: «Quisiera que pienses en esto. Yo puedo tomar un empleo de medio tiempo para ayudar. Tenemos ahorros. Creo que es el momento». René respondía: «¿Qué pasa si no funciona? Tenemos que pensar en la familia».

Ana no molestaba ni criticaba a René, pero tampoco abandonó su intento. Decía: «Nada más piénsalo. Si quieres hacerlo, estoy contigo 110%».

Con el tiempo, el apoyo y aliento de Ana hicieron eco en René, y decidió abrir su propio negocio. Durante un par de años, fue difícil; pero luego el esfuerzo rindió buenos frutos. Ana había visto que su esposo era competente, y esto dio buen resultado. Hoy les va muy bien.

Todos necesitamos empujoncitos en nuestras relaciones, sobre todo con nuestro cónyuge. La persona que mejor nos conoce puede ver no sólo quiénes somos, sino quiénes podemos llegar a ser. Necesita que le permitamos ayudarnos, porque esta es una parte importante de la relación, por supuesto.

Pero cuando el empujoncito (¡no las protestas ni críticas!) es aceptable en la relación y funciona, uno logra la reconexión y la intimidad que desean y necesitan ambos.

Las expectativas están bien

Los empujoncitos tienen que ver con que cada uno sepa que puede ser más y ayudar al otro a que también lo logre. Tienen que ver con nuestras expectativas mutuas. *Hay que amarse lo suficiente como para esperar que el otro pueda llegar a ser más de lo que es hoy.*

Uno quiere que su cónyuge llegue a ser mejor persona: más afectuosa, responsable, real, espiritual y sincera. También queremos conectarnos mejor. Queremos que el otro pueda librarse de sus malos hábitos y adicciones. Nuestro amor por el otro hace que deseemos todo eso. Son buenos deseos, de lo mejor para el otro. Lo cual también es lo mejor para nosotros, ya que aumenta la profundidad y reconexión de nuestra intimidad.

Tener expectativas elevadas no implica que uno no acepta a su esposo o esposa tal como es. Nadie crece ni cambia de corazón a menos que se sienta aceptado tal como es. No hay conflicto entre la aceptación y las expectativas. De hecho, son socios en la intimidad.

A veces, uno de los dos sentirá que el otro le está criticando, porque tiene parámetros, requerimientos o expectativas. Dirá: «Si me amas, ámame tal como soy». La respuesta a esto es: «Sí, te amo tal como eres. Pero si no quisiera que pudieras ser más, no te estaría amando de veras». Las expectativas, los desafíos y las reglas son buenas para ambos, y también para el amor. Cuando uno tiene parámetros buenos y razonables, define lo que quiere y necesita. Está estableciendo una estructura saludable para que crezca el amor. Está haciéndole saber al otro que ayudará a que ambos puedan estar juntos y felices.

¿Por qué hacen falta las expectativas?

John Lennon y Paul McCartney escribieron muchas canciones buenas, pero se equivocaron con la de «todo lo que necesitas es amor». Sí, necesitamos amor, y mucho. Pero también hacen falta la sinceridad, la confrontación y las expectativas. Nadie puede crecer y florecer sin eso. ¿Por qué? Aquí damos algunas razones:

LAS EXPECTATIVAS TE HACEN SALIR DE TU ZONA DE COMODIDAD. Cuando dos personas se comprometen mutuamente o se casan, casi siempre comienzan una regresión hacia patrones de comodidad y falta de crecimiento. Uno deja de hacer ejercicio y sube de peso. O deja algún trabajo o interés personal que le hacía crecer. La casa luce un poco menos cuidada. Uno deja de escuchar al otro como solía hacerlo, y se encierra en un mundo propio.

Algunas de esas cosas suceden sencillamente porque las relaciones requieren de la inversión de tiempo y energía. Hay actividades que deben dejarse en la hornilla a fuego lento, para que la conexión pueda seguir adelante. Toma tiempo enterarse de lo que el otro hizo durante el día, y de cómo se siente con la vida y la relación en general. Todo esto no puede dejarse de lado.

Por otra parte, esta fuerza regresiva puede crear un problema real si te lleva a pensar: *tengo mi amor y ella me acepta, así que seré como soy, nada más.*

Si el «como soy» hace que te vuelvas carente de afecto, ensimismado, desapegado, holgazán, controlador o irresponsable, has caído en la zona de comodidad.

La zona de comodidad también es el lugar donde viven los miedos. Cuando tenemos miedo al fracaso, el conflicto o el cambio, permanecemos en un estado de parálisis y nos conformamos con eso. Eso no es pereza: es miedo. Sin embargo, el miedo se puede vencer, y mutuamente pueden hacer mucho por lograrlo.

Si la zona de comodidad se debe a la regresión o al miedo, ambos pueden darse permiso para que un suave empujoncito les saque de allí. Cuando se expresan las expectativas y requerimientos con amor, y no con dureza, serán bienvenidos y darán un resultado eficaz.

Las expectativas te permiten ver tus puntos ciegos. Muchas veces, no nos damos cuenta de cuándo no somos lo mejor que podemos ser. ¿Quién mejor que nuestro esposo o esposa para señalar algo que estemos haciendo que nos impida crecer, desarrollarnos, tener éxito?

Por ejemplo, uno de los dos puede tener la tendencia hacia la pasividad y el conformismo. Al igual que René, pueden llegar a ser exitosos, pero no agresivos en su crecimiento. Cuando no hay una crisis, es fácil conformarse con lo que hay. ¿Qué pasa si el cónyuge nos dice: «quiero que te esfuerces más, que corras riesgos, que ya no te conformes con ser promedio?». ¿Nos sentiríamos atacados? ¿Confundidos? ¿O energizados por su nueva visión?

¿Y qué si tenemos un viejo sueño, o un talento que todavía no descubrimos? Nuestro esposo o esposa tiene el deber de verlo, conocerlo y hacernos saber que quiere que vayamos tras este sueño o que desarrollemos ese talento.

Puede ser que estemos ciegos ante los problemas, así como ante los sueños y talentos. En concreto, no solemos ver las cosas que hacemos y que nos lastiman o mortifican al otro. La esposa quizá diga: «Siempre te amaré, no importa cuánto peses, pero sinceramente me preocupa tu salud. Y creo que soy razonable al decir que es difícil sentir atracción romántica cuanto tienes este tamaño. Quisiera que te hagas revisar por el médico y comiences a hacer ejercicios. ¿Cuándo podrías hacer esto?». Esto no es ser crítico, malvado ni malintencionado. Es un intento por enfrentar un punto ciego y rescatar la vida amorosa. Es un acto de amor y no de control.

Las expectativas les ayudan a crecer juntos. Cuando crecen ambos como individuos, también crecen como amantes. Las parejas que se alientan mutuamente a ser todo lo que pueden llegar a ser y que ven resultados positivos en cada uno de los cónyuges suelen estar más cerca el uno del otro, y sentir más romance e interés mutuo.

Esto es así porque el crecimiento y el amor no se pueden separar. El amor forma parte del crecimiento. Si uno llega a ser personalmente mejor en cuanto a lo personal, lo emocional y lo espiritual, es que el corazón está creciendo. Uno aprende a recibir y dar amor. Tiene mayor capacidad para el amor y la empatía. Y esto se traduce en un beneficio directo para la conexión.

Dónde comenzar

Hay varias cosas que puedes hacer para darle un «empujoncito» y hacer avanzar tu vida amorosa.

SALGAN DE LA ZONA DE COMODIDAD. Habla de cómo ambos desean sentirse seguros, aceptados, con amor incondicional, pero al mismo tiempo preséntense mutuamente las tareas y los problemas en el crecimiento. Otórguense permiso para decir: «Veo cosas en ti que aún no están desarrolladas y quiero ayudarte. Veo problemas que nos desconectan y quiero ayudarte a resolverlos». Con gracia, amor y expectativas saludables, los matrimonios llegan a ser mejores personas y amantes.

FORMEN UN EQUIPO. Trabajen juntos en lo que cada uno quiere para sí mismo y para el otro. ¿Quieres que te escuche más? ¿Cómo describirías ese deseo para que él o ella puedan estar en la misma frecuencia que tú? Muéstrale qué decir, qué significa y cuándo decirlo. Sé compañero, entrenador, parte del equipo. Haz que sea una cuestión de ambos.

CELEBREN EL CAMBIO. Cuando uno de los dos avanza en la dirección correcta, ¡celébrenlo! El cambio no es fácil. Toma tiempo enfrentar el estancamiento y el conformismo. Cuando tu cónyuge hace el esfuerzo y corre el riesgo, aunque sea mínimo, afírmelo y aliéntalo.

El mejor regalo que puedes hacerle para lograr un cambio es regalarle tu persona. Dale tu amor, admiración, respeto y atención. Haz que sepa que su avance para llegar a ser todo lo que puede ser, le dará más de ti de lo que tiene hoy.

Salvavidas: LA VIDA NO TIENE POR QUÉ ACABAR EN EL CONFORMISMO. ES UN ESPEJO EN EL QUE AMBOS PODEMOS VER TODO LO QUE PODEMOS LLEGAR A SER, Y LAS RELACIONES PUEDEN BRINDARNOS EL SUELO FÉRTIL PARA LOGRAR QUE ESTO SUCEDA.

Viva la diferencia

Yo (John) me encontraba hablando en una conferencia sobre relaciones de amor. Durante el período de preguntas y respuestas, un hombre preguntó: «¿Qué pasa si hay tantas diferencias entre los cónyuges como para que se produzca la incompatibilidad?». Es una pregunta que oigo con frecuencia. «Yo lo presento de otra manera», dije. «Si insistes en la similitud para que la pareja funcione, planifica pasar la mayor parte de tu tiempo de calidad a solas».

No hay razón para que las diferencias sean un problema en tu relación. De hecho, sucede todo lo contrario. Las diferencias son un componente necesario para encontrar, mantener y compartir la vida amorosa que todos queremos. Cuando uno de los dos se resiste a las diferencias del otro, se arriesga a perder el amor que tanto quiere conservar.

Las diferencias ayudan a crear amor

Todos conocemos a algún matrimonio en el que ambos son tan parecidos que parecen ser las dos caras de una misma moneda. Sus intereses, personalidades, opiniones y hasta su forma de vestir parecen sincronizados. Sin embargo, estas parejas de gemelos son diferentes el uno del otro en ciertos aspectos. Así es la naturaleza de la individualidad. Por eso, el intento por formar una relación homogénea es inútil.

Las personas tienen un diseño y formación intrincados. La Biblia ilustra este punto de la siguiente manera: «Porque tú formaste mis entrañas; tú me hiciste en el vientre de mi madre. Te alabaré; porque formidables, maravillosas son tus obras; estoy maravillado, y mi alma lo sabe muy bien» (Salmo 139:13-14).

Dada esta realidad, ¿cómo pueden las diferencias ayudar a dos personas a rescatar sus vidas amorosas? La respuesta está en el contraste entre el amor maduro y el inmaduro. El amor inmaduro busca la similitud, la semejanza. , Por ejemplo, cuando conociste a tu cónyuge, te gustó el hecho de que tuvieran cosas en común. Las primeras etapas de la conexión en crecimiento se concentraban en sus intereses, gustos, preferencias y aversiones, en cosas que compartían. Esto no es malo, porque forma parte de la naturaleza del amor incipiente: la alianza y la similitud. Son las cosas compartidas las que forman el primer pegamento que hace que se establezca un vínculo entre dos personas.

A medida que la relación se desarrolla, el amor maduro debe suplantar al amor inmaduro. Es decir, que mientras ambos mantienen y disfrutan de sus semejanzas, sus diferencias comienzan a surgir, como debe ser. En las parejas maduras, eso es también algo positivo. Tu vida y perspectiva se realzan y extienden a partir de las opiniones y experiencias divergentes del otro. El amor busca el crecimiento. Las diferencias no son una amenaza, porque el amor las disfruta. A causa de esas diferencias, ves a la otra persona como alguien interesante, que a veces te presenta desafíos y puede mostrarte nuevas maneras de relacionarte con la vida. Los matrimonios difieren en muchos aspectos. Aquí van algunos ejemplos:

EMOTIVOS Y PENSADORES. El emotivo vive primero en la emoción y piensa después. El pensador vive en el mundo de la lógica y ve la relación a través de ese filtro. A menudo, se considera al emotivo como infantil, y al pensador como adulto. Esto no es precisamente así. Los emotivos también pueden ser adultos maduros, muy responsables, que sencillamente tienen naturaleza emotiva. Suelen sentir las cosas en una relación mucho antes de lo que las percibe el pensador.

EXTROVERTIDOS E INTROVERTIDOS. El extrovertido toma energía y vida de los demás, de muchas personas a su alrededor. El introvertido, por el contrario, busca la soledad, los grupos pequeños. Mis padres (dice John) son un clásico ejemplo. Mi madre nunca conoció a un extraño, en tanto mi padre es más solitario. Sin embargo, después de más de cincuenta años de casados, siguen disfrutando de sus diferencias. A él le gusta ver cómo ella se relaciona con los demás en una fiesta. A mi madre le gustan los pensamientos profundos de mi padre sobre la vida, sobre Dios y el universo.

TIPO ACTIVO Y TIPO REFLEXIVO. Algunas personas son más agresivas y tienen iniciativa, mientras otras prefieren la quietud y estar relajados. Uno de los dos puede disfrutar de practicar saltos o deportes extremos en África, mientras al otro puede gustarle más leer una novela echado en una hamaca. Muchas veces, las parejas encuentran la forma de negociar sus vacaciones para que ambos puedan tener lo que necesitan. El activo aprende a relajarse en tanto el reflexivo aprende el valor de correr ciertos riesgos.

Nutrirse mutuamente incluye alentarse, apreciarse y conectarse con las diferencias del otro. Este tipo de conexión jamás aburre. Y además, tu cónyuge sentirá de tu parte valoración, amor y comprensión. Gran parte de la empatía proviene de conectarse con las diferencias. Cuando alientas los estilos y preferencias individuales del otro, tu cónyuge sentirá que le conoces tal como es. Es lo contrario a sentirse criticado, disminuido o avergonzado sencillamente por ser como uno es.

No moralices sobre las diferencias

Ten en cuenta la tendencia a dar tu propia opinión como enunciación moral en lugar de como preferencia entre naranjas o manzanas, por ejemplo. No hay una «forma correcta», entre los sentimentales y los pensadores, los extrovertidos o introvertidos, los activos y los pasivos.

Esta idea de «lo que está bien» es una perspectiva inmadura que debe resolverse y acabarse. Hay conductas correctas e incorrectas, claro está, y nos ocuparemos de ellas en este capítulo, pero esta cuestión de estilos y preferencias no cabe en esa categoría. Como matrimonio, no toleren la moralización de los estilos de ninguno de los dos. En cambio, busquen la adaptación y el consenso. Mantén tu apertura, apreciación y hasta la protección en cuanto a la individualidad de tu cónyuge.

Líbrate de las diferencias destructivas

Hay algunos tipos de diferencias que no son tan sólo cuestiones de estilo o preferencias son en realidad problemas, y causan cosas negativas en la relación. Como matrimonio que avanza hacia la comunión, necesitan estar al tanto de esto para poder identificarlas y manejarlas con éxito.

Las diferencias destructivas no son lo mismo que las diferencias de estilo. Provienen del quebranto de una persona, su bagaje del pasado, su inmadurez o su carácter. Las parejas saludables y en crecimiento siempre tendrán diferencias de estilo. Sin embargo, solamente habrá en ellas un mínimo de diferencias destructivas.

Por ejemplo, yo (John) tengo una amiga, Michelle, que está divorciada de su esposo, Sergio. Los conocí cuando estaban casados, y nunca fue un buen matrimonio. Sergio no tenía interés –o muy poco– en relacionarse con Michelle en un nivel emocional y personal. No era un mal tipo, pero no se conectaba con ella. Cuando llegaba a casa del trabajo, se dedicaba a mirar la televisión o conectarse en la Internet hasta la hora de ir a dormir. Este fue el patrón durante la mayor parte de su vida de casados.

Cuando Michelle le decía que quería mayor conexión con él, la respuesta de Sergio era siempre la misma: «Así soy yo». Siempre había sido un solitario. Así era él y así sería siempre, le decía. Michelle soportó esa excusa durante un tiempo, pero luego el distanciamiento se hizo mayor y el matrimonio se erosionó y terminó.

No creo que Sergio tuviera razón en cuanto a su diferencia. Fuimos diseñados por Dios como seres de relación, para conectarnos con Él y los demás. Podía entender las tendencias de Sergio hacia la introversión, pero su patrón de conducta era mucho más severo que eso. Sabía que venía de una familia disfuncional, sin conexión ni apego consistente y con mucha manipulación. Sentía compasión por él. Pero no estaba de acuerdo con su punto de vista. Estar crónicamente sin compromiso no es «ser como uno es». Es un bagaje que él arrastraba y le impedía recibir la gracia y el amor que su matrimonio ofrecía, y que Michelle necesitaba.

Aparentemente, Sergio se sentía más cómodo al estar despegado de Michelle y el mundo. No le interesaba verlo como un problema que había que resolver y mejorar. Si lo hubiera hecho, quizá seguirían juntos hoy. Es triste porque ambos son personas buenas. Pero la falta de conexión de Sergio no era meramente una diferencia aceptable de preferir naranjas en lugar de manzanas. Fue algo dañino y destructivo para ambos.

Presta atención a este tipo de diferencia dañina, porque puede ser muy destructiva para el amor que intentas crear. Aquí menciono algunas otras diferencias que son verdaderamente destructivas: la irresponsabilidad, el control, la crítica y el juicio, la manipulación, el egocentrismo, la ira, los mensajes de culpabilidad, el engaño, las adicciones y la violencia. Si tu matrimonio exhibe alguna de estas conductas, debes actuar. Confronta a tu cónyuge. Pide un cambio e insiste en ello. Busca ayuda en terceros si es necesario. Pero no ignores estos asuntos.

Compara esta lista con las diferencias de personalidad que mencionamos anteriormente. Debes ver obviamente que no son semejantes en naturaleza. Incluimos una lista de formas en que puedes identificar estas diferencias destructivas.

IMPIDEN EL AMOR Y LA CONFIANZA. Las diferencias destructivas destruyen la intimidad y hunden tu vida amorosa. No puede confiar, sentir seguridad y ser totalmente vulnerable con alguien que no es sincero, confiable y no tiene dominio de sí mismo.

REDUCEN LA LIBERTAD. Las diferencias destructivas hacen que el otro no pueda sentirse libre de decidir y decir la verdad. La persona siente que camina sobre cáscaras de huevo cuando se acerca a su cónyuge, porque no quiere molestarlo por «ser como es», al menos según sus palabras. Así que su libertad para ser como es y decir lo que hay en su corazón se han disminuido bastante.

SE TRATA DE «MI» Y NO DE «NOSOTROS». Las diferencias destructivas también suelen causar que uno de los cónyuges se concentre en cómo tratar a la otra persona que las tiene. El otro se encuentra preocupado por ellas, intentando resolverlas o teniendo que protegerse. Esto no tiene nada que ver con la diversión de observar e interactuar con la individualidad de tu esposo o esposa. Ponte firme en cuanto a estas diferencias destructivas. Dile a tu esposo o esposa que no tolerarás el modo en que afectan la relación. Es buena señal si se muestra preocupado y quiere trabajar para mejorar, porque hay mucha ayuda disponible, tal como pequeños grupos, contextos de crecimiento espiritual saludable, iglesias y terapia. Y el problema puede resolverse con facilidad, así que no claudiques, sino alíate con tu esposo o esposa para tratar la enfermedad. En algunos casos, como el de Sergio, la persona no mostrará responsabilidad sobre sus diferencias destructivas. Pondrá excusas, negará su existencia o buscará culpar a otros. En estos casos, hay que ser más estricto y directo, y también buscar ayuda. (El libro de John, *Who's Pushing Your Buttons?* [¿Quién pulsa tus botones?] es una guía para tratar con un cónyuge que presenta este problema.)

Salvavidas: TERMINEMOS CON UNA NOTA POSITIVA. ¡VIVA LA DIFERENCIA! ACEPTA Y DISFRUTA EL AMOR QUE VIENE DE LAS DIFERENCIAS EN LOS ESTILOS. PERO NO CAIGAS EN LA TRAMPA DE «ASÍ SOY, NADA MÁS», SOPORTANDO LAS DIFERENCIAS DESTRUCTIVAS QUE PUEDEN HUNDIR TU VIDA. SÉ GUARDIAN Y PROTECTOR DEL AMOR, LA LIBERTAD Y EL CRECIMIENTO EN TU CONEXIÓN CON TU CÓNYUGE.

Llegar al corazón de los sentimientos

Una de las claves más potentes para la vida amorosa íntima y apasionada es también una de las cosas menos naturales y poco intuitivas que puedas hacer. Se llama *validación*, y se refiere a tu capacidad para entender y sentir empatía por los sentimientos y experiencias de tu cónyuge, *en especial cuando sus puntos de vista no coinciden.*

La validación es aún más importante cuando tu cónyuge ve algo negativo en tu conducta, algo que tú no ves como negativo. Tiene que ver con acercarte y ayudarle a sentir que verdaderamente le escuchas en un nivel profundo. Es hacerle saber que realmente entiendes sus sentimientos. Proverbios 20:5 dice: «Como aguas profundas es el consejo en el corazón del hombre; mas el hombre entendido lo alcanzará». Al ayudarle a expresar su corazón y sentir que le entiendes, estás acercándote.

¿Por qué la validación?

La validación hace falta para que los matrimonios puedan navegar exitosamente en medio del conflicto, porque todos necesitamos que nos escuchen y entiendan. Realmente no avanzamos en la resolución de conflictos cuando no sentimos que nos han comprendido.

Piensa en la última pelea que hayan tenido tú y tu esposo o esposa. Cuando intentabas expresar tus sentimientos, el otro, ¿acaso minimizó, descartó o simplemente no entendió lo que decías? ¿Cómo te sentiste? ¿De qué modo afectó eso tu capacidad y deseo de escuchar su lado de las cosas? Lo más probable es que al no recibir validación de parte del otro, se hayan desconectado aún más.

La falta de validación es esencialmente poner tu corazón en una prisión: has expresado tus opiniones, pero sientes que no han sido escuchadas. Estás en soledad, con tus puntos de vista, sentimientos y experiencias. Sin embargo, tienes que escuchar el lado del otro: todo lo malo que has hecho. Esa prisión por lo general da como resultado desconexión, culpa y falta complacencia exterior, enojos y muchas otras reacciones que romperán la relación.

Cuando las parejas aprenden a validar las experiencias de uno y otro cónyuge, sienten que éste vuelve a formar parte de su vida. Ya no hay soledad.

Un buen ejemplo de esto es cómo manejar esas ocasiones en que cometes el error común de bromear sobre algo que no está bien en un mal momento, hiriendo los sentimientos del otro sin querer hacerlo. Supongamos, por ejemplo, que tu esposo está perdiendo el cabello. Él bromea contigo sobre esto de vez en cuando y por eso crees que no es gran cosa. Luego, en una reunión con amigos, él dice algo sobre su incipiente calvicie, y tú te unes a la broma. Esa noche, viene muy enojado y dice: «No puedo creerlo. Frente a todos te reíste de mi calvicie. Gracias por el bochorno».

Puedes pensar en varias respuestas con contenido de verdad, pero que no son útiles porque no validan.

- «Si tú todo el tiempo bromeas con eso. ¿Cómo iba a saber yo que no debía reír?»
- «A nadie le importó. No es importante. Estás exagerando.»
- «¿Y qué hay con todas esas veces en que te reíste de mi frente a mis amigos?»
- «Sabes que no creo que esté tan mal tu cabello. Yo te sigo viendo bien.»

Algunas de estas respuestas son mejores que otras, pero ninguna ofrece validación. No intentan comprender el punto de vista de tu esposo. La validación equivaldría a decir algo como: «Realmente lo siento, amor. Te habrás sentido incómodo, especialmente frente a nuestros amigos». Lo mismo podría decirse de otras maneras, pero hay un elemento esencial: él sabe que estás intentando comprender lo que sintió desde su perspectiva.

Los ejemplos mencionados también destacan otro punto importante: *la validación no tiene nada que ver con estar de acuerdo o no con el otro.* Validar los sentimientos de tu cónyuge, dándoles importancia, no significa que aceptes su opinión como verdad y realidad. Una cosa es la opinión y otra es la realidad, y hay que tratarlas por separado. Lo que sí necesitas hacer es tratarlas en el orden correcto. Primero viene la validación y luego la realidad. Las personas están mucho más abiertas a oír los hechos una vez que su punto de vista ha sido validado.

Así que cuando las cosas se pongan calientes, valida. Esto ayudará a la otra persona a calmarse y estar más receptiva. Entonces podrás decir: «¿Vamos bien en esto?». Si es así, podrán aclarar las verdades y realidades: «Sabes, tú bromeas todo el tiempo con respecto a tu calvicie por lo que supuse que no te molestaría. Creo que será mejor que las bromas queden entre tú y yo ¿verdad?».

A veces, la validación puede pavimentar el camino a resolver los problemas y reanudar la conexión. Otras veces, la validación será la solución en sí misma. A veces, basta con que nos escuchen. Hace poco, estuve molesto con un problema que tenía nuestra familia con los horarios (dice John). Era uno de esos momentos en que teníamos planificado demasiados deportes, actividades sociales y eventos de la iglesia en un mismo fin de semana. Debimos correr, y llegamos tarde a todas partes. Nada iba bien. No es que estuviera enojado con alguien, sino con todo.

Cuando me quejé con Barbi sobre el mal fin de semana que estábamos pasando, me escuchó y luego dijo: «Sí, supongo que es un fin de semana demasiado ajetreado para ti, porque no puedes relajarte y disfrutar». Me sentí mucho mejor porque ella me entendió. No cambiaron las circunstancias del fin de semana. Igualmente debíamos apurarnos. Pero estábamos conectados porque lo hacíamos juntos.

El trabajo de la validación

La validación no es algo natural y requiere esfuerzo. Enumeramos algunas características del tipo de trabajo que les ayudará a validarse mutuamente.

QUÍTATE DE EN MEDIO. Aprende a suspender tu propio punto de vista, a dejar de lado tu perspectiva para dar lugar a las opiniones, los sentimientos y las experiencias del otro. Ya no intentes tener razón ni parecer inocente o bueno, y disponte a soportar los sentimientos de enojo del otro sin responder de la misma manera. Quitarse de en medio significa que muestras más interés en escuchar y ayudar a la relación que en justificar tu propia posición y razones. Vale la pena el esfuerzo.

SÉ EL PRIMERO O LA PRIMERA EN MOSTRAR EMPATÍA. Cada vez que tu cónyuge está molesto, enojado o herido intenta entender cómo se siente y por qué. Es un acto de gracia y amor: «Y como queréis que hagan los hombres con vosotros, así también haced vosotros con ellos» (Lucas 6: 31). Por supuesto que también necesitas que te entiendan, tengas razón o no. Pero no cometas el error de insistir en que te escuchen cuando no estás realmente escuchando al otro. La empatía es un camino de ida y vuelta, porque de lo contrario no funciona.

PREGUNTA; NO RESPONDAS. Cuando validas a tu cónyuge, le preguntas sobre su experiencia. Llega hasta su dolor y emociones. No intentes responder al problema ni solucionar el punto, eso vendrá más tarde. Abre las cosas, y no las cierres. En lugar de decir: «Te sentirás mejor más tarde», podrás decir: «Suena horrible, cuéntame más». Estás construyendo un puente, no solamente para resolver ese conflicto, sino los conflictos del futuro. Cuando eres constante en la validación, crearás gradualmente un puente seguro, fuerte y adaptable para una vida entera de amor.

VERIFÍCALO. Cuando tu cónyuge explique su punto de vista, pregunta si estás entendiendo todo bien, pues podrá guiarte y explicarte las cosas que confundas. Y aunque no en tiendas al principio, el otro apreciará que estés haciendo un verdadero esfuerzo por conectarte con su experiencia y perspectiva.

VIVE CON LA TENSIÓN DE LA INFELICIDAD. Todos tenemos la tendencia a desear un final feliz, y rápido, sobre todo cuando nuestro cónyuge está molesto con nosotros. Las parejas que aman profundamente, aprenden a convivir con los sentimientos de infelicidad del otro. Conlleva tiempo el resolver los sentimientos, y eso no se puede apurar. Quizá necesites validar algunas emociones de dolor en cuanto al mismo evento una y otra vez antes de poder resolverlas. Hazlo. Estás invirtiendo en una mejor relación para el futuro. Ten paciencia, muestra empatía, y sigue estando presente. Los sentimientos de infelicidad de tu cónyuge no durarán. Quédate allí todo el tiempo.

Salvavidas: LA VALIDACIÓN LLEGA AL CORAZÓN DE TU CÓNYUGE PARA QUE AMBOS PUEDAN VOLVER A CONECTARSE Y ENFRENTAR EL PROBLEMA QUE HAY ENTRE USTEDES. AL LLEGAR AL PUNTO DONDE AMBOS SIENTEN QUE HAN SIDO ESCUCHADOS Y COMPRENDIDOS POR EL OTRO, ESTARÁN LISTOS PARA BUSCAR LA SOLUCIÓN AL PROBLEMA. CUALQUIERA QUE SEA LA NATURALEZA DEL CONFLICTO, UTILICEN LA VALIDACIÓN PARA CONVERTIRSE EN ALIADOS Y NO EN ADVERSARIOS PARA RESOLVER LO QUE NECESITAN RESOLVER.

ACTITUD TONTA #4

«El otro jamás debiera hacerme sufrir»

Piensa en la última vez que miraste a tu cónyuge y pensaste: *En realidad esta persona no me gusta mucho en este momento.* Quizá fuera porque te dijo algo hiriente o porque habían discutido y todo terminó mal. No podías borrar esa idea con pensamientos positivos o negando la realidad.

¿Qué haces? Se supone que el matrimonio tiene que ver con el amor y el querer estar con alguien, pero en este punto no sientes nada de eso, en especial si tu cónyuge te ha lastimado de alguna manera. Muchos matrimonios no conocen los pasos que siguen para rescatar su vida amorosa, *porque ya no sienten deseos de rescatar nada.*

Si esto es lo que sientes, no entres en pánico. No es momento de tirar la toalla ni resignarte a un matrimonio mediocre. De hecho, es una experiencia bastante normal en algún momento para la mayoría de los matrimonios.

Aunque sea maravilloso o maravillosa, tu esposo o esposa te fallará a veces, y esto dolerá. La realidad es que todos somos imperfectos y amamos de manera imperfecta. Así que estás en buena compañía si tienes dificultades de este tipo en tu matrimonio.

Hay muchas cosas que puedes hacer para rescatar tu vida amorosa de la tonta actitud que dice: «mi amante nunca debe lastimarme». La tarea que te mostraremos en esta sección consiste *en usar el poder de tu amor para reiniciar tu conexión.*

Es decir, que tus acciones y actitudes pueden hacer mucho por lograr una reconexión que producirá acercamiento, intimidad y sentimientos positivos hacia el otro. El rescate está al alcance de tu mano.

Habrá sufrimiento, pero podrás soportarlo

Yo (Henry) realizaba un seminario matrimonial, y les pregunté a los asistentes si podían pensar durante un momento en sus cónyuges, recordar todas las cosas maravillosas en ellos y las razones por las que se habían casado. Les pedí que se enfocaran en las virtudes del otro, en lo que era especial y que sintieran como les atraía todo esto.

«Bien, ¿están todos aquí?». Vi que muchas parejas se miraban, algunos sonriendo, otros bromeando o jugando al conectarse con el amor que sentían mutuamente. La sala se llenó de alegría.

«Ahora, quiero que hagan lo siguiente», continué. «Mírense, ahora que están tan enamorados, y díganse: 'Amor, prometo que te lastimaré'».

Casi pude sentir el sacudida de asombro. Me miraron boquiabiertos.

«Háganlo, nada más», dije. «Se los explicaré en un momento.» Se miraron y dijeron eso, riendo algunos, y otros un tanto nerviosos.

«¿Qué tal? ¿Se sienten un poco raros?», pregunté. Muchos asintieron.

«Ahora les diré por qué les pedí que hicieran esto: *porque es verdad.* Esa maravillosa persona a la que tanto ama, tanto necesita y con quien tanto desea estar, es una persona imperfecta que hará cosas que le dolerá, a veces sin querer, y otras veces con toda intención. Es la realidad. Se han casado con un pecador, alguien que «no cumple con los requisitos», como dice la Biblia. Por maravilloso o maravillosa que sea, su esposo o esposa les fallará a veces, y eso dolerá. Es la naturaleza del amor humano. No es perfecto y a veces duele. Pero está bien, porque lo bueno vale la pena y siempre hay formas de resolver todo bien. Cuanto antes lo aprendas, tanto mejor podrán amarse y disfrutarse mutuamente».

Tienes que saber que tu cónyuge no es ni siquiera parecido a lo ideal, y que es inmaduro además, y que te lastimará. Algunas veces serán heridas menores. Y a veces, serán importantes. Algunos matrimonios dejan cicatrices pequeñas y otros dejan grandes marcas. Desde pequeñas malas actitudes a grandes traiciones, pasando por todo lo que hay en medio, hasta los mejores amantes se lastiman.

Cuanto más plenamente aceptes esta realidad, tanto mejor será tu relación. No te derrumbarás cuando tu cónyuge te lastime, y seguramente tendrás las herramientas necesarias para resolver la pena. Los matrimonios buenos y maduros no son los que están libres de dolor, sino aquellos en donde el dolor se acepta como parte del paquete. Como resultado, la pareja se concentra concientemente en mejorar para procesar el dolor y resolver el conflicto.

Falsas expectativas

Hay muchas personas que nunca descubren la maravilla y el gozo que puede brindar el matrimonio, porque buscan algo que *no* les puede dar. Hay gente que se destina a sí misma al fracaso, porque espera que un buen matrimonio no tenga pena ni dolor, y esta expectativa suele presentarse en al menos tres maneras:

El deseo de una fantasía de la infancia. Las niñas y los niños sueñan con casarse con un príncipe o princesa de cuento de hadas, que haga que su vida sea divertida y feliz. *El matrimonio es para divertirse y pasarla bien*, piensan. *Siempre será feliz y nunca habrá sufrimiento.* ¡En especial, su príncipe o princesa tienen que evitar lastimarlos!

Hay adultos que entran al matrimonio con esta fantasía de la infancia. Cuando llega la pena, el matrimonio ya no es divertido, y muchos cortan por lo sano y escapan. Quieren una relación que les haga sentir bien todo el tiempo. Olvidan los votos de «en las buenas y en las malas», y se niegan a reconocer, como los niños, que a veces lo «malo» surgirá en el matrimonio. Únicamente cuando se dejan las fantasías de la infancia respecto al matrimonio, pueden madurar y encontrar el placer del amor adulto y genuino, el único tipo de amor que es real.

El deseo de una vida sin sufrimiento. No importa cuánto desees lo contrario, la realidad es que vivimos en un mundo caído y que suceden cosas malas. La gente que amamos muere. Hay accidentes, y las personas se lastiman. Las crisis económicas nos golpean. Como dijo Jesús: «En el mundo tendréis aflicción» (Juan 16:33).

En una buena relación, los cónyuges no solamente enfrentan la realidad de que se lastimarán mutuamente, sino que además enfrentan y procesan juntos el dolor general de la vida. Lloran juntos, se conduelen juntos, pasan por las pérdidas y enfermedades juntos, y enfrentan las crisis y los problemas juntos. Enfrentan juntos también el sufrimiento que se causan mutuamente.

No se puede elegir vivir una vida sin sufrimiento. Lo único que puedes elegir es si ambos se apoyarán en el dolor o si lo evitarán. Si lo evitan, encontrarán más dolor al final, porque la infección del dolor no procesado carcomerá la conexión.

El deseo de compensar un dolor del pasado. Cuando en el pasado ha habido mucho dolor, la persona quizá sueñe con una relación que mejorará todo algún día, al estar con alguien cuyo amor cierre todas sus heridas. Pero cuando encuentra finalmente una relación buena, con alguien bueno, encontrará que hay desilusión en ocasiones. Hay dolor y pena, y esta persona sufre doblemente: el dolor mismo y el gran dolor de la desilusión, porque no existe el esperado rescate. Se siente abandonada, herida y traicionada en su relación actual, como lo sintió en el pasado.

La realidad

Todos y cada uno de nosotros lastimará a alguien, y aún a los que más amamos. A veces no entenderemos algo y causaremos pena. Los cónyuges en buenos matrimonios lo saben, y como resultado de eso, desarrollan las siguientes actitudes y prácticas que preservan la conexión, aún cuando uno de los dos ha lastimado al otro.

Aceptar el hecho de que tu cónyuge a veces hará cosas que te dolerán. Cuando aceptas este hecho, puedes enfrentar el dolor cuando llegue, y este dolor no destruirá la conexión y el amor que comparten.

Aferrarse a las cosas que amas en el otro, aún cuando te decepcione. No clasifiques al otro como «malo en todo». A veces, se equivoca, claro está, pero sigue siendo una maravillosa creación de Dios, con cualidades extraordinarias. No permitas que el dolor te ciegue a sus buenas cualidades.

Cuando llegue la pena, enfréntala con sinceridad y en forma directa. Los buenos matrimonios no niegan los problemas: los enfrentan. Cuando estén heridos, comuníquenlo. Digan la verdad, en amor y no en ira. (Efesios 4:25-26).

Cuando eres tú quien hiere al otro, discúlpate. Confiesa tu error ¡y no pongas excusas! Siente empatía con el dolor que causaste. Lo peor que puedes hacer es racionalizarlo o tratar de explicarlo. Ten en cuenta que fue uno de esos momentos en que te equivocaste. Confiesa tu ofensa y pide perdón.

Cuando sufras, aflígete y perdona. El perdón es tan vital como tu aparato digestivo. Es la forma en que metabolizamos y quitamos los desechos del sistema de la relación.

Si el dolor es severo, busca ayuda y sanación para procesarlo. Afligirte y dejar atrás el dolor puede resultar imposible sin ayuda externa si la pena es muy grande.

Sean directos en cuanto a cuáles son las cosas por las que vale la pena sufrir. Hay cosas que simplemente no valen la pena. No hay por qué convertirlas en cosas grandes. Una de las cosas más molestas en la vida es estar con alguien a quien le molesta todo. Si todo el tiempo sufres por lo que hace tu cónyuge, quizá necesites ayuda externa para corregir tu perspectiva.

Trabajen juntos sobre cómo procesar el dolor. Hablan sobre cómo comunicarse cuando uno de los dos sufre. Conversen sobre qué es lo que necesitan del otro en esos momentos. Crezcan en su comunicación, escuchándose para poder resolver los conflictos. Asistan a clases o seminarios. Vean que la resolución de los conflictos es una de las mejores habilidades que pueden aprender y desarrollar.

Salvavidas: SI SIGUES ESTAS SUGERENCIAS, PUEDES ESTAR CASADO O CASADA CON ALGUIEN QUE TE CAUSA PENA Y DOLOR, ¡Y AÚN ASÍ TENER UNA RELACIÓN MARAVILLOSA! LAS PRUEBAS EN TU MATRIMONIO Y TU VIDA TE HARÁN MÁS FUERTE Y TE DARÁN MAYOR MADUREZ. CONSTRUIRÁN Y FORTALECERÁN TU CARÁCTER MÁS QUE SI NUNCA HUBIERAS PASADO POR ELLAS. PERO ESTO SOLAMENTE PUEDE SUCEDER SI VES EL DOLOR Y LA PENA COMO PARTE DEL PAQUETE. ENTONCES NO TE SORPRENDERÁS, Y TENDRÁS EL EQUIPAMIENTO NECESARIO.

El sufrimiento del pasado, problemas del presente

Es posible que hayas oído decir: «La luz al final del túnel es el tren que se te viene encima». Vamos a cambiar esta frase para describir algo que sucede a menudo en las relaciones de amor: habrá ocasiones en que la luz al final del túnel es amor en realidad, pero un puede confundirlo con un tren, y apartarse de su camino. Cuando lo hacemos, las cosas buenas que podrían habernos beneficiado como pareja no sucederán.

Evitar lo que parece ser un tren que se acerca, puede significar perder momentos íntimos, satisfactorios de amor y conexión. Y perder esas cosas buenas puede parecer cosa de tontos. Sin embargo, les sucede aún a los mejores. En este capítulo, te mostraremos cómo puedes reconocer la verdadera luz del amor como lo que es, para no intentar evitarla.

Un buen matrimonio transfiere amor

Así como el buen teléfono celular transfiere información, el buen matrimonio transfiere amor. Y ese amor tiene muchas voces, muchas formas de oírse y recibirse. Puede ser la voz de la gracia, el afecto, el consuelo, el aliento o la pasión, para nombrar algunas solamente. Esa «voz» no siempre es audible. Puede venir en diversas formas: una mirada, una palabra, una conversación, una caricia.

Aunque el amor viene hacia nosotros, todos tenemos la tendencia a malinterpretar lo que nuestro cónyuge nos quiere dar. Muchas veces, nos apartamos del camino causando desconexión, alienación y dolor entre dos personas buenas que se aman de veras.

¿Por qué evitaríamos justamente lo que necesitamos y deseamos del otro? En una palabra: pasamos por alto la voz del amor en nuestro cónyuge *a causa de los viejos mensajes que la ahogan.* Los dolores del pasado y los problemas sin resolver pueden distorsionar el verdadero significado y la emoción que vienen hacia ti en el matrimonio. El ejemplo que presentamos a continuación ilustrará esto.

¿Es amor o un tren?

Debbie y Kevin habían estado casados solamente un par de años cuando se encontraron en un patrón que no les satisfacía. Era lo siguiente: cada vez que Debbie se acercaba a Kevin en un nivel vulnerable y emocional, Kevin se retraía o se mostraba negativo hacia ella. En una ocasión, Debbie corrió el riesgo de decirle que a veces sentía que no le resultaba atractiva y tenía miedo que cuanto mejor la conociera, menos interesante le resultara. Era uno de sus miedos más profundos, y le costó mucho hablar de ello. Sin embargo, quería que su esposo conociera esta parte de su persona.

La respuesta de Kevin no fue de consuelo: «Bueno, te diré», le dijo. «Si eso sucede te enterarás». Lo había dicho con intención de bromear, pero estaba claro que equivocó el momento. Debbie se sintió muy dolida, y se cerró a Kevin durante un tiempo. Cuando intentó volver a hablar del asunto con él, seguía sufriendo y no trató el asunto adecuadamente. Entraron en una discusión de culpas mutuas que los distanció todavía más.

Debbie vino a mí (John) para este problema. A medida que explicaba todo, comencé a ver lo que había pasado. Así que la entrené con respecto a cómo acercarse a Kevin. Le dije que le comunicara que su respuesta la había lastimado. Y luego debía ir más lejos, diciendo: «No pienso que lo que dijiste refleje realmente tus sentimiento hacia mí, al menos así lo espero. Tengo la esperanza de que tu sarcasmo sea solamente un modo de protegerte. Así que quisiera resolver esto juntos. ¿Puedes decirme qué sentiste cuando te dije que temo volverme poco atractiva para ti?».

Debbie hizo lo que le sugerí, y fue muy instructivo lo que pasó. Me dijo que Kevin pensó durante un minuto y respondió:

"Pensé que lo que decías era para bien, pero no fue así. Sentí que me tendías una trampa."

"¿Una trampa?"

"Sí, como si estuvieras diciendo algo bueno para prepararme para algo que luego vendría, y que no sería bueno."

Mientras hablaban, algo se aclaró. Kevin comenzó a recordar el patrón de conductas de su madre hacia él. Su madre sufría de cambios de humor repentinos, y a menudo a Kevin le tocaba la peor parte. Se mostraba afectuosa y amable con él y en pocos minutos se tornaba fría y crítica, sin razón aparente. Esto hizo que Kevin de niño viviera confundido, sin saber qué hacer. Finalmente llegó a arreglárselas, y retiró su confianza. Cuando ella se mostraba cálida, Kevin se volvía defensivo y se preparaba para la tormenta que seguramente vendría después.

Kevin había aprendido que la luz del amor era un tren que venía hacia él para arrollarle, y había desarrollado una táctica de supervivencia para defenderse. Jamás lo pensó demasiado, aunque sabía que le costaba acercarse a las personas. Pero cuando conoció a Debbie y se casó con ella, quiso ser parte de su esposa, como nunca antes lo había querido con nadie.

Cuando Debbie hacía billar la luz del amor y le decía algo bonito, sus experiencias pasadas le condicionaban a verlo como un tren, por lo que surgía a la luz su táctica de supervivencia y se apartaba. Su experiencia pasada le advertía: *mejor te valdrá distanciarte del amor de Debbie: es una trampa.* Y entonces, la pareja vivía en un sufrido sentido de alienación mutua.

Sin embargo, cuando reconocieron el origen del reflejo de Kevin, pudieron enfrentarlo directamente y actuar para resolverlo. Debbie se esforzó por no tomar su distanciamiento como afrenta personal. Ahora sabía de dónde provenía. Cada vez que sucedía, decía: «Acabas de levantar un muro entre los dos. ¿Podemos derribarlo?». Esto ayudaba a Kevin a ver lo que había ocurrido. Aprendió que su esposa era una persona mucho más cálida y sana de lo que había sido su madre, y gradualmente pudo estar presente y conectado con ella.

Aprende cuál es tu «tren»

Hay otros «trenes al final del túnel», además del de Debbie y Kevin. Veamos si alguno de estos es el tren en tu vida.

SI ME DICES LA VERDAD, ES PORQUE NO ME AMAS. Muchas parejas encuentran este error de concepto en su relación. Uno de los dos enfrenta al otro con un asunto, y el otro siente entonces que no es amado. Su sentimiento puede deberse a experiencias pasadas de duras críticas sin compasión.

SI TE ACERCAS, ME DEJARÁS SIN ENERGÍA. Hay personas que se sienten agotadas ante las necesidades y acercamiento de sus cónyuges. En lugar de sentirse plenos, llenos, se sienten vacíos. Esto suele ser el resultado de un sistema de familia en el que el niño debió hacerse cargo de la necesidad de dependencia de uno de sus padres.

EL AMOR SIGNIFICA CONTROL. A veces, cuando uno de los dos intenta acercarse, su cónyuge se siente asfixiado, como si le quitaran su libertad. Toda forma de intimidad se vive como una atadura de la que tiene que escapar distanciándose.

ME DEJARÁS. En algún momento del pasado, uno de los dos sufrió abandono de parte de alguien a quien amaba. Ha aprendido a no confiar en la bondad y estabilidad del amor. Como resultado, cuando más se acerca la persona amada, tanto más se distanciará para protegerse del terrible dolor del abandono.

Hay muchos más mensajes y asuntos como estos. (Para ver una lista completa, lee el libro de John *Hiding from Love: How to Change the Withdrawal Patterns that Isolate and Imprison You* [Esconderse del amor: cómo cambiar los patrones de distanciamiento que te aíslan y aprisionan].) El punto es que este es un buen momento para echar una mirada a tu conexión y poder ver todas las luces que podrías confundir con trenes.

El punto en cuestión

El punto en cuestión es este: *las parejas comprometidas con el rescate de su vida amorosa buscarán, identificarán y resolverán lo que sea que se interponga en el camino de la voz del amor.* No tolerarán que viejos dolores del pasado les estropeen la oportunidad de vivir un amor rico, pleno y emocionante durante el resto de sus vidas.

¿Marcan una diferencia los mensajes y las penas del pasado? Por cierto, así es. Uno no puede ignorarlos nada más, esperando que desaparezcan. Sería como esperar que desapareciera una infección bacteriana solamente con desearlo. La mayoría de las veces, la enfermedad empeora si no hay intervención. Así como hace falta tomar antibióticos para terminar con la infección, hace falta administrar tratamiento para vencer dolores del pasado.

Aprender a oír la voz del amor

Hay algunas cosas muy buenas que como pareja pueden hacer por sanar la relación administrando el antibiótico adecuado.

CONVERSEN SOBRE LAS RESPUESTAS QUE NO TIENEN SENTIDO. Hablen sobre los momentos en que acercaron el uno al otro con un mensaje bueno y positivo, pero que el otro rechazó y retrajo, se cerró y sintió herido o irritado. Como hizo Debbie con Kevin, explique cuál fue su intención y ayude al otro a descubrir la causa de su reacción. *No se conformen con identificar la reacción nada más.* Siempre tiene que haber algo que la cause.

CONOZCAN LOS PATRONES DE CADA UNO. Usando los ejemplos de este capítulo como punto de partida, ayúdense mutuamente a descubrir qué tipos de patrones tienen como pareja que impiden u obstaculizan el amor, la conexión y la pasión. ¿Es que uno de los dos teme que el otro lo abandone? ¿Alguien fue abandonado en su infancia? ¿Uno de los dos sigue tratando de proteger su libertad, defendiéndose de sus padres? Conozcan a fondo sus patrones.

VALIDEN LAS EXPERIENCIAS MUTUAMENTE. No se digan: «No soy tu padre o tu madre. Madura». Madurar no es algo instantáneo, sino un proceso. Digan, en cambio: «Entiendo que cuando te enfrento a algo, te cuesta sentir que te amo al mismo tiempo. Sé que esos sentimientos son reales, y no quiero empeorar las cosas para ti». La validación ayuda a tu cónyuge a ver que eres diferente a sus experiencias pasadas. No eres un tren. Eres su amante, con amor sincero.

SEPAREN EL PASADO DEL PRESENTE. Tú y tu cónyuge necesitan ayudarse mutuamente para distinguir entre lo viejo y lo nuevo y así poder escuchar sus respectivas voces de amor. Digan: «Quiero que sepas que cuando te enfrento no estoy intentando controlarte ni lastimarte. Quiero resolver un problema para que podamos volver a sentirnos seguros, cerca el uno del otro».

BUSQUEN INFORMACIÓN O REFERENCIAS. Los recuerdos del pasado necesitan enfrentarse a lo largo de un período de tiempo con los ingredientes adecuados: el amor, la seguridad y la realidad. Otórguense permiso para mencionar el «tren» cada vez que uno de los dos lo detecta. Esto ayudará a romper el poder que el pasado tiene sobre su conexión presente. Por ejemplo, pueden decir algo como: «Cuando te dije que había tenido un mal día y necesitaba hablar contigo, diste un respingo. ¿Te pareció que iba a agotarte con mis necesidades? Sí, tengo necesidades, pero no como las del pasado. En realidad, también quiero que me cuentes sobre tu día ¿Está bien?». O si el zapato está en el otro pie, pueden decir: «Fuiste muy amable conmigo. Sé que mi conducta es paranoica, pero ¿tienes malas noticias para decir?». ¡Pueden reír juntos si no hay malas noticias!

EJERCITEN LA CONFESIÓN. Tú y tu cónyuge a veces pueden ser verdaderos «trenes» el uno para el otro. En ocasiones, quizá no sean demasiado afectuosos cuando quieren conversar. Pueden estar enojados, sin equilibrio. Pueden ser controladores o manipuladores. O quizá culpen al otro por algo injustamente. En esos casos, no se oculten ni finjan. Confiesen su conducta negativa y digan la verdad. La confesión es buena para el alma y el matrimonio. Tu esposo o esposa apreciará tu vulnerabilidad y sinceridad, y podrás seguir avanzando. Si no haces eso, es posible que tu cónyuge perciba el «tren» y no pueda separarte de su pasado. En efecto, formarás parte del enfermo sistema del que proviene. No es este el camino para una vida amorosa saludable. Aclara el camino y vuelve al amor.

Salvavidas: EL AMOR NOS ACERCA AL OTRO Y A DIOS. EL AMOR NOS MANTIENE VIVOS. EL AMOR HACE QUE SIGAMOS CRECIENDO. AYÚDENSE MUTUAMENTE A NO DESVIARSE Y EVITAR EL AMOR CUANDO SE ACERQUE.

Aceptar sin dar aprobación

Yo (John) había salido a cenar con Danny y Stephanie, unos amigos que ya llevan muchos años de matrimonio. Siempre los hemos visto como un matrimonio que tiene intimidad. Estábamos conversando sobre sus principios como pareja. Hablaron de las dificultades que habían resuelto y que dieron origen a la buena relación que tienen hoy.

Stephanie dijo: "Estuve muy enojada con Danny durante mucho tiempo. Pensaba que era la persona más crítica, menos afectuosa y condescendiente que hubiera conocido, y hasta me pregunté cómo podíamos habernos casado".

"Recuerdo esas épocas. Yo era muy malo", rió Danny.

"¿Qué sucedía?", pregunté.

"Cuando estábamos de novios, parecía realmente compasivo, interesado. Pero después de casarnos, de repente, comenzó a hablar de todo lo que veía de malo en mí."

"¿Qué cosas?"

"Que le molestaba que yo pasara tanto tiempo con mi madre. O que el apartamento no estuviera impecable. O que yo no me apegara al presupuesto."

"No suenan como cosas poco afectuosas ni críticas", dije. "Parecen preocupaciones reales."

"Allí está la cuestión", respondió Stephanie. "Es que Danny tenía razón. Yo venía de una familia donde nunca se me pidió que limpiara, ordenara ni tuviese responsabilidad alguna. Mi madre lo hacía todo. Pensaba que era su tarea. Así que cuando me casé, no tenía idea sobre todo eso. A Danny le molestaba, y no lo decía de la manera más amable tampoco.

"Me fastidiaba mucho. No era amable", dijo Danny.

"No, en realidad, no lo eras", acordó Stephanie. Ella no tenía problemas para ser directa. "Pensé que Danny no me aceptaba tal como era yo y que no me amaba por mí misma. Si me aceptaba de veras, tenía que convivir con todo eso, porque se supone que es lo que hace quien te ama, ¿verdad? Pero después de hablarlo mucho, finalmente pude ver que no tenía nada que ver con la aceptación. Tenía que ver con sus expectativas. Yo confundía las dos cosas. Por fin, entendí que son cosas diferentes, y todo mejoró.

Aceptación y amor

Los inicios de Stephanie y Danny son un buen punto de partida para entender lo que significa la aceptación en el amor y el romance. La aceptación es una de las bases principales de la intimidad saludable, pero hay mucha desinformación y gran cantidad de actitudes tontas al respecto. Comencemos por ver cómo se ve la aceptación entre dos personas que se aman.

Aceptación es un término que a menudo utilizamos para decir que nuestro amor es tan grande y profundo que no hay nada que uno de los dos pueda hacer como para causar un distanciamiento o molestia que los separe. Donde existe la aceptación, todo se puede perdonar y olvidar en pos del amor.

Es un poco tramposo eso, porque se cumple en ciertos aspectos. Sí, la aceptación tiene que ver con un amor grande y profundo. Y si uno quiere rescatar su vida amorosa la aceptación tendrá un papel importante. De hecho, *el grado en que ames a tu cónyuge será el grado en que puedas aceptarlo.* Sin embargo, hay más que eso en la aceptación.

Cuando aceptamos a alguien, recibimos a esa persona en nuestro corazón. Integramos todas las partes, todos los aspectos las realidades, lo bueno, lo malo y lo todavía verde. Ese es el significado de la aceptación que Dios nos da, y a la vez, hemos de darla a nuestro cónyuge. En respuesta a la aceptación, «recibíos los unos a los otros, como también Cristo nos recibió, para gloria de Dios» (Romanos 15:7).

La aceptación es importante porque nadie puede amar, confiar o crecer si no sabe que ha sido recibido, con verrugas y todo, por la otra persona. Si tu esposo o esposa percibe que hay una parte en su persona que no te basta, se desconectará, se enojará o fingirá ser diferente. Y ninguno de los dos experimentará la plenitud del amor.

Piensa en alguna de tus relaciones pasadas en la que te sentiste que no servías del todo. Probablemente hacías justamente esas cosas: te retrajiste, te enojaste o intentaste ser lo que no eras, porque la otra persona lo quería así. Pero lo más probable es que la relación fallara, y así debía ser por la misma naturaleza de la aceptación. *Si hay que merecerla o hacer algo por ganarla, por definición no puede ser aceptación.* La aceptación se basa en el amor del que acepta y la necesidad del que es aceptado. No tiene nada que ver con tu rendimiento, con tu esfuerzo o con que seas lo suficientemente bueno. (Para más información sobre la naturaleza de la aceptación, lee nuestro libro *How People Grow* [Cómo crecen las personas].

Los dos enemigos de la aceptación en un matrimonio son *la negación y la crítica.* Digamos que tu cónyuge tiene un problema para organizarse y estructurarse, como sucedía con Stephanie. Te molesta. Así que primero pasas por la negación, es decir, que actúas como si el problema no existiera y esperas a que desaparezca. Pero como dice el viejo adagio, el elefante bajo la alfombra sigue siendo un elefante. No desaparece, y entonces la criticas o juzgas por su defecto, siendo cruel y condenando su actitud cada vez que surge. No solamente no verás progreso en su desorden, sino que además casi podemos garantizarte que el amor, la pasión y la intimidad que deseas tampoco estarán presentes. La negación y la crítica son jugadas perdedoras para todos.

Las necesidades y los defectos son, por lo general, las primeras cosas en la lista de lo que un matrimonio debe aprender a aceptar mutuamente. Pero no podemos aceptar los defectos, fallas, inmadurez o hábitos indeseables del otro si negamos que existen. Además, la aceptación y el amor son el único camino que te ayudarán a madurar, sanar, cambiar y crecer en esas áreas.

Todo crecimiento comienza con la aceptación, porque sin ella solamente nos escondemos y fingimos esperando evitar la desilusión y el enojo del otro. Solamente a la luz y en la libertad de la aceptación puedes hablar, procesar, orar, apoyar y encontrar soluciones para esos debilidades y asuntos.

Aprobación y acuerdo

Ahora, veamos lo que *no es* la aceptación. Una de las peores interpretaciones de la aceptación es que transmite aprobación o concordancia. En general, la idea toma un curso equivocado, algo así como: *si no apruebas o estás de acuerdo con lo que hago, entonces no me aceptas.* A veces, uno de los dos exigirá una acción, un discurso o una actitud que el otro deberá aprobar para que se le vea como persona que acepta. No es verdad, y no funciona en las relaciones.

Si apruebas o estás de acuerdo con algo que está mal, que es inmaduro o incorrecto, estás contribuyendo a crear más de lo mismo, que es lo que en la mayoría de los casos obtendrás como resultado. Por ejemplo, supongamos que tu cónyuge tiene amigos que no apruebas. No apoyan la relación y no son buenos para tu esposo o esposa porque hacen surgir sus aspectos negativos. Si estás de acuerdo o apruebas estas amistades, estarás dando permiso a algo que podría dañar la conexión y la intimidad. Puedes aceptar que sean sus amigos, sin negar ni criticar. Pero no debieras aprobar algo que como matrimonio les sea perjudicial.

Sentirse atacado

Hay personas que responden a la desaprobación sintiéndose odiadas, criticadas y perseguidas. Los psicólogos lo llaman *desorden persecutorio*, y surge del carácter y las experiencias de una persona en sus relaciones más importantes.

Stephanie tenía una leve tendencia hacia este problema. Con otras personas, es más grave. A veces, alguien puede tener una historia de recibir siempre mensajes negativos e hirientes. Y en este caso, si tu cónyuge intenta decirte una verdad, aunque lo haga con amor se percibirá como desamorado. En otras ocasiones, la persona a quien nunca se le pusieron límites y que ha sido malcriada no podrá ver los requerimientos como pedidos en amor, y también se sentirá perseguida.

Si confrontar un problema que no apruebas destruye el sentido de aceptación del otro, trata de trabajar sobre esto juntos. Hagan un proyecto. Asegúrale que te mueve el amor. Busca personas saludables que puedan ayudarlo a ver cuánto lo amas. Ayúdalo a ver los dolores y patrones del pasado que pudieran causar sus reacciones para poder resolverlos. Sé todo lo humilde, afectuoso y abierto que puedas ser, mostrando aceptación. Pero hagas lo que hagas, no renuncies a tu posición mientras sea saludable y razonable. Quieres crecimiento y mejoría. Para amarse y aceptarse mutuamente por completo, debe importarle bastante el confrontar.

Salvavidas: LA DESAPROBACIÓN Y LA ACEPTACIÓN PARECEN MUTUAMENTE EXCLUYENTES, PERO NO LO SON. SI QUIERES RESCATAR TU VIDA AMOROSA, COMIENZA POR ACEPTAR Y RECIBIR TOTALMENTE CADA ASPECTO DEL OTRO SIN NEGACIÓN NI CRÍTICA. LUEGO, TRAE LUZ A LA CONVERSACIÓN Y CAMBIA ESAS CONDUCTAS Y ACTITUDES QUE HACEN QUE EL AMOR SE VEA IMPEDIDO ENTRE LOS DOS.

Cuando amamos, podemos sacar a la luz lo peor del otro

Si llevas un tiempo en tu relación actual, probablemente hayas encontrado *que tu relación más íntima también puede ser la más difícil.* Puedes sentir las mejores y las peores emociones en tu conexión con esta persona tan maravillosa, pero exasperante. Por ejemplo, quizá observes que una simple frase o hasta una mirada de parte de tu cónyuge pueden afectar tus emociones de manera profunda. Quizá te haga sentir incomprendido, no amado, criticado o como un idiota simplemente al parpadear. Eso es poder.

Marilyn, una amiga de la familia, nos visitó hace poco. Yo (John) le pregunté cómo iban las cosas con su novio José.

"No sé qué responder", dijo. "La relación va en serio y realmente me importa. Pero cuánto más seria es la relación, tanto más empeoran las cosas entre nosotros. Por ejemplo, él sabe que me siento insegura respecto a otras mujeres. Siento celos. Antes intentaba ser realmente sensible, y eso ayudaba. Pero la otra noche estábamos en una fiesta, y conversó con una chica bonita durante mucho tiempo. Cuando le dije que me hacía sentir insegura me respondió: 'Enfréntalo y soluciónalo', y siguió como si nada."

"Suena insensible", dije.

"Verdaderamente insensible. El problema es que antes José no se comportaba de esa manera. Comenzó a suceder a medida que nuestra relación se hizo más seria."

Las últimas palabras de Marilyn: *Comenzó a suceder a medida que nuestra relación se hizo más sería,* son lo importante aquí. Esa es la clave para entender lo que sucede en las parejas. Cuanto más profunda se hace la conexión, tantos más problemas tendrán. Jose y Marilyn estaban sintiendo mayor alienación, desconexión y conflicto. Eran cosas que no esperaban cuando comenzaron a interesarse el uno por el otro.

Encontrar sentido al problema

Uno pensaría que cuanto más se acerca a alguien a quien ama tanto mejor deberían ir las cosas. Hay más tiempo, más vulnerabilidad, experiencia y más amor, y todo eso debiera dar como resultado mayor confianza, deseo y satisfacción. ¿No es así? Por supuesto, así tendría que ser y sí sucede. Pero así como lo vivía Marilyn, también puedes estar viviéndolo tú, sintiendo que una mayor cercanía también puede traer oscuridad y asuntos que los separen. Veamos por qué sucede esto.

EL AMOR NOS LLEVA A UNA REGRESIÓN. Estar enamorado de alguien tiene lo que los psicólogos llaman un *efecto de regresión* en nosotros. Es decir, que cuando uno se siente más seguro y vulnerable con la persona armada, expondrá partes de su persona que normalmente no salen a la luz en la vida cotidiana. Es justamente la seguridad de la relación la que hace salir a la luz las partes más frágiles de nuestra personalidad. Ya no intentamos parecer fuertes ni hacemos oídos sordos. Dios diseñó el amor para que estas partes vulnerables de nosotros puedan surgir a la luz en el momento adecuado.

La regresión en sí misma no es algo malo. De hecho, es una buena señal. Si el amor te provoca regresión, *es que estas vivo y te permite conectarte a niveles profundos*. Si amas a esta persona, no siempre te mostrarás fuerte y entero ni tampoco la otra persona lo hará. Sin embargo, si la relación es lo suficientemente segura, puedes exponer estas partes frágiles y vulnerables para obtener la gracia, la empatía y el afecto que necesitas.

SE REPITEN LOS VIEJOS PATRONES. Cuando estamos enamorados, no solamente se produce una regresión, sino que además repetimos viejos patrones que no hemos resuelto. Por ejemplo, uno de los dos puede ser el que ama y el otro será el que pelea. Es decir, que uno valora más la conexión en tanto que el otro se siente más cómodo con la confrontación. Estos son roles que muchas personas aprenden para sobrevivir en sus familias de origen. Cuando surgen las dificultades, el que ama rogará, se ocupará y tratará de complacer, en tanto el que pelea discutirá, se distanciará y provocará. En algún nivel, ambas partes están repitiendo las cintas grabadas en su mente que reflejan patrones del pasado y que continúan repitiendo una y otra vez.

LA CERCANÍA TRAE MIEDO. Muchas veces, la misma presencia de la cercanía y la vulnerabilidad puede hacer que surjan fuertes sentimientos de miedo y distanciamiento. Si en tus relaciones pasadas la cercanía significó dolor, control o abandono, a medida que aumente la intimidad con tu cónyuge ese viejo bagaje resurgirá. Cuando el amor penetra el corazón en un nivel más profundo, se activa lo que hay dentro, incluyendo los conflictos, los miedos, la inmadurez, los traumas sin resolver y todo lo demás. Es por esto que hay cónyuges que se sienten enojados o distantes después de un momento de intimidad. Cuando se acercan al otro, perciben peligro emocional o amenaza, y reaccionan en respuesta a esto.

LA CERCANÍA PROVEE MUNICIONES. Cuando te expones ante la otra persona, le estás dando información sobre ti, y lamentablemente podrá utilizarla en tu contra. Cuando esté enojada o cerrada en sí misma, explotará estos secretos y causará verdadero dolor. Esto es cruel, y es señal de que la relación necesita trabajo de verdad. Es lo que José hacía con Marilyn sin saber que le hacía tanto daño. Sin embargo, ella cuestionaba su buen tino al mostrarle su inseguridad ante la cruel respuesta de su parte.

El resultado natural (no el mejor) es que el otro sacará a la luz todo lo que sepa acerca de tu pasado. Ahora tenemos una situación en la que dos personas sienten afecto, pero ninguna tiene las herramientas ni la madurez como para manejar los aspectos negativos de su amor. En esencia, tenemos dos niños en un berrinche dual que aumenta en intensidad hasta que uno de los todos queda herido. Mira cualquier telenovela o *reality show* y sabrás de qué estoy hablando.

Sacar lo mejor de lo peor

Sacar a la luz lo peor de cada uno es un problema inevitable, que puede hundir tu vida amorosa. Sin embargo, es tonto no reconocerlo y enfrentarlo, y tenemos soluciones sencillas y directas para ti. Primero, deberás recordar que si ambos están desconectados porque la relación saca a la luz lo peor de ustedes, *es señal de que la relación importa.* Es lo suficientemente potente como para enloquecerte un poco y esas son buenas noticias. Hay algunas cosas que puedes hacer para reestablecer la conexión satisfactoria que necesitan.

AFIRMA LA VIDA. En un período tranquilo y de quietud, no en medio de la batalla, conversen sobre la realidad de que hay entre ustedes mucho afecto y amor. Digan: «No permito que nadie me enloquezca como lo haces tú. ¡Tienes que ser muy especial!». Esto puede hacer mucho para que vuelvan a conectarse. El reconocer y confesar cuánto les importa el otro puede traer el sentido de la valoración y el amor.

LLÉVENLO A LA RELACIÓN. Cuando uno de los dos saca a la luz lo peor del otro, no es momento de retirarse y cerrarse. A menos que estés en peligro o simplemente agotado y exhausto, tienen que hacer que este asunto forme parte de la relación misma, porque en realidad forma parte de quiénes son como pareja. Saquen a la luz lo que es verdad acerca de ustedes y conversen sobre ello.

Pueden decir: «Cuando me criticas tanto, siento que estoy solo y que no me amas. Sé que te molesta mi gordura, y también me molesta a mí. Pero cuando lo dices de esa manera, haces que me distancie. Puedes lastimarme más que los demás porque me conoces muy bien». Hacer esto puede llevar a mejor entendimiento y comunicación mutua.

FORTALEZCAN SUS PUNTOS DÉBILES. Cuando se den cuenta de cuáles son las cosas que les molestan en la relación, será señal de que tienen que detenerse para desarrollar y fortalecer esas partes. A menudo, estas cosas son síntomas de algún tipo de herida interna, por lo que necesitas un esfuerzo de sanación y crecimiento. El resultado de tal esfuerzo será que ya no habrá tanto dolor reactivo.

Por ejemplo, aquí está el resto de mi conversación con Marilyn.

"No te culpo por sentirte dolida ante los comentarios de José sobre tus celos", dije. "Pienso que tenías que confrontarle ante lo insensible de sus palabras, de cómo hace que no puedan acercarse todo lo que quieren y de la necesidad de detener esto. Al mismo tiempo, no creo que sea bueno para ninguno de los dos sentirse inseguros y celosos. Hay algo que te ha causado esos sentimientos, y me gustaría que sientas curiosidad y encuentres maneras que abrirte más para que José pueda tener relaciones sanas con mujeres."

Marilyn lo hizo. Le dijo a José que trabajaría para resolver su inseguridad y sus celos, y esto hizo que él sintiera que formaban un equipo. Marilyn pudo ver que de niña había tenido una relación insegura con su madre, lo cual se había traducido en la incapacidad de sentirse incondicionalmente amada. Al trabajar para poder sentir el amor de José y otras personas en su vida, su inseguridad fue gradualmente reemplazada por la confianza en su afecto y lealtad.

ENTREGA LO MEJOR DE TI A LA RELACIÓN. Cuando ambos siguen corriendo el riesgo de ser vulnerables ante el otro, traerán partes inmaduras, dolidas y quebrantadas a la relación. Sin embargo, esta no es la base de toda la conexión. También tienen amor, gracia, comparación, empatía y sinceridad para darse mutuamente. Las parejas que se dedican a conectarse y profundizar, están activamente involucradas en entregar lo mejor de sí a la relación. Cuando esto sucede, no solamente mejora la relación, sino que además pueden tolerar y navegar las realidades de las partes malas.

Esto requiere de un poco de atención. Es muy fácil que cuando se van acostumbrando el uno al otro puedan llegar a darlo por sentado y solamente saquen a la luz las cosas malas en presencia de terceros. Hagan de su relación algo en lo que su prioridad sea dar lo mejor, lo más saludable, las partes más adultas de su corazón al otro.

HONRA TU COMPROMISO. Es triste cuando dos personas se enamoran, se casan y luego —cuando la realidad les golpea y ven lo peor en su cónyuge— llegan a la conclusión de que están con la persona equivocada. Cuando tu cónyuge exponga lo peor de sí y te tientes a romper tus votos matrimoniales, debes atravesar la realidad y elegir el amor.

El compromiso del matrimonio no sólo nos protege de salirnos cuando llegue lo inevitable, sino que también asegura que realmente podemos llegar a la tierra prometida de la verdadera intimidad y el amor. La intimidad genuina involucra al corazón entero, y el único camino al corazón verdadero es a través de lo que haya dentro. Esas partes ocultas pueden surgir únicamente a medida que el amor y el tiempo hacen su tarea.

Salvavidas: ENFRÉNTALO: TU CONEXIÓN DE AMOR PUEDE SACAR A LA LUZ LO PEOR DE TI, LO CUAL SIGNIFICA SENCILLAMENTE QUE EL AMOR ESTÁ YENDO POR SU CAMINO NATURAL. RECUERDA QUE ESTA ES UNA SEÑAL VITAL, Y TRÁELA A TU VIDA DONDE PUEDAS ENFRENTARLA DIRECTAMENTE, AYUDÁNDOSE MUTUAMENTE A CAMBIAR Y CRECER. RECUERDA TUS VOTOS MATRIMONIALES, Y TRABAJA CON PACIENCIA Y GRACIA.

Resistir la tentación del borrón y cuenta nueva

Por un momento, ponte en la silla del consejero. Estás trabajando con un matrimonio, intentando volver a unir las piezas después de un amorío o la tentación de uno de los dos en tener un amorío. Oyes lo siguiente: "Intenté decirle que nuestra relación no me satisfacía, pero no quiso escucharme. Después, cuando Rob y yo comenzamos a conocernos mejor en el trabajo, sentí que por fin había alguien que se conectaba conmigo. No quise que sucediera. Solamente sucedió porque Alan no respondía a mis necesidades".

"Ella no se mostraba interesada en tener sexo. Lo intenté todo, pero siempre sentía que la estaba obligando. Me sentía privado, por lo que puedes entender por qué fue tan natural que le dijera que sí a Susana. Ella me encontraba atractivo y me hizo sentir hombre otra vez. ¿Qué se supone que haga un tipo cuando en casa no consigue nada? Cristina me obligó, porque me puso en una situación de perdedor, y yo entonces acepté."

"No hice nada todavía, pero sí tuve la tentación. Traté de que Javier se conectara y me hiciera sentir atractiva, pero es como si ya ni siquiera me viese. Cuando viajo con mi equipo de ventas David es tan distinto. Me presta atención, y me siento viva a su lado. Tiene sentido querer estar con alguien que te hace sentir mejor. ¿Verdad? ¿No entiende Dios por lo que estoy pasando?"

Un hilo común

¿Notaste el hilo común en estas quejas? Cada una de estar personas decía que su amorío había ocurrido porque sus cónyuges no satisfacían sus necesidades. Oh, hay verdad en afirmar que no todo iba bien en la relación antes del amorío. Sus cónyuges no les daban todo lo que necesitaban, o al menos lo que querían. Pero no es por eso que fueron infieles. *Fueron infieles porque eligieron resolver su miserable situación de esa manera en particular.*

Ahora, todos somos pecadores, y nadie puede erigirse en juez de alguien más. Cualquiera de nosotros que piense que es superior a quienes tienen amoríos, debe recordar lo que dijo Jesús cuando los fariseos querían condenar a la mujer atrapada en adulterio (Juan 8:1-11). Invitó a los presentes a que quien estuviera libre de pecado arrojara la primera piedra. Nadie pudo hacerlo entonces, y nadie podría hoy.

Pero aquí el asunto no es la culpa o la condenación. Tiene que ver con llegar a la enfermedad real detrás de la infidelidad. Primero necesitamos entender que la privación no es lo que causa el fracaso. La privación puede brindar la motivación a buscar consuelo aunque sea ilícitamente. Pero no causa la decisión de encontrar consuelo de manera destructiva.

Jesús fue el mejor ejemplo de esta verdad. Fue llevado al desierto y privado de todo lo humano (Lucas 4:1-13). Sus necesidades básicas de alimento, agua, compañía, interacción social y expresión le fueron quitadas. Sin embargo, no buscó el consuelo inmediato. Negó esa opción.

Santiago nos dice que pecamos porque nos dejamos llevar por nuestros propios deseos: «sino que cada uno es tentado, cuando de su propia concupiscencia es atraído y seducido. Entonces, la concupiscencia, después que ha concebido, da a luz el pecado; y el pecado, siendo consumado, da a luz la muerte» (Santiago 1:14-15).

Así que la tentación no tiene que ver con la privación en una relación, ni tiene que ver con nuestro estrés, dolor o necesidad. Todas esas son necesidades válidas y reales que requieren de ayuda y sanación; estas necesidades no se pueden satisfacer entregándonos a cosas que causan la muerte. Eso hace la infidelidad: causa la muerte de matrimonios, hijos, iglesias y muchas otras cosas.

Queremos que tu relación sea «a prueba de amoríos», para que puedas evitar este tipo de muerte. Técnicamente es imposible hacerla «a prueba de amoríos», porque no hay ser humano que esté por encima de la tentación. Sin embargo, hay actitudes que pueden reducir casi a cero sus posibilidades de fracasar.

La insatisfacción es problema tuyo

Aunque la conducta de su cónyuge pueda ser la causa de tu insatisfacción, tu *respuesta* es responsabilidad tuya. Y tú eres la única persona que puede elegirla. Tiene libertad para hacer lo correcto y útil en respuesta a la falla de tu cónyuge. Tu respuesta puede ser una fuerza redentora para el cambio en tu matrimonio en lugar de una fuerza que lo hunda. Como dijo Jesús, hasta los «pecadores» aman a las personas que les aman.

La verdadera prueba está en ver cuánto amamos a alguien que no nos ama bien. Ese es el verdadero llamado de Cristo. Y lo dice así:

«Porque si amáis a los que os aman, ¿qué mérito tenéis? Porque también los pecadores aman a los que los aman. Y si hacéis bien a los que os hacen bien, ¿qué mérito tenéis? Porque también los pecadores hacen lo mismo» (Lucas 6:32-33).

Como dijimos antes, esto no implica que debas soportar el maltrato. De hecho, lo que puedes hacer en amor es ponerte firme en contra del maltrato, confrontando de manera redentora y amorosa. El amor se esforzará por hacer lo necesario como para cambiar las cosas. Esto a veces significa que tendrás que crecer tú mismo para poder hacerlo correctamente.

Tus sentimientos de soledad y dolor son muy reales y necesitan ayuda. Pero los amoríos no sanan. Son destructivos, como lo son las drogas ilegales. Aliviarán tu dolor durante un momento, pero al final destruyen todo lo que de veras es importante. Lo responsable es llevar tu dolor ante personas buenas que puedan amarte, apoyarte y ayudarte durante el proceso de sanar tu matrimonio.

La atracción es un barómetro malo

La gente se engaña todo el tiempo con la atracción. Primero, la atracción se basa en intoxicarse con alguien con quien no tienen una relación real y plena, y entonces idealizan esa parte con la que se relacionan. Como resultado, se sienten mágicamente enamorados aunque no hay una relación real que sustente ese sentimiento. Cuando las personas que tienen amoríos piensan en lo pasado, recordarán que también se sentían de esta manera hacia su cónyuge, aquella persona de la que ahora quieren que les rescaten.

En segundo lugar, los amoríos son muy atractivos, porque ofrecen una relación parcial que solamente incluye lo positivo. El cónyuge dolido dirige todo lo negativo –la desilusión y el dolor– hacia el otro. Entonces, todo lo «bueno» va hacia el objeto de amor de fantasía que se busca como amoríos. Y esa fantasía idealizada de «todo lo bueno» puede quedar intacta, porque no tiene las presiones cotidianas que inevitablemente tiene el matrimonio. En un amorío, no hace falta trabajar sobre el compromiso, el conflicto y todo lo demás, y es mayormente una misión de rescate para librarnos del «cónyuge malo». Así que el cónyuge herido tiene una visión positiva inadecuada del rescatador, que equivoca y confunde con el amor.

Muchas veces, hemos oído la triste historia de alguien que ha tenido un amorío, perdió a su cónyuge y luego se casó con la persona con quien estaba engañando a su cónyuge, para encontrar que no era todo lo que pensaba que sería. Y se sintió miserable también en el segundo matrimonio, al añorar lo que tenía antes. Por eso, la investigación muestra que la tasa de divorcios es mucho más alta para las segundas nupcias. La historia tiende a repetirse.

La cuestión aquí es que la atracción es un barómetro malo. Te da falsas lecturas de cómo es la otra persona en realidad, lo cual puedes descubrir únicamente si tienes una relación real y plena con ella. Te da falsas lecturas de lo que realmente necesitas de una relación, porque el estado romántico idealizado no es lo que necesitas a largo plazo. La atracción se esfumará, y luego te quedas con todo lo negativo que no había aflorado durante el amorío, junto con lo negativo adicional, que es verte como un traidor que quizá hasta le robó la esposa o el esposo a otra persona. Usar la atracción como barómetro también te da una falsa lectura de tu cónyuge. La razón es sencilla: nunca será realista la comparación del amante con tu cónyuge, y entonces siempre tu esposo o esposa serán los perdedores.

Si te sientes atraído hacia alguien tanto como para pensar en un amorío, recuerda la advertencia de Salomón en cuanto a la infidelidad: «Porque los labios de la mujer extraña destilan miel, y su paladar es más blando que el aceite; mas su fin es amargo como el ajenjo, agudo como espada de dos filos. Sus pies descienden a la muerte; sus pasos conducen al Seol» (Proverbios 5:3-5).

La escena romántica puede parecer fascinante, pero esta escena forma parte de una película más larga con final trágico. Mira la película hasta el final. Verás a tu familia destruida, tus amigos divididos, tu cónyuge con el corazón roto, tus hijos devastados y verás devastación a tu alrededor. Esta es la película real que estás considerando en mente. Así que antes de encender las luces y cerrar las puertas del cine, agrega otra escena al argumento: la escena donde te vuelves más inteligente y corres en dirección opuesta. No sucumbas a la fantasía de la atracción.

El adulterio no tiene que ver con tus necesidades

Con demasiada frecuencia, la gente afirma que fue empujada a tener un amorío porque su cónyuge no satisfacía sus necesidades en algún aspecto. En relación a esto, está la sensación que muchos tienen en cuanto a que merecen que se satisfagan sus necesidades. Es su «derecho» conseguir lo que quieren o necesitan en la vida.

La gente con vida y relaciones exitosas tiene una filosofía diferente. En lugar de verse a sí mismos con derecho a lo que quieren, creen que Dios y las personas con quienes se comprometieron tienen derecho a ver que vivan según los principios y parámetros de vida que sostienen. Es decir, que no piden que cambien los principios y parámetros para satisfacer sus necesidades, sino que cambian ellos para cumplir con las exigencias de estos principios y parámetros. Esto significa honrar su compromiso con la relación, aún cuando se navegue en aguas turbulentas.

La paradoja está en que cuando sostenemos estos principios y parámetros, somos quienes conseguimos lo que más queremos en la vida. Ponemos el compromiso primero y sufrimos todo lo difícil que haga falta para resolver los problemas y hacer que las relaciones duren. Como resultado, cuando las cosas se ponen difíciles, lo primero que pensamos no es en satisfacer nuestras necesidades, sino qué podemos hacer para redimir la relación.

Esta verdad tan contracultural es exactamente el modelo que Jesús nos dio: morir a nosotros mismos y tomar nuestra cruz (Mateo 16:24). Para redimir algo malo, a veces tenemos que sufrir sin obtener lo que queremos, como sufrió Jesús. Pero finalmente, el sufrimiento bueno, en pos de vivir según nuestros valores y compromisos –en este caso, los votos de tu matrimonio– es lo que redime las situaciones malas. Y si la situación no se redime –por ejemplo, si tu cónyuge te abandona– tu carácter se habrá fortalecido como resultado de hacer lo correcto, y te beneficiarás en última instancia. El buen sufrimiento siempre produce buenos resultados.

Cada vez que sientas que tu necesidad se hace más fuerte que tus valores, acuérdate que tienes una necesidad real e importante de amor y relación que no está satisfecha. En lugar de dejar que esa necesidad te impulse hacia un amorío, recurre a tus amigos y relaciones de apoyo en Dios, para que satisfagan esa necesidad mientras trabajas sobre tu matrimonio. A la larga, verás buenos resultados.

Claramente, «en las buenas y en las malas», tu voto matrimonial es en serio y difícil, sobre todo cuando tu necesidad no se ve satisfecha. Pero si ves que tu compromiso está por encima de tu necesidad, entonces tienes mayor oportunidad de cosechar el fruto que esos valores tienen para rendir.

Cuando el lobo golpea a la puerta, no le abras

Una de las actitudes tontas más comunes es la confianza en nuestra propia fuerza de voluntad para resistir la tentación. Si no lo crees, mira tu historia de dietas: ¿cuántas veces te propusiste dejar los helados y la pizza después del 1 de enero?

Los humanos pensamos que somos más fuertes de lo que en realidad somos, pero dadas las circunstancias adecuadas –las estrategias del diablo, nuestras propias dependencias y otros factores– estamos todos sujetos a caer en algún tipo de tentación, incluyendo la de la infidelidad.

Muchas personas no piensan que podrían llegar a ser infieles, pero se permiten entrar en situaciones que son demasiado difíciles de manejar. Abren la puerta, nunca con el plan de ser destruidos, pero «sucede». Todos podemos sentir empatía con esa debilidad común. Como enseña la Biblia, el orgullo precede a la caída, y somos más vulnerables cuando nos creemos lo suficientemente fuertes como para mantenernos firmes (Proverbios 16:18; 1 Corintios 10:12).

Aquí es donde se ve la importancia de las buenas relaciones ante las que rendimos cuentas. Ambos necesitan tener a alguien en la vida que le formule preguntas al respecto, alguien ante quien puedan ser sinceros. Tengan también rendición de cuentas como pareja. Dejar fuera la tentación dejará afuera los problemas.

Eviten abrir la puerta a la tentación. La Biblia no nos manda resistir a la tentación, sino «huir» de ella (1 Corintios 6:18). Si te ubicas en una situación tentadora y confías en tu fuerza moral para resistirte a ella, estás buscando problemas. No te apoyes en una estrategia para resistir la tentación. En cambio, evítala desde el principio. Mark Twain dijo: «Es más fácil permanecer afuera que salir».

Solamente tú sabes cuándo te tentarás y cuándo no. Hay demasiadas variables como para que te digamos qué hacer y qué no. Pero tú lo sabes. Y también debes tomar en cuenta los sentimientos de tu cónyuge. Ninguno de los dos debería hacer cosas que incomoden al otro. Háblenlo y eviten todo tipo de duplicidad.

Salvavidas: DEBES SABER QUE SI SURGE APENAS LA MENOR OPORTUNIDAD DE TENTARTE, ES EL LOBO QUIEN APARECE. CUANDO TE ENCUENTRA A SOLAS, TE COMERÁ. LA OVEJA SOLITARIA ES LA QUE SIEMPRE TERMINA ATACADA. ASÍ QUE, SIGUE EN EL SENDERO CON EL RESTO DEL REBAÑO, Y EVITA QUEDAR A SOLAS CON EL LOBO DE LA TENTACIÓN. CADA VEZ QUE GOLPEE A LA PUERTA, NO LE ABRAS.

ACTITUD TONTA #5

«El otro debe leerme la mente»

¿Te ha acusado alguna vez tu cónyuge de que dices cosas que tú no quisiste decir jamás? ¿Te has enojado con tu esposo o esposa porque no supo descifrar la razón de tu enojo? Cuando suceden este tipo de cosas, se crea confusión, pero hay una cosa segura: definitivamente, hay una desconexión.

Como hemos insistido a lo largo de este libro, establecer, preservar y reparar la conexión es esencial en una relación. Y eso implica poder comunicarse. Implica ser capaces de conversar de manera que ambos se acerquen y no se alejen. Lamentablemente, porque somos humanos, a veces es muy difícil hacerlo.

Si puedes absorber algunos principios sobre cómo conversar y dialogar y cómo no hacerlo, además de aprender a escucharse de maneras que nunca antes han puesto en práctica, realmente pueden conectarse. La comunicación no se puede sobreestimar como clave primordial para el rescate de la relación. En esta sección, encontrarás formas fáciles de poner en práctica para poder comenzar a reconectarte con la persona que amas, a través de la comunicación clara y específica. Si sigues estos principios, ya nunca caerás en la tonta actitud de esperar que el otro te lea la mente.

No ocultes tus sentimientos

"¿Por qué no me lo dijiste?", dijo ella, al referirse a la dura realidad económica que su esposo le había ocultado.

"Nunca me dijiste que te sintieras sola", dijo él, al referirse al motivo por el que ella había comenzado a salir con un compañero de trabajo.

"No sabía que no querías ir", dijo ella por su resentimiento ante la compañía de sus suegros durante las vacaciones.

"Siempre te mostraste contenta", dijo él ante la queja de su esposa durante una sesión de consejería, y expresó que sentía que su matrimonio había muerto.

¿Te suenan conocidas estas frases? ¿Son frases que pronunciaste? Conoces cómo se siente uno ante la sorpresa de pensar que alguien se sentía de determinada manera, para luego ver que no es así. ¡Esto sucede en el matrimonio! A veces, uno de los dos no escucha cuando el otro intenta comunicar algo importante. Pero, otras veces, la comunicación no es tan clara después de todo. Y muchas veces, cuando se ocultan sentimientos que luego salen a la luz, es demasiado tarde.

¿Por qué ocultan sus sentimientos las personas?

Algo sucede con la apertura e intimidad de los primeros tiempos de una relación. Ambas personas van dejando de comunicar lo que realmente piensan y sienten, y se apartan, distanciándose gradualmente cada vez más en materia emocional. Sus corazones se conforman con una intimidad parcial o una relación de desapego, sin total conexión entre los dos. Para otros, la división tiene formas más ponzoñosas, como amoríos, adicciones y hasta el divorcio. Examinemos por qué dejan de compartir en primer lugar, y cómo ocurre el desapego en una relación:

Aprenden que compartir no es algo seguro. Para que dos corazones estén conectados, tiene que haber un lugar donde compartir los sentimientos en que se sientan seguros. Muchas parejas encuentran que el ataque y la defensa, las acusaciones, las críticas, el distanciamiento, el enojo y otras cosas malas suceden en la relación cuando comparten lo que hay en su corazón, y por eso dejan de hacerlo. Tienen poca esperanza de resolver un conflicto o de ser escuchados. Por eso, dejan de compartir sinceramente lo que sientes.

Tienen viejos miedos que les impiden compartir. Para algunas parejas, no son las cosas que encuentran en el matrimonio las que impiden que sean directos y abiertos, sino las cosas que traen *al* matrimonio. Traen temores de experiencias pasadas que les han enseñado que no es algo seguro compartir, y que sucederá algo malo si son totalmente sinceras: cosas como el abandono, la crítica, el rechazo, el abuso, la desaprobación, el enojo, la escalada de violencia verbal, la ruptura en la conexión, el retraimiento, los ataques o los juicios. Entonces, dejan de compartir y, como resultado de eso, la intimidad sufre.

No tienen la capacidad o no saben cómo compartir. Algunas personas no crecieron en un entorno familiar donde la comunicación era algo habitual o no han tenido quién les muestre cómo es la comunicación real y sincera. En el inicio de la relación, pueden compartir cuando no hay muchas cosas amenazantes que decir, revelar o resolver, pero a medida que pasa el tiempo y el vínculo emocional crece, encuentran que compartir tiene que ver con habilidades de comunicación que no poseen. No saben cómo hacerlo.

Han tenido experiencias abrumadoras. A veces, las cosas malas que suceden en la vida o el matrimonio son demasiado dolorosas como para saber qué hacer. Estos eventos abruman el sistema del cónyuge. Algunas parejas se separan después de la pérdida de un hijo o de algún otro trauma devastador. El dolor es demasiado como para sincerarse, y por eso se cierran y dejan fuera al otro.

Sienten que lo que quieren compartir es inaceptable. Pueden ser fracasos en la relación o profundos secretos de su vida. Sea el sentir que sea que desean compartir, la vergüenza y el temor a perder el amor hacen que sus corazones permanezcan cerrados. No pueden aceptar ciertas cosas en sí mismos, y se sienten tan mal que realmente temen abrirse.

PIENSAN QUE SUS DESEOS NO SON IMPORTANTES. A muchas personas les enseñaron que lo que quieren no tiene importancia, que es algo egoísta o no tiene posibilidad de concretarse. Entonces, cierran esos sentimientos y no los comunican. No ven que al comunicar sus deseos y sentimientos en realidad estarían aumentando la relación con el otro.

Sea cual sea tu razón, ocultar tus sentimientos no solamente es falta de sinceridad, sino también una actitud tonta que puede hundir un matrimonio en un mar de mentiras y falta de comunicación. Si este es tu problema, puedes hacer algo al respecto. ¡No es tan difícil como piensas! Sigue leyendo.

Sea cual sea la razón, puedes revertirla

Si quieres rescatar tu vida amorosa y reestablecer la conexión, tienes que empezar a compartir. Abrir tu corazón al otro, y que el otro abra el suyo a ti, tiene que ver con la intimidad. Como dijimos antes, conocer a tu cónyuge es la esencia del amor. Aquí te damos algunos consejos sobre cómo reestablecer tu conexión.

DEJA DE MENTIR. Mentir puede parecer algo demasiado obvio como motivo, pero es una actitud tonta muy frecuente que tenemos que mencionar. Si estás mintiéndole a tu cónyuge, no puedes esperar tener intimidad. Así que dile la verdad sobre las cosas que estás ocultando. Tu cónyuge probablemente las descubrirá de todas maneras, pero tienes que hacerlo aunque esto no suceda. Un matrimonio con el que yo (Henry) trabajé había estado peleando durante veinte años, porque él no era sincero con respecto a sus finanzas. Ella siempre lo descubría, ¡claro!, y siempre se sentía traicionada. Sin embargo, él lo hacía de todos modos. Finalmente, el hombre se dio cuenta de algo. Ella se iba a enojar igual, tanto si mentía como si no lo hacía. Así que más le valía decir la verdad y dejar que se enojara por eso en lugar de buscar protegerla (y protegerse) detrás de una mentira.

La relación se revirtió cuando el hombre tuvo las agallas de dejar de mentir y le dio las malas noticias directamente. También debió encontrar paciencia para soportar su reacción: la ira y la desilusión por la dificultad económica. Aprendió que era mejor decirle las malas noticias, que dejar que descubriera una mentira que las ocultara. Muchísimos cónyuges me han dicho que prefieren la verdad —aunque sea mala— y no la mentira. Nunca oí a nadie decir lo contrario. Las relaciones y la confianza se construyen sobre la verdad.

DEJA DE DISFRAZAR LA VERDAD. La mayoría de las personas no miente abiertamente. Disfrazan la verdad un poquito para mantener la paz y no empeorar las cosas. ¿Qué significa eso? Significa decir cosas como:

- «Oh, no, estoy bien. Nada está mal.»
- «No, no me importa. Lo que tú quieras está bien.»
- «No, no estoy enojada. Está bien. De veras.»
- «No me molestó. Para nada.»

Por el bien de guardar la paz y permanecer juntos, la gente disfraza la verdad en cuanto a sus sentimientos y pensamientos reales. Como resultado de eso, pierden la paz y la unión. La sinceridad significa no disfrazar la verdad, sino decirla tal como es.

SÉ DIRECTO. Los que establecen intimidad mutua se comunican directamente. No dan vueltas sobre lo que quieren y sienten. Se crea enorme pasión cuando los deseos y sentimientos se comunican directamente al otro. Aprende a decir:

- «Quiero...»
- «No me gusta cuando...»
- «Siento...»
- «Me gusta...»
- «Pienso...»
- «No quiero...»
- «Detesto...»
- «Prefiero...»

Aprende a utilizar el sujeto «yo» en tu oración. Los que utilizan ese tipo de afirmaciones cuando hablan de sí mismos, encuentran que los demás les entienden mucho mejor que si dijeran: «Sabes, uno empieza a sentirse solo cuando la persona que ama ni siquiera llama para ver cómo está». En cambio, la persona directa dice: «No me gusta cuando te vas por largos períodos y no me llamas. Me siento sola. Quiero que me llames». Estas afirmaciones acercan al otro, porque son expresiones directas del corazón.

ENFRENTA TUS MIEDOS. Si no eres directo y sincero con tu cónyuge, quizá tengas miedo de algo. Ese miedo habrá que resolverlo si está en la relación misma. Pero si está en ti, y temes a ser sincero y honesto para comunicarte con cualquier persona, tu miedo está contaminando tu relación. No puedes culpar al otro por eso.

El principio en la Biblia es quitar la viga de tu propio ojo primero, y luego podrás ver claramente para reparar la conexión (Lucas 6:42). Enfrenta tus miedos, y sé sincero con tu cónyuge. Cuando lo hagas, quizá hasta descubras que has resuelto el problema y que el otro tiene más capacidad de la que pensabas para enfrentar las cosas.

DI MÁS CON MENOS. Una mujer que vino por consejería tenía problemas para conectarse con su novio, y esto hacía que a él le fuera difícil comprometerse con ella. Le di una tarea que suelo darles a muchas personas: «Di lo que quieras, con un tercio de las palabras habituales». Estaba dando muchas vueltas, perdiéndose en la cháchara y su expresión real de lo que quería y sentía se perdía. Cuando comenzó a usar menos palabras, logró conectarse mejor y lo atrajo más hacia la relación en lugar de abrumarlo y distanciarlo. Terminaron casados y felices. Ella aprendió a decir solamente: «Pienso…» o «Quiero…». Finalmente, fue posible la conexión.

DEJA QUE EL OTRO TENGA SU PROPIA REACCIÓN. Muchas personas no dicen la verdad porque, como sucedía con el marido que mentía en cuanto a las finanzas, tienen miedo de la reacción del otro. No podemos controlar su reacción ni somos responsables de ella. Hay muchas cosas que puedes hacer para responder, pero no debes permitir que tu temor a su reacción te haga mentir. No habrá confianza ni intimidad si haces esto. La intimidad viene de correr el riesgo de decir la verdad y dejar que el otro responda.

ENFRENTA LAS RAZONES QUE TE IMPIDEN HABLAR. A veces, una relación no soporta la sinceridad. Es como esos casos médicos en que los doctores no pueden realizar la cirugía que curaría al paciente porque lo mataría. A veces, no hay suficiente gracia en una relación como para enfrentar la verdad. Si este es el caso, entonces enfrenten ese asunto para que su relación pueda llegar a un lugar donde haya sinceridad. También he visto relaciones en las que el asunto no es la gracia, sino los tiempos. En ocasiones, hay que esperar el momento adecuado para compartir algo realmente doloroso; un momento en que el ambiente sea adecuado y el otro esté dispuesto a escuchar. Esperar hasta el momento justo es una movida estratégica para fortalecer primero la relación.

En la mayoría de las situaciones, el asunto de la sinceridad no es una amenaza para la relación entera. Es muy posible que el asunto cause peleas y desconecte los cónyuges. Entonces, hablen sobre lo que no pueden hablar. Dialoguen sobre qué es lo que pasa tanto en la relación como dentro de cada uno cuando son sinceros y dicen lo que sienten con toda honestidad. Escúchense e intenten entender por qué cuesta tanto ser sincero. Busquen qué cosas son las que impiden la sinceridad, como las críticas, la defensiva, el desprecio, el disgusto, la vergüenza, la ira, la reacción del otro, el retraimiento, el desapego o las culpas. Enfrenten lo que ambos hacen al responder. Comiencen por preguntarse: «¿Qué es lo que hago que te impide ser sincero conmigo?». Y luego escuchen con atención la respuesta.

El problema es el problema, y no la persona. Muchas personas se desconectan innecesariamente, y podrían impedir esto si tan sólo aprendieran un principio: *hablar sobre el asunto en lugar de manchar el carácter y la persona del otro durante el proceso*. Cuando eres honesto con tu esposo o esposa, debes ser específico. Muchas esposas frustradas, ante el problema de que su esposo no las llama para avisar que trabajará hasta tarde, suelen decir algo como: «Eres tan egoísta e irresponsable. ¿Crees que me divierte estar sentada aquí toda la noche, esperándote?». Esa no es una afirmación directa y sincera sobre cuál es el problema y cómo te afecta. Una afirmación más sincera es específica y directa: «Necesito que me llames cuando te quedes trabajando hasta tarde, porque puedo entonces planificar cómo usar mi tiempo y no preocuparme». Hablar de un problema específico en lenguaje conciso transmite información útil para que tu relación funcione mejor.

Conocer y hacerse conocer

La soledad, la insatisfacción, la tentación y las dificultades económicas forman parte de la vida. Las buenas relaciones pueden con todo esto. De hecho, la investigación muestra que las mejores relaciones *son aquellas en que los integrantes del matrimonio recurren el uno al otro con las cosas más difíciles.*

Las buenas relaciones procesan cosas continuamente casi como parte de su forma de ser, y no como tarea extra. La comunicación es continua, similar a una conexión ADSL de la Internet, en oposición al lento sistema de discado telefónico. Los matrimonios que ponen en práctica la buena comunicación, no necesitan apartar tiempo para conversar y dialogar. Hablan y dialogan todo el tiempo.

Salvavidas: EN LAS BUENAS RELACIONES, HABLAR ES ALGO QUE SE HACE CON SINCERIDAD, SIN RODEOS, SIN OCULTAR SENTIMIENTOS, SIN INSINUACIONES. ESOS MATRIMONIOS VIVEN LA VERDAD DE SALOMÓN: «UNA RESPUESTA SINCERA ES COMO UN BESO EN LOS LABIOS» (PROVERBIOS 24:26 – NVI). ¡CUANDO HACEN ESTO, LOS MATRIMONIOS DESCUBREN QUE SUS BESOS EN LA BOCA TAMBIÉN SUELEN SER MUCHO MEJORES!

Es mejor enfrentar la realidad

Cristy y Brian habían salido a almorzar con sus hijos, y todo iba bien hasta que Sofía, de cuatro años, comenzó a treparse por todas partes, y puso nervioso a Brian. Cristy corrigió a Sofía algunas veces, por lo que Brian se mantuvo paciente, y dejó que ella manejara el problema. Sin embargo, descubrió que se molestaba cada vez más, no sólo con Sofía, sino también con Cristy por no ser más firme al corregirla. Decía nada más: «Sofía, siéntate y come», pero no hacía nada al respecto cuando la niña volvía a moverse. Pronto, el fracaso de Cristy para lograr disciplina efectiva le molestaba a Brian mucho más que la conducta de la niña.

Con mal tono, le dijo a su esposa: "¡Haz algo!".

¿Por qué no haces algo tú?", le respondió Cristy. "Siempre esperas que yo lo haga todo."

"¿Así que siempre espero que lo hagas todo? ¿Estás bromeando?", replicó Brian. "No lo haces. Dejas que se salga con la suya en todo. Nuestros hijos están totalmente fuera de control. Cada vez que yo intervengo, dejas que corran hacia ti y los malcrías, y entonces me ignoran totalmente. Haces que yo sea el malo, y no quieren hacer nada conmigo. Por eso te pedí que hicieras algo, para que finalmente tuvieran que obedecerte. Eres totalmente inútil para esto, y los niños ni siquiera te escuchan."

"No pongas toda la carga sobre mí", le respondió con dureza Cristy. "Yo estoy con ellos todo el día, y luego tú llegas, dictas alguna ley y me criticas si no la cumplo. Y ni siquiera te ofreces para ayudar. Haces que me sienta como una «mala madre». Si quieres que haya resultados, imponlas tú."

Brian intervino, y llevó a Sofía afuera al área de recreo del restaurante, a lo cual la niña protestó llorando. Cuando volvió a la mesa, corrió al regazo de su mamá buscando consuelo. Brian miró a Cristy y movió la cabeza como si dijera: "*¿Alguna pregunta?*. Cristy se desconectó de mi mirada de desaprobación, y comenzó a interactuar con los otros niños. Brian permaneció en silencio hasta que terminaron de comer, y sintió que no había solución ni esperanza para este problema. Pero más allá de eso, estaba sucediendo algo peor. Sentía que su conexión con Cristy estaba cortada y eso lo entristecía. Sentía que no podían dialogar. Él y Cristy podían conectarse cuando se divertían o hacían cosas juntos, como proyectos en la casa. Hablaban bien cuando se trataba de cosas de su interés y tenían una vida social activa. Pero cuando había un problema, casi siempre había desconexión.

Brian atribuía esa desconexión a la «defensiva» de Cristy. Sentía que no podía mencionar ningún problema sin que ella reaccionara, y el viaje a casa fue en silencio absoluto. Cristy se sentía también sola como él. Lo triste era que antes del conflicto, se habían sentido muy cerca el uno del otro, al haber pasado un buen momento en familia. ¿Qué sucedía? ¿Había aquí una actitud tonta de parte de uno de los dos? ¿Una actitud que podía hundir su vida amorosa?

La necesidad de amor y realidad por igual

Cristy y Brian se sentían muy afectuosos y cercanos antes del incidente, pero detrás de eso acechaba un problema de realidad. La realidad era que los niños necesitaban disciplina, y Brian sentía que lo convertían en el malo cada vez que disciplinaba a los niños. Era cierto, y era un problema muy real, una realidad que minaba gran parte del amor que se tenían. A Brian le había estado molestando durante un tiempo, *pero sentía que ese problema y otros más no podían conversarse sin que hubiera gran desconexión.*

A Cristy le molestaba otra realidad. Sentía que Brian la criticaba y esperaba que ella disciplinara a los niños sola. Veía que él quería permanecer fuera del embrollo de criar a los niños, para luego entrar y decirle qué hacer. Pensaba que su actitud era injusta, y que le pedía a ella que hiciera todo el trabajo sucio.

La motivación de Brian era muy diferente a lo que Cristy imaginaba. En realidad, sentía compasión porque ella tenía que tratar con niños que estaban fuera de control, y quería ayudarla. Pero tampoco quería disciplinarlos ellos porque le preocupaba que los niños desarrollaran una idea de opuestos «madre buena-padre malo». Sabía que tenían que obedecer a su madre y a su padre por igual para crecer seguros. Era un problema real. Si pudieran haber hablado sobre esto con todo lo que les dolía, ella podría haber visto que su objetivo era válido, y le habría ayudado a lograrlo.

¿Qué sucedía aquí, entonces? Exactamente lo que les pasa a millones de matrimonios día a día: *el problema de enfrentar la realidad y mantener el amor al mismo tiempo.*

Lo que hace que tantas personas pierdan su conexión es que cuando se concentran en amarse mutuamente, no enfrentan las realidades más duras que deben resolver. Otra razón por la que la gente pierde su conexión es que, al enfrentar las realidades duras, no lo hacen de manera amorosa. Lo hacen con desprecio, enojo, culpa, vergüenza, condenación, espíritu crítico, culpas, humillaciones, sarcasmos, indirectas y muchas otras formas de ruptura de la conexión. Piensan que vivir el amor y enfrentar la realidad son cosas mutuamente excluyentes. Sin embargo, todos sabemos que la experiencia del amor comienza a derrumbarse cuando no se enfrentan ciertas realidades dentro de la relación. Los matrimonios necesitan tener una manera de enfrentar la realidad y mantener el amor al mismo tiempo.

Gracia y verdad: ausencia de juicio y crítica

La Biblia tiene una solución para combinar el amor y la realidad: hablar la verdad en amor (Efesios 4:15). Al hacerlo, se combinan la gracia y la verdad. La gracia significa favor, y la verdad es lo que es: la realidad. Esto significa que el matrimonio necesita enfrentar las realidades que hacen falta, pero con una actitud que mantenga a la otra persona en posición de favor. La gracia es lo opuesto al juicio y la crítica. Mientras el juicio va *en contra* de la otra persona, la gracia obra *en su favor.*

Esto significa que cuando Brian trae el problema que ve en Cristy, lo hace de una manera que le asegure a ella que él no está en su contra, sino a su favor. Lo hace de un modo que le demuestre que él está de su lado, y que no es su adversario. Decir la verdad en amor significa que él la dice sin críticas, sin enojo hiriente, sin humillación, explosiones de ira, vergüenza, sarcasmo o condenación. En cambio, lo hace con amor.

Lo que hace esa actitud, en la jerga psicológica, es «neutralizar» la realidad. El problema ya no viene cargado de emociones negativas. Es solamente una realidad que hay que enfrentar para beneficio de la conexión o en pos de la vida misma.

En la relación de Brian y Cristy, el problema de la disciplina era un asunto a resolver, y no algo que rompiera la conexión. No tenía que ver con ellos ni con el amor que compartían, sino que era nada más una realidad en cuanto a la crianza de los niños que había que sortear y resolver. Pero a causa del modo en que se transmitía el asunto, se convertía en algo que tenía que ver con su relación y no con los niños. *La comunicación misma era el problema.*

Para neutralizar la realidad, habría que hacer lo contrario: afirmar de manera amorosa. Entonces, el problema sigue siendo problema, y la pareja sigue siendo un equipo concentrado en su solución. De otro modo, el problema original ya no es más el problema, y la desconexión en la pareja se convierte en el asunto en cuestión. Ya no son un equipo, sino adversarios que se sienten heridos el uno por el otro.

La actitud necesaria para mantener la conexión es enfrentar la realidad y comunicar el problema en amor, con afecto e interés por la otra persona. Como dice Pablo: «Ninguna palabra corrompida salga de vuestra boca, sino la que sea buena para la necesaria edificación, a fin de dar gracia a los oyentes...Quítense de vosotros toda amargura, enojo, ira, gritería y maledicencia, y toda malicia. Antes sed benignos unos con otros, misericordiosos, perdonándoos unos a otros» (Efesios 4: 29, 31-32).

Cuiden la manera en que se dicen las cosas al enfrentar realidades duras. Sean sinceros consigo mismos. ¿Lo dicen con enojo? ¿Con malicia? ¿Con sarcasmo? ¿Con condenación? ¿Con espíritu crítico? ¿O de manera «buena para la necesaria edificación a fin de dar gracia al oyente»?

Piensen en cómo habrían salido las cosas si Brian hubiese hablado con Cristy de esta manera. Ella había sentido gracia de su parte y la afirmación de que estaba en su favor, al tratar de satisfacer sus necesidades. Podría haber sonado más o menos así: «Parece que te sientes sola para disciplinar a nuestros hijos. Veamos cómo podemos hacerlo de la mejor manera. Quiero ayudarte, y también quiero que ellos vean que los límites provienen de ambos. Hablemos sobre cómo lograr esto».

Quizá no fuera posible decirlo en ese momento en el restaurante. Muchas veces, la situación se presenta en momentos donde hasta la afirmación más afectuosa podría tomarse de manera equivocada. La otra persona quizás se sienta tan abrumada en ese momento que todo comentario se toma como crítica. En esas ocasiones, la gracia indica que hay que esperar hasta que se calmen las emociones. Pero llegado el momento adecuado, habría que actuar para conectarse primero con gracia y luego hablar sobre la difícil realidad. Te damos algunos consejos:

AFIRMA A TU CÓNYUGE PRIMERO. «Te amo, y quiero que todo sea para mejor entre nosotros. Veamos este problema para encontrar una manera de resolverlo.»

ESCUCHA EL PUNTO DE VISTA DEL OTRO ANTES DE EXPRESAR EL TUYO. Busca entender antes de encontrar comprensión. Podrías decir: «Dime cómo te sientes con esto. Quiero asegurarme de entender tu punto de vista».

Escucha tu propia emoción mientras hablas. ¿Sientes enojo? ¿Estás criticando al otro? ¿Expresas disgusto o desprecio? ¿Estás avergonzando al otro? ¿Estás tratando de que se sienta culpable? Recuerda, ese tipo de actitudes tontas disminuirán el valor de lo que estás diciendo y probablemente te impedirán la comunicación. Todo lo que oirá el otro es el tono y no las palabras.

Afirma el asunto al que te refieres como parte importante de tu relación. ¿Qué habría pasado si Brian hubiese dicho: «Me gusta mucho que eduquemos a nuestros hijos juntos. Me gusta que seamos un equipo. Pensemos en cómo podemos resolver esto juntos.»? Cristy habría visto la realidad que enfrentaban como parte de algo bueno y significativo para relación y no como un problema entre ambos.

Receso. Si tus emociones te impiden decir lo que hay que decir de manera amorosa, tómate un receso. Luego, vuelve al asunto cuando tengas mejor dominio de cómo comunicarlo. Si éstas emocionalmente mal, hay una parte diferente de tu cerebro que estará al mando y te urge a pelear o escapar. Está buscando cómo preservarte y protegerte, y no cómo resolver los problemas y acercarte a la otra persona.

No utilices lenguaje que distancie. Aléjate de lenguaje de los padres, y no utilices palabras como «deberías» ni tampoco critiques diciendo «tú siempre» o «tú nunca». Estas frases no le comunican al otro que estás de su lado.

Ten en mente la meta. Tu meta no es solamente enfrentar la realidad, sino preservar la conexión por sobre todas las cosas.

Escucha y comprende el punto de vista de tu cónyuge. No tienes el total dominio de la realidad. Asimilar y adaptarte a la perspectiva de tu cónyuge es una gran manera de mostrar tu favor y poder comprender la realidad mejor, pero si te apartas de la perspectiva del otro, estás limitando el favor y te cierras a una parte de la realidad. Si Brian y Cristy hubieran hecho eso, su almuerzo habría tenido un final mejor y el resto de su conexión también habría sido mejor. Podrían haber tenido una sesión productiva de resolución de problemas en torno a la realidad de disciplinar a los niños, y ambos se habrían sentido amados y protegidos durante el proceso.

Salvavidas: EL AMOR Y LA REALIDAD PUEDEN —Y DEBEN— IR JUNTOS PARA PRESERVAR TU CONEXIÓN. Y ACTUAR SIGUIENDO LOS OCHO CONSEJOS PARA CONECTARSE PRIMERO CON GRACIA, PUEDE SERVIRTE DE MUCHO.

¿Dices lo que quieres decir?

«Si no sabes a dónde vas, lo más probable es que llegues allí.»

¿Has oído eso alguna vez? Saber qué es lo que estamos tratando de lograr antes de dar el primer paso es tener sentido común. De otro modo, en el mejor de los casos, estaríamos desperdiciando tiempo; y en el peor de los casos, nos obraría en contra.

Cuando piensas en esto, ves que muchos matrimonios tendrían mayor comunión si cerraran la boca. Parece que con cada palabra que pronuncian se distancian cada vez más. A menudo, cuando yo (Henry) escucho hablar a los matrimonios en las sesiones de consejería, me pregunto: *¿Qué cosa estabas intentando lograr cuando dijiste eso?* Los consejeros matrimoniales podemos encontrar que los largos meses de trabajo se van por la borda por lo que dice uno de los cónyuges.

Nuestras palabras tienen mucho poder. Pueden traer sanación o destrucción. Por ejemplo, escucha a Santiago cuando nos advierte sobre el poder de la lengua:

> *Así también la lengua es un miembro pequeño, pero se jacta de grandes cosas. He aquí, ¡cuán grande bosque enciende un pequeño fuego! Y la lengua es un fuego, un mundo de maldad. La lengua está puesta entre nuestros miembros, y contamina todo el cuerpo, e inflama la rueda de la creación, y ella misma es inflamada por el infierno. Porque toda naturaleza de bestias, y de aves, y de serpientes, y de seres del mar, se doma y ha sido domada por la naturaleza humana... pero ningún hombre puede domar la lengua, que es un mal que no puede ser refrenado, llena de veneno mortal. (Santiago 3: 5-7, 8).*

Son palabras muy fuertes con respecto al poder de las palabras. Pero no todo es malo, porque como dice Salomón, también las palabras pueden producir cosas buenas: «La muerte y la vida están en poder de la lengua» (Proverbios 18:21). Si utilizan el poder de la lengua para dar vida, puede haber fruto sabroso de parte de la pareja que conversa y crece más.

Aquí el mensaje es claro: cuando los matrimonios abren la boca *algo sucede*, para bien o para mal. Por esa razón, es importante que al pensar en conversar con tu cónyuge, como lo expresa el experto en administración en Stephen Covey, comiences con el final en mente. Sopesa cada palabra con cuidado en cuanto a su efecto sobre el resultado. ¿Qué es lo que estás intentando lograr al decir cada cosa?

Si quieres que te entiendan; tendrás que elegir las palabras y los tonos que te lleven a ese resultado. Pero si se filtran palabras que causan que el otro se resista o se ponga a la defensiva y se torne hostil, habrá algo más profundo que afectará tu comunicación. Te resultará útil examinarte a ti mismo. Quizá debas admitir que tienes una meta distinta, como castigar a tu cónyuge por errores del pasado. Esto no ayudará. Con eso en mente, te damos algunos consejos que aumentarán las posibilidades de que tu cónyuge te entienda.

Busca la conexión, no el distanciamiento

Dicho de manera sencilla, lo que sea que tengas que decir debes decirlo manteniendo la conexión como objetivo supremo. Piensa antes de hablar. ¿Lograrás tu objetivo con lo que estás a punto de decir? ¿Tus palabras harán que tu cónyuge sienta que lo amas y te interesas por él? ¿O habrá algo que lo distancie? Haz una pausa y pregúntate cuál será el resultado más posible si dices lo que estás pensando. Una buena prueba es recordar lo que sucedió la última vez que dijiste eso. ¿Te gustó el resultado? Recuerda: «El que guarda su boca y su lengua, su alma guarda de angustias» (Proverbios 21:23).

Trata de darte a conocer

En el corazón de la relación, está el concepto de darse a conocer. Dios utiliza ese lenguaje a menudo. Quiere que lo conozcamos. De hecho, la palabra conocer comunica tal intimidad que en la Biblia el término para «coito» o «relaciones sexuales» proviene de la palabra que significa «conocer». Probablemente es por eso que la palabra *relación* se utiliza tanto para la comunicación verbal como para la comunicación sexual.

CONOCE TUS SENTIMIENTOS Y DESEOS. Para poder dar a conocer quién eres, primero tienes que conocerte a ti mismo: tus sentimientos, pensamientos, deseos, miedos, necesidad de comunicación. Y eso no siempre es fácil.

Es increíble cuántas veces hablamos sin decir lo que realmente sentimos. Yo (Henry) recuerdo las sesiones de consejería con Sharon y Tony. Sharon estaba enojada con Tony por su irresponsabilidad. Le molestaba la manera en que manejaba el dinero y estaba castigándolo por eso.

"No puedo depender de ti para nada", le dijo. "Cada vez que pienso que todo está bien, encuentro que no has pagado algo, y otra vez estamos en problemas. Y yo ni siquiera me entero. Siento que estoy caminando sobre arenas movedizas.

Su enojo y desprecio eran grandes, y se podía ver que Tony se alejaba y alienaba cada vez más.

"Eso es ridículo", replicó Tony. "Me ocupo de todo, y cuando lo más pequeño sale mal te enojas. ¿Ve lo que quiero decir, Dr. Cloud? Vivir con esta mujer es soportar esto. Esta enojada todo el tiempo. Estoy harto de que me critique y condene por cada cosita. Nada la hace feliz."

"Ay, deja ya de quejarte", dijo Sharon, "sería feliz si supiera que no nos cortan el servicio de electricidad porque olvida pagar la factura". "¿Es mucho pedir, Sr. Responsable?"

El rostro del Tony enrojecía cada vez más.

"¡Basta!", interrumpí. "Sharon, ¿cómo te sientes con esto?"

"¿Cómo que cómo me siento? Es obvio que lo detesto. Detesto vivir así."

"Pero además que eso, además de tu enojo, ¿qué es lo que sientes?", insistí.

Al principio, se resistió e intentó mostrar su enojo todavía más. Pero como yo insistía, finalmente lo dijo. Se quebró y comenzó a llorar y temblar. Tony estaba atónito, y su enojo se esfumó. Se acercó a su esposa con mucho afecto y su lenguaje corporal cambió.

"¿Qué pasa?", pregunté. Al principio no respondió, pero luego lentamente comenzó a hablar.

"Tengo tanto miedo", dijo. "Tengo tanto miedo."

"¿Por qué? ¿De qué tienes miedo?", pregunté.

"No lo sé... no lo sé..."

"¿Es como cuando eras pequeña y tu madre enfermaba?", pregunté.

Esa era la clave, y Sharon irrumpió en un llanto desconsolado. De niña, Sharon vivía con una madre maniacodepresiva, en quien no podía confiar. A veces, su madre estaba bien, pero en otros momentos convertía la casa en una pesadilla de caos. La estructura de la familia entera se derrumbaba, y su padre era un alcohólico que a veces estaba y otras no. No había refugio para Sharon, ni seguridad, ni tenía en quién confiar.

La razón por la que se molestaba tanto con Tony era que cuando él no mostraba que ella podía depender de él, todos los viejos miedos de su infancia surgían. Esto era una manera de defenderse, una cubierta protectora en lugar de darse a conocer en su nivel más vulnerable, su miedo. Tenía miedo a estar sola y que nadie se ocupara de ella, y esto era lo que causaba su reacción.

Tony ni siquiera sabía esto. Cuando comprendió los sentimientos de Sharon, todo cambió. Fue tierno con ella y no se enojó.

"Nunca supe que cuando olvidaba pagar una cuenta te sentías de esta manera", dijo. Y su conducta cambió, y pudo conocerla y entender verdaderamente de qué manera sus acciones la afectaban. No quería lastimarla, pero nunca había entendido que lo estaba haciendo. Lo único que veía era el enojo y no el dolor, el miedo o la vulnerabilidad. Ella nunca le había mostrado estas cosas que tenía en lo profundo de su corazón, y que podían hacer que la conociera mejor.

Si quieres que te entienda tu cónyuge, tendrás que preguntarte o hacer que tu cónyuge te ayude al preguntarte: «¿Qué estás sintiendo en realidad? ¿Qué es lo que quieres de veras? ¿Quieres más dinero para poder gastarlo? ¿Quieres tener más tiempo para practicar deportes? ¿O es algo más profundo, como mayor respeto, más libertad o sentir que nadie controla? ¿Qué es lo que quieres que el otro sepa acerca de ti?».

Si Sharon hubiera conocido su propia vulnerabilidad y la hubiera comunicado a su esposo en lugar de culparlo, despreciarlo y criticarlo, él habría tenido algo con qué conectarse. Se habrían evitado miles de peleas a lo largo de los años, y habrían podido sanarse el uno al otro en un nivel más profundo. Si ella le hubiera dicho que temía que nadie se ocupara de ella y necesitaba que él estuviera allí como necesitó a su madre y no estaba para ella, las posibilidades de que él hubiera respondido bien eran muy grandes. Sin embargo, cuando se enojaba, su esposo jamás se enteraba. Nunca podía entenderlo. Aprende del ejemplo negativo de Sharon. Conoce tus sentimientos verdaderos y comunícalos de manera que no sean críticas para tu esposo o esposa. Dilo con palabras. Tu vulnerabilidad es la clave.

Es bueno mencionar las cosas que tu esposo o esposa hace y que agravan tu vulnerabilidad. Pero debes comunicarlo desde el punto de vista de tu vulnerabilidad - de cómo te hace sentir - y no como crítica en contra de su persona. El primer modo da origen a la empatía, pero el segundo solamente logra distanciar a tu cónyuge.

OBSÉRVATE. Otra cosa que impide que los cónyuges se den a conocer mutuamente es que hablan, gritan, pelean o reaccionan sin saber primero quién está controlándolos. No observan lo que dicen o piensan, y dejan que las palabras vuelen sin preguntarse a sí mismos qué es lo que está pasando en realidad.

Es propio de la naturaleza humana llevar sentimientos dentro a lo largo del tiempo y en diferentes situaciones. Tu esposo o esposa quizás te digan algo que suena insensible o cruel, y sientes como si te dijera: «Idiota. Nunca haces nada bien». No importa lo que haya dicho realmente, porque sabes lo que quiso decir. Entonces, tu reacción responde a tu sensación. Estás preparado para defenderte, huyendo, peleando o al estar de acuerdo con su opinión de que eres inútil.

Y aunque tu reacción pueda ser adecuada porque responde a tus sentimientos, está fuera de lugar. No es apropiada ante lo que te dijeron o quisieron decir. Tu reacción es apropiada para alguna herida que sufriste en otro momento o lugar, quizá causada por tu familia de origen o por alguna relación en el pasado, pero no es adecuada para este momento y situación. Los matrimonios que funcionan bien reconocen estos sentimientos inapropiados para el momento, suspenden su reacción y se observan, no reaccionan con ira ni se apartan. En cambio, reconocen qué es lo que motiva sus sentimientos, al saber que provienen de otro lugar, y lo comunican al otro.

Lo que te haya ocurrido en el pasado y da lugar a esta cascada de sentimientos es algo real, aunque la reacción fue exagerada. Deben hablar y conversar sobre esto: «Siento que tú piensas que no sé hacer nada bien, que soy idiota. Sé que no es lo que quisiste decir, pero así lo siento. Ayúdame». Lo más probable es que la respuesta sea: «¡Oh, no! No estaba diciendo eso. Solamente quería que supieras que me gustaría que hubieses recordado ir a buscar mi camisa. La necesito para esa reunión mañana. Lamento que sintieras eso». Esas vulnerabilidades compartidas ayudarán a la pareja a unirse más.

Lo triste es que muchos matrimonios, como el de Sharon y Tony, sienten verdadero amor el uno por el otro, pero no pueden expresarlo porque jamás muestran esa parte de sí que necesita el mayor amor. El dolor que la persona siente no es reconocido. En cambio, se expresa en reacciones exageradas.

Cuando sientas ganas de reaccionar negativamente ante tu cónyuge, haz una pausa. Cuenta hasta 20. Escucha tus diálogos internos. Tómate un receso. Las investigaciones demuestran que si nos tomamos un momento para calmarnos, hablar con nosotros mismos y escucharnos antes de reaccionar estamos haciendo mucho por mejorar la comunicación. Porque entran en acción distintas partes del cerebro en lugar de solamente las que se ocupan de los sentimientos más fuertes. Un momento de reflexión te ayudará a ver a tu cónyuge como es en verdad y a entender lo que realmente quiso decir.

LÍBRATE DE TODO LO QUE TE IMPIDA DARTE A CONOCER. ¿Quieres que tu cónyuge te conozca? ¿Quieres que tu cónyuge te entienda realmente? Entonces, tendrás que hacerte responsable por las cosas que estás ocultando y lograr que esto suceda. Eres un ser humano, por lo que tienes la tendencia a ocultar lo que realmente piensas y sientes.

No te pongas a la defensiva ni te sientas mal a causa de esa tendencia. Sí, es tonto ocultar sentimientos, pero todos lo hacemos desde la época de Adán y Eva. Escondemos nuestra persona vulnerable para que nos amen, nos deseen, nos quieran y nos muestren aprobación. La paradoja es que el mismo sentimiento que hemos podido ocultar impide que esto suceda. Las defensas que suponemos nos protegerán del distanciamiento y el rechazo lo aseguran.

¿Cuál es la respuesta? La Biblia lo dicen de esta manera: «Por lo cual, desechando la mentira, hablad verdad cada uno con su prójimo» (Efesios 4:25). La mentira significa engaño, y los seres humanos creamos engaños a la perfección. Ocultamos nuestros sentimientos con sonrisas, independencia o retraimiento. Ocultamos nuestra vulnerabilidad con enojo, nuestro miedo con orgullo y control. Ocultamos nuestra vergüenza interpretando un rol y buscando admiración. Ocultamos nuestra inferioridad buscando la aprobación de los demás. Y ocultamos nuestro dolor actuando como si estuviéramos bien cuando no lo estamos. Si quieres que te entiendan, entonces «desecha la mentira». Deja de actuar de manera que oculte tus sentimientos verdaderos. Si tienes alguna duda en cuanto a los engaños, los más comunes incluyen el silencio, el retraimiento, la hiperactividad, el enojo, las ganas de discutir, el ser indirecto, el ser sarcástico, ser crítico, el echar culpas, ser cruel, la amargura y los celos.

Quizá tu manera de ocultar tus sentimientos no esté mencionada en esta lista. Pide a tu cónyuge que te diga cómo ocultas tus verdaderos sentimientos y de qué manera tu defensiva te impide darte a conocer. Apuesto a que podrá decírtelo, porque ninguno de nosotros lo oculta tan bien como pensamos.

El principio rector

Cuando quieres que te entiendan, deja que la pregunta rectora sea la siguiente: «¿Me estoy dando a conocer o alejándome con lo que estoy haciendo?». Si aprendes a preguntarte esto cada vez que sientas una reacción negativa, sabrás morderte la lengua antes de pronunciar palabras de ira que ataquen a tu cónyuge. Esta pregunta te obligará a enfrentar tu verdadero objetivo del momento, que —como lo muestra tu enojo— consiste en hacerle sentir mal. Sin embargo, cuando eres sincero, te darás cuenta de que es una conducta autodestructiva.

El buen propósito de la comunicación es darte a conocer. Esto edifica el amor. Sin embargo, hay malos propósitos en la comunicación que deberás abandonar. Revisa lo que dices y haces, y fíjate si tu propósito ulterior es:

- Hacer que tu cónyuge se sienta mal, estúpido, culpable.
- Descargar tu enojo, tensión o estrés.
- Hacerle saber cuánto sufres haciéndolo sufrir.
- Mostrar que tienes razón.
- Alejar al otro para que se sienta solo.
- Dominarlo o controlarlo para poder sentir que estás al mando.
- Echarle toda responsabilidad para sentir que nadie te controla.
- Echarle la culpa para no sentirte mal o equivocado.
- Ocultar tus verdaderos sentimientos, el dolor, por el miedo.
- Ocultar tus defectos.

Si tu respuesta tiene como intención lograr cualquiera de estas cosas, quizá te hará sentir bien durante un momento, pero a la larga obrará en contra de la conexión. Siempre piensa que «a la larga» es un momento que llegará antes de lo que piensas. Por lo general, este tipo de reacciones no toman demasiado tiempo para alejar a tu cónyuge aún más. Nunca hemos visto que un matrimonio logre mayor comunión utilizando alguno de estos métodos.

Salvavidas: AL COMUNICARTE CON TU CÓNYUGE, COMIENZA CON EL FINAL EN MENTE. CUANDO HABLES O RESPONDAS A TU CÓNYUGE, ¿QUIERES DARTE A CONOCER Y ENTENDER? DARNOS A CONOCER Y LOGRAR QUE NOS ENTIENDAN ES EL CIMIENTO SOBRE EL CUAL SE EDIFICA EL AMOR, LA INTIMIDAD Y LA CONEXIÓN.

Escuchar es más que oír

"Siento que no nos conectamos", le dijo Sheila a Walter. "Me siento como si estuviera sola."

"¿Qué quieres decir con «sola»?", respondió Walter. "¡Pasamos juntos todo el fin de semana! Ni siquiera he salido de la casa ¡No estás sola!"

"No quiero decir que no hayamos pasado tiempo juntos. Es que no siento que estemos en comunión. Es como si estuviéramos aquí, nada más, haciendo cosas, sí, pero no hablando de verdad. Sé que estamos los dos juntos y hablamos de muchas cosas, pero no es eso. Quiero decir, realmente conectados", explicó.

"No es cierto. Hemos pasado juntos cada momento desde que salí del trabajo el viernes. Claro que estamos conectados. He estado aquí contigo todo el tiempo", replicó su marido.

"Sí, bueno", dijo ella. "Es cierto. Hemos estado juntos. Es muy bueno tener este tiempo juntos."

Sin embargo, Sheila por dentro no sentía que era tan bueno. Se estaba cerrando, y sentía que se le encogía el corazón. No sentía que quisiera estar así con Walter, con esta sensación de pasar tiempo juntos, sin conexión. Su esperanza se desvaneció, y pasó a ser desconexión y desapego. Estaba desconectándose lentamente.

Yo (Henry) le pregunté a Walter por qué no la escuchaba.

"Sí que escuché", respondió. "Oí todo lo que dijo. Dijo que sentía que no estábamos conectados, que era como si estuviera sola. Pero no estaba sola. Estuve con ella dos días enteros. Intenté que viera que no estaba sola, como pensaba ¿Qué problema tiene? Me hace sentir que nada de lo que hago es suficiente. Como si nunca podré hacerla feliz. Digo, podría haber ido a pescar el fin de semana, pero decidí pasar ese tiempo con ella, y ni siquiera lo aprecia."

Ahora sentí que mi corazón se encogía. El escuchar a Walter, me sentí exactamente igual que Sheila. Aunque podía repetir lo que ella había dicho, no había escuchado. Pensar que escuchamos nada más porque oímos las palabras es otra tonta actitud que puede hundir tu vida amorosa. Es una de las mayores causas de desconexión y, si este es tu problema, tendrás que dominarlo para reestablecer tu conexión. En esta sección, te enseñaremos a escuchar, no a oír solamente.

La verdad en cuanto a escuchar

Walter no capto el significado real de lo que decía Sheila. No era cuestión de si intelectualmente entendía el contenido de sus palabras. Ese es solamente el comienzo de escuchar. Es solamente recibir la información. Escuchar implica más que obtener información, y es lo que le dije a Walter. Cuando se lo dije, cometió el segundo clásico error.

"Ya sé que escuchar es más que nada obtener información", dijo. "También es entender lo que dice el otro. Realmente entendí lo que ella me decía. Se sentía sola. Lo entendí. Totalmente."

Sonrió complacido, como si pensara que era el Esposo Comprensivo.

"No", le dije. "Entender tampoco es escuchar. Entender es algo que puedes hacer totalmente en tu cabeza. No requiere de ninguna conexión de tu parte. Escuchar es más que obtener información y entenderla. Puedes entender, y aún así la otra persona puede decir: 'No me oyó'. Escuchar ocurre solamente cuando el otro *entiende que tú entiendes.*"

"Y esto no es lo que ocurre contigo y Sheila. Ella no siente que tú la entiendes. De hecho, le demuestras que no entiendes cuando le dices que lo que está diciendo está mal y que no hay razón para que se sienta de esa manera. Obviamente, entonces, no entiendes."

"Bueno, ¿qué quieren que haga? ¿Qué concuerde con ella? No puedo estar de acuerdo con que está sola. No lo está. Es de locos."

"No dije que tuvieras que estar de acuerdo. No estamos hablando *de ti* ¿recuerdas? No estamos hablando de cómo te sientes o ni siquiera de lo que crees que ella siente. Estamos hablando de lo que *ella siente.* Acabas de demostrar que no llegas a entender lo que ella siente y piensa, aparte de lo que tú piensas y sientes. Ese es el problema. Tienes que hacerle ver que entiendes, al punto de que ella entienda que tú entiendes, y al punto de que ella realmente sienta que tú la entiendes. No necesariamente que estás de acuerdo, sino que entiendes y te importa."

Sheila ahora miraba con esperanza en la mirada. Por primera vez, sentía que alguien sabía lo que intentaba decirle a Walter.

"¿Cómo logro que ella entienda que yo entiendo?", preguntó Walter.

"Así: 'Cielos, Sheila, es horrible. Hemos estado juntos todo este tiempo y te sientes sola...es terrible. Peor que si en realidad hubieras estado sola'."

Sheila asintió.

"Así es", dijo. "Eso es lo que siento."

"Walter, ¿a quién le importa cualquier otra cosa ahora, más que esto?", pregunté. "¿A quién le importa cómo *debiera* sentirse ella, no si podrías o no haber ido a pescar? Lo único importante es que ella se siente sola ¿Cómo te sientes al respecto?"

"Mal. Horrible", dijo él. "No quiero que se sienta sola. Yo la amo."

"Bien. Díselo."

Se volvió un tanto tímidamente hacia ella, como si tuviera que actuar contrito, pero mis intenciones eran firmes. Podía ver que a él le importaba y quería que fuera capaz de transmitírselo. Lo necesitaban, y mucho.

"Odio esa idea, Sheila. Nunca quiero que vuelvas a sentirte sola. Es una sensación terrible. ¿Qué puedo hacer?", dijo.

Sheila comenzó a sollozar y luego dijo: "Acabas de hacerlo".

Walter me miró un poco confundido y yo asentí.

"Tiene razón. Acabas de hacerlo. Dejaste en claro que lo entiendes, y ahora ella entiende que tú entiendes. Preocúpate por resolver la situación después. Por ahora, eso es lo que ella estaba necesitando de ti", dije. "¿Cómo te sientes, Sheila?"

"Mejor. Con mucha más esperanza", respondió.

La empatía es la clave

La clave para conectarse con el otro está en la empatía, que es *la capacidad de identificarse con la experiencia, los sentimientos y pensamientos del otro*. El foco está en la otra persona y en comunicar al otro lo que uno siente, percibiendo también lo que la otra persona siente.

Cuando Walter comunicó que la sensación de Sheila de estar sola era horrible, que no quería que ella se sintiera así y que quería hacer algo al respecto, estaba mostrando empatía. Mostraba que era sensible a su dolor y que podía sentir por un momento lo mismo que ella. En ese punto, ella se sintió comprendida y conectada.

Sentir empatía hacia tu cónyuge es validar su experiencia. Esto no significa que estés de acuerdo o que el otro tenga razón. Simplemente significa que ves que su experiencia es real. Reconoces la realidad de los sentimientos del otro. Dices: «Ya veo. Lo que hice te lastimó de veras». No estás admitiendo que eres una mala persona ni que eres culpable de lo que haya causado el dolor. Solamente estás validando que el dolor es real, que lo sientes con el otro y te interesas.

Cuando no hay empatía

Lo opuesto de la validación es la *invalidación* que significa descartar, tratar como irreal o no verdadero, todo lo que el otro piensa, siente o experimenta. Walter había invalidado los sentimientos de Sheila. «No es cierto», había dicho. «No estás sola», aunque intentaba hacer sentir mejor a Sheila, solamente lograba que se sintiera más distante, porque no la entendía.

Parece que los hombres hacen eso muchas veces. En un intento por hacer que su esposa se sienta mejor, la hacen sentir peor. Muchas veces, quieren resolver el problema en lugar de nada más escuchar y entender. Las investigaciones han demostrado que las personas —y en especial los hombres— comienzan a sentirse abrumados, criticados y hasta temerosos cuando su cónyuge expresa sus sentimientos. Como resultado, harán lo que sea para que desaparezcan sus sentimientos, para que así su propio miedo también se vaya.

A menudo, cuando una mujer habla de una sensación o sentimiento negativo el hombre lo toma como crítica o fracaso de su parte. Puede sentir que ella quiere abandonarlo o que piensa que él no sirve como marido, que no lo aprueba y que ha conocido a alguien que le gusta más. Como resultado de ello, movilizará sus defensas, lo que hace que deje de escuchar. Quiere que sus temores desaparezcan, por lo que descarta el reclamo de su esposa y dice las cosas menos útiles, como lo hizo Walter con las respuestas:

- «No es cierto».
- «No te sientes así».
- «No entiendes nada».

- «Es una locura».
- «No es tan malo en realidad».
- «No hay nada que temer».

O peor aún, quizá se ponga a la defensiva y trate de cambiar lo que ella siente. Y hasta puede atacarla: «Oh, ¿es cierto eso? Bueno, tú tampoco eres fácil, Srta. Mal Humor. ¿Piensas que es fácil para mí?». Sus hirientes palabras de seguro no ayudarán en la situación, pero en ese momento solamente piensa en liberar algo de presión.

En realidad, no hay presión. Es una oportunidad para que él brille y pueda acercarse a la mujer que ama. Si tan sólo escuchara sin defenderse ni devaluar los sentimientos de su esposa, ella sentirá que la escucha. Y la mayoría de las veces dirá, como Sheila: «Me siento mejor».

Y para ustedes, los hombres, piensen que estoy del otro lado, quiero decirles que las mujeres también hacen esto, y tienen sus maneras de ponerse a la defensiva. Parece que los hombres (y hay estudios que lo comprueban) se movilizan para estar a la defensiva más rápidamente que las mujeres cuando oyen que el otro expresa sentimientos negativos. ¿Por qué será? Si esto es cierto en tu caso, por todos los medios intenta cambiarlo. Y a las mujeres les digo que hagan lo mismo, en caso de que sea cierto en su situación. Si no escuchan, no podrán obtener la conexión que quieren en su vida amorosa, y toda la defensiva del mundo defenderá algo que no vale la pena, sea el orgullo, el ego, la independencia, los viejos hábitos de conducta o lo que fuera.

Aprende a escuchar

Deja de lado tu orgullo y defensiva, y aprende a escuchar a tu cónyuge. Te damos algunos consejos:

ENFÓCATE. Mira a tu cónyuge a los ojos y dale toda tu atención. Observa tu tendencia a apartarte de la conexión.

OBSERVA TUS PENSAMIENTOS. Cuando tu cónyuge habla, ¿estás escuchando o estás pensando en tu respuesta? ¿Evalúas lo que te está diciendo? Deja de hacer eso y solamente permite que lo que siente el otro se convierta en tu propia experiencia. Intenta entrar en su experiencia y sentir lo mismo que tu esposo o esposa por un momento. Pregúntate cómo te sentirías si estuvieses en su lugar.

RESPONDE SIN PALABRAS. ¿Estás diciendo: «Eh», asintiendo o haciendo algo para que sepa que estás escuchando? Hazle saber que estás presente y escuchando de veras.

VELA TU FORMA DE DEFENDERTE. Si te sientes a la defensiva, no hagas nada. Cuenta hasta 20. Si necesitas un receso, tómatelo y sal un rato hasta que te calmes. No te defiendas ni contraataques.

SIENTE EMPATÍA. Comunica de vuelta lo que has oído: «Así que, Sheila, realmente te sientes sola aunque yo esté aquí. ¡Wau!». Utiliza la fórmula: *contenido + sentimientos = comprensión.* Es decir, repite el contenido de lo que te ha dicho y lo que entiendes en cuanto a sus sentimientos como decir:

- «Con todo el trabajo que tienes que hacer realmente te sientes abrumada».
- «Así que la conducta de los niños en mi ausencia se hace demasiado difícil».
- «Sí, ya veo. Cuando tengo que trabajar mucho sientes que no me importas tanto como mi empleo».
- «Así que cuando no quiero sexo porque estoy cansado sientes que no te deseo».
- «Así que cuando quiero sexo y no hemos conversado te sientes usada».
- «Es mucho pedir de ti, y entonces sólo quieres ocultarte o escapar».
- «Es muy feo. No quisiera estar en tu lugar cuando sientes eso».

VERIFÍCALO. Pregúntale qué es lo que haces que le impide sentir que escuchas. Verifícalo en el momento, preguntando: «¿Sientes que te estoy escuchando?».

NO INTENTES SOLUCIONARLO. Evita los consejos, las explicaciones o las acciones inmediatas que hagan desaparecer el sentimiento. Ya habrá tiempo para eso. Primero conéctate nada más escuchando.

NO SE TRATA DE TI. No respondas con algo que te sucede. Escuchar tiene que ver con la otra persona: «Oh, sé cómo te sientes. El otro día cuando mi jefe me dijo...». En este momento, ¿a quién le importa lo que dijo tu jefe? Está hablando la otra persona, y se trata de ella, no de ti.

La conexión equivale a darse a conocer

Como dijimos, reconectarse mutuamente implica dar a conocer lo que hay en el corazón de cada uno. Y no se puede hacer eso si no se escuchan mutuamente. Recuerda: «Al que responde palabra antes de oír, le es fatuidad y oprobio» (Proverbios 18:13). Y «Como aguas profundas es el consejo en el corazón del hombre; mas el hombre entendido lo alcanzará» (Proverbios 20:5).

Salvavidas: CUANTO MÁS ESCUCHES Y LOGRES HACER SURGIR ESAS AGUAS PROFUNDAS DE TU CÓNYUGE, TANTO MÁS SE CONOCERÁN Y REESTABLECERÁN LA CONEXIÓN Y VIDA AMOROSA QUE DESEAN.

Impedimentos comunes en la comunicación

Cuando (en la sección anterior) Walter describió su respuesta a Sheila, mi corazón dio un vuelco. Yo (Henry) había ahora vivido de primera mano esta falta de atención, al escuchar y sentí el mismo tiempo de desesperanza que Sheila sentía al intentar comunicarme con él. En un instante, dijo algo que hizo que la conexión fuera absolutamente imposible. Es como si estuviéramos construyendo un puente y, en medio del proceso, él hubiese dinamitado todo.

Como consejero matrimonial, sólo siento esa cerrazón apenas una fracción de las veces en que sucede en la realidad. Desgraciadamente, el matrimonio vive eso todos los días, y, con el tiempo, esta experiencia hace que sientan soledad en aumento. Es como si dos personas estuviesen atrapadas en celdas de prisión, uno en cada celda, intentando enviarse mensajes a través de las rejas para que el otro venga y les abra la puerta. Sin embargo, el mensaje nunca llega. Sigue cada uno en su celda aunque hay mucho amor y deseo de estar con el otro.

Y aunque nadie puede comunicarse a la perfección, hay personas que en esto son peores que otras. Perpetuamente dicen cosas que no solamente no son de ayuda, sino que empeoran las cosas. Es tonto, por supuesto, pero muchos lo hacen sin darse cuenta, y sin ver que hay una manera mejor. La hay, de veras.

Encuentra y repara los impedimentos en tu comunicación

Has visto algunos de los puntos que siguen a continuación en diversas partes del libro. La lista es una guía para lo que *no* hay que hacer al intentar conectarte con tu cónyuge. Apréndela bien, y aprende también a frenarte antes de hacer estas cosas. Si puedes evitar estos impedimentos en la comunicación, habrás avanzado en el camino hacia la reconexión con tu esposo o esposa. Y habrás progresado en el rescate de tu vida amorosa.

Cuando encuentres tus propias conductas en la lista, haz un pacto contigo mismo diciendo que harás todo lo posible para evitar repetir estas acciones. Es así de fácil. En cuanto permitas que estas acciones surjan libremente en tu relación, estarás dañando justamente aquello que más amas: la conexión con tu cónyuge. Así que, esfuérzate por impedir que estas tontas actitudes hundan tu vida amorosa.

NO DEVALÚES LO QUE DICE EL OTRO, SIN IMPORTAR QUÉ PIENSES AL RESPECTO. Cuando tu esposo o esposa diga algo, tómalo en serio. Recuerda, eso resulta ser la verdad para la otra persona, aunque no lo sea en la realidad. Esto no significa que no puedas estar en desacuerdo o clarificar. Pero decir inmediatamente: «No es cierto» o «Eso es ridículo», no comunica nada que les ayude a conectarse. Trata a tu cónyuge con respeto. Escucha realmente, y no oigas las palabras nada más. Muestra que no estás allí para criticar, sino para entender.

NO MINIMICES. Cuando tu cónyuge siente o piensa que algo es importante, no lo minimices. Si oye que dices: «No es para tanto», o «No duele tanto», se cerrará a la esperanza de que te interese cómo se siente, y pensará que no entenderás. Aunque no veas que es tan importante el problema, no es esa la cuestión en este momento. La cuestión es que para el otro sí es importante, y allí está su corazón. Si esperas encontrar su corazón, tendrás que conectarte con ese sentimiento, y no intentar borrarlo o anularlo.

NO TE PONGAS A LA DEFENSIVA. Estar a la defensiva es intentar pelear contra lo que te hace sentir mal. El enojo, las protestas, las reacciones por evitar algo que se siente como un ataque, todo esto hace que la otra persona se cierre. Cuando intentas defenderte, estás comunicando a la otra persona que te has cerrado y no quieres oír nada que se refiera a tu conducta. Las excusas, las explicaciones, las justificaciones o las actitudes similares tienen como propósito eliminar el mensaje, y cuando eliminas el mensaje estás eliminando a quien lo pronuncia también. Así que escucha a tu cónyuge, comprende lo que te dice y acéptalo. Hacer eso significa que porque lo amas te has dispuesto a escuchar en lugar de defenderte.

NO CRITIQUES NI MENOSPRECIES. Las quejas que se pronuncian con voz crítica, no resuelven los problemas. La crítica constructiva sí lo logra. Estas críticas menosprecian a la otra persona, y le hacen sentir mal consigo misma. La crítica encuentra algo malo en todo, y tiende a convertirse en un hábito en lugar de ser una actitud utilizada cuando es necesario enfrentar un asunto en particular. Evita buscar defectos cuando no sea por una buena razón. Cuando sí tengas una buena razón, di lo que haya que decir de modo que no menosprecie ni rebaje a la otra persona.

NO REACCIONES EXAGERADAMENTE NI MONTES EN CÓLERA. Cuanto más emocionales sean los asuntos, tanto más a la defensiva estaremos, y nuestra reacción tomará dos posibles aspectos. Hay personas que se cierran, se apartan o pelean, y otras suelen perder la conexión, la racionalidad y el criterio. Cuando veas que reacciones exageradamente, lo más posible es que nada bueno resulte de lo que vas a decir. Así que tómate un tiempo para tranquilizarte.

Aprende a conocer tus hábitos de reacción para saber cuándo levantarás presión y reaccionarás exageradamente. ¿Qué es lo que ves en ti que te dice que has cruzado la línea? ¿Es una sensación? ¿Es una conducta en particular? Cualquiera que sea la señal, aprende a reconocer tu reacción, y cuando suceda, haz una pausa para decir: «No creo que en este momento pueda serte de utilidad. Necesito tomarme un momento para poder hablar mejor». Si no dejas de reaccionar exageradamente, tendrás dos problemas. Primero, el problema de origen que no se resolvió, y segundo, tu reacción exagerada habrá causado un daño aún más grande.

EVITA LAS CONDUCTAS Y DECLARACIONES DE «CIERRE». Las declaraciones de cierre son cosas que se dicen en un momento de enojo o dolor, que detienen la comunicación. Son el equivalente interpersonal a cerrarle la puerta en la cara al otro. La gente las pronuncia cuando quiere dejar de hablar, y dejan al otro sintiendo que algo está realmente mal y no tiene solución. Aquí te damos algunos ejemplos de declaraciones y conductas que cierran la comunicación:

- «Bien» (Cuando algo no está bien).
- «Nada» (cuando sí hay algo).
- «No importa» (cuando sí importa).
- «No puedo hacer nada bien».
- Con silencio, indiferencia.
- Al apartarse.

NO ECHES CULPAS. Cuando Dios confrontó a Adán por su conducta, Adán enseguida le echó la culpa a su esposa: «La mujer que me diste por compañera me dio del árbol» (Génesis 3:12). Toda pareja ha estado haciendo esto desde entonces. Echarse culpas significa explicar la responsabilidad de tu conducta, buscando su origen en la conducta del otro.

Por ejemplo, si el marido dice: «Esta noche pareces estar un poco severa. No te sientes bien». Entonces, la esposa responde: «Bueno, es porque no haces nada para ayudar. Vienes a casa y esperas que todo esté listo. Quizá si levantaras un dedo de vez en cuando no pasaría esto».

¿Qué pasa aquí? Él intenta decirle que ella hirió sus sentimientos, y ella lo culpa por esto. Así que el que sufre se convierte en victimario, y el que lastima al otro se convierte en víctima inocente. No habría sido dura con él, dice ella, si él hubiese hecho su parte del trabajo. No está negando su conducta, sino que la justifica, diciendo que «es por culpa de él». No es cierto.

Ella podría haber elegido otras formas de responder en lugar de la dureza. Podría haberle hablado al esposo sobre este problema y pedido su ayuda, al comunicarle su frustración directa y amablemente. Hay muchas otras maneras de reaccionar. Quizá la conducta del esposo le molestó, pero la manera en que ella responde no es culpa de él. Responder con contraacusaciones siempre impide la conexión.

EVITA EL SARCASMO. El sarcasmo solamente comunica desdén y falta de respeto. Además de matar todo mensaje que se quiera dar, el sarcasmo duele, cierra corazones y desvía toda cuestión en el rumbo equivocado.

EVITA LAS DECLARACIONES EXTREMAS Y GLOBALES. Las declaraciones extremas no comunican la realidad. Pueden comunicar un sentimiento, pero no comunican el problema real. Cuando un cónyuge dice: «Siempre haces lo mismo», casi nunca es cierto. Las veces que fue responsable, puntual o cuidadoso con el dinero o sensible no se incluyeron. Dichas declaraciones no son ni ciertas ni útiles, porque dejan al otro sintiéndose mal, juzgado. «Nunca me demuestras que me amas», por lo general significa, «Quiero que hagas algo en particular y no lo estás haciendo». Pero la persona que recibe el mensaje sabe que ha mostrado amor de muchas maneras, por lo que esta declaración no se refiere al asunto real. De hecho, las declaraciones extremas son tontas porque apartan a los cónyuges de lo que está sucediendo realmente.

NO SALTES A TU PERSPECTIVA INMEDIATAMENTE. «Siento que no pasamos suficiente tiempo juntos», dice ella. «Ojalá pasáramos juntos más tiempo, como antes, paseando, estando juntos nada más».

«Bueno, no entiendes que en el trabajo estoy bajo mucha presión», dice él. «Mi nuevo jefe de división me persigue con mensajes electrónicos y cosas para hacer todo el tiempo. Pareciera que nunca acabará. Cada vez que suena el teléfono, siento que viene un nuevo proyecto. Estoy presionado».

¿Qué se supone que haga él con esto? ¿Lograr que se conecten? Piensa en cómo se siente ella. ¿Crees que se siente más cerca, más conectada, más comprendida? Claro que no. Apenas expresó lo que sentía y deseaba, él cambió de un salto a su propia perspectiva sobre la vida. Dejó de lado lo que ella sentía y siguió adelante con su propio asunto.

Por cierto, la conversación es dar y recibir, ida y vuelta. Pero algunas personas no se conectan con la experiencia del otro. Toman un comentario como señal para hablar solamente de su lado de las cosas. La otra persona queda «colgada».

Compara la conversación anterior con lo siguiente. «Siento que no pasamos suficiente tiempo juntos», dice ella. «Ojalá pasáramos juntos más tiempo, como antes, paseando, estando juntos nada más».

«Lo sé. Es difícil en este momento, ¿verdad?», responde él. «Necesitas de mí más de lo que estás obteniendo, ¿no?».

Ahora, ¿puedes ver que ella se ablanda y se abra más ante lo que siente? Sin duda, esta respuesta hace que se sienta más conectada y comprendida que con la respuesta anterior. No resolvieron el problema, y la situación no cambió. Pero están conectados porque él la escuchó. Por cierto, si siguen hablando, llegará el lado de él, todo eso de que su tiempo le quita más tiempo que antes. Pero en la segunda respuesta la diferencia está en que él se unió a la experiencia de ella primero, y no pasó inmediatamente a hablar de sí mismo.

NO INTENTES REPARARLO. La mayoría de las veces un problema que tiene que ver con los sentimientos no se puede reparar hasta tanto se hayan escuchado y comprendido éstos. En otras ocasiones, no hay un problema para resolver, y lo único que hace falta es escuchar y entender. ¿Qué pasaría si en el ejemplo anterior, el marido dijera: «Bien, qué tal si vamos a caminar juntos mañana?». Sentiría que ha resuelto el problema, pero ella no se sentiría conectada. Él está poniendo un parche a su queja. Con la respuesta que mencionamos anteriormente, ella se siente acompañada, escuchada. Y muchas veces cuando uno siente que lo han escuchado y comprendido, ya no queda mucho para resolver, o si lo hay, es fácil verlo. Ella necesita que él la escuche y entienda sus sentimientos, en lugar de necesitar que le ofrezca una solución. Resolver este problema es sencillo. Cierra la boca y escucha.

NO ENTRES EN EL JUEGO DE «POBRE DE MÍ». Una de las cosas que más enojan al otro en la comunicación es cuando uno de los dos juega a «pobre de mí». Esto pasa cuando toman la opinión como crítica y se defienden, jugando a ser las víctimas.

«Siento que no pasamos suficiente tiempo juntos», dice ella. «Ojalá pasáramos juntos más tiempo, como antes, paseando, estando juntos nada más».

«Ves, nada de lo que hago te alcanza», dice él. «No te puedo complacer, no importa qué cosa haga. No puedo evitar tener que trabajar. Te doy todo el tiempo que puedo y nada te basta. No puedo hacer nada bien. Soy "el malo" en todo».

¿Y dónde puede entonces ir ella con todo eso? Estaba intentando invitarlo a entrar en su corazón, y él entra en el juego de «pobre de mí», actuando como si fuera la víctima de sus insaciables requerimientos. Esto la deja sola con sus sentimientos, desconectada, sin dónde ir. Ahora probablemente siente que tiene que rescatarlo a él de su posición de víctima y dice: «No, no eres malo. Sé que lo intentas. Te esfuerzas y realmente lo aprecio». Pero cuando dice eso, ella siente que sus sentimientos y su persona han quedado relegados, olvidados. Volvieron a enfocarse en él, y las necesidades de ella no importan.

Mira bien tus impedimentos de comunicación

Todos tenemos cosas que impiden la comunicación. Podemos avanzar mucho en el rescate de nuestra vida amorosa si descubrimos cuáles son nuestros impedimentos personales. Hablen, conversen sobre qué sienten cuando cada uno hace este tipo de cosas. NO se defiendan ni den explicaciones. Solamente escuchen lo que el otro dice en cuanto a sus sentimientos.

Comprométanse a ayudarse mutuamente para observar estos doce impedimentos. Hagan un proyecto. Una seña, si es necesario, mediante la cual puedan decirse qué está pasando.

Salvavidas: CUANTO MEJOR PUEDAS DETECTAR Y DETENER LO QUE TE IMPIDE LA COMUNICACIÓN, MÁS FÁCIL TE SERÁ PODER LLEGAR AL CORAZÓN DEL OTRO PARA PRESERVAR Y REESTABLECER LA CONEXIÓN.

ACTITUD TONTA #6

«Jamás debiéramos pelear»

En el amor, el conflicto es algo normal. No tiene por qué acabar con la relación. Forma parte del amor. Necesitas saber esto porque es verdad. De hecho, *el conflicto bueno realza la buena vida amorosa.* ¿Es una broma? No. Quizá te parezca que no tiene sentido, al menos superficialmente, pero mantén tu mente abierta y sigue leyendo.

A veces, los matrimonios tienen la impresión de que el conflicto es el principal problema en su relación. «Si pudiéramos dejar de pelear, podríamos recuperar la comunión que ambos queremos», dicen. Es vedad que las peleas pueden ser destructivas, y que pueden destruir al amor. Sin embargo, la mayoría de las veces el conflicto no es el problema. *El asunto es el modo en que discuten o están en desacuerdo los cónyuges.*

Vamos a mostrarte cómo evitar las actitudes tontas que llevan al conflicto y cómo hacerlo de manera constructiva, porque sí, discutirán. Y sí, estarán en desacuerdo. Y habrá diferencias de opinión. Si no es así, es porque uno de los dos no es necesario.

Y más que eso, en esta sección, encontrarás consejos y ayuda sobre cómo utilizar el conflicto para realzar el amor, la intimidad y la pasión.

Los matrimonios que saben cómo estar en desacuerdo de manera que redime, sana y conecta, encuentran mayor comunión y afecto.

Así que no seas tonto, y no sigas evitando el conflicto. En cambio, aprende cómo rescatar tu vida amorosa por medio de los conflictos del tipo adecuado.

Pelear por una solución donde nadie pierda

Bruno y Liz se miraron asombrados. «¡Lo logramos!», exclamó Liz, y se chocaron las manos en señal de éxito. Yo (John) les dije: «Todavía falta bastante, muchachos».

No estaban celebrando una gran inversión financiera, ni una maratón que hubieran corrido juntos. Su felicidad se debía a algo más importante: habían tenido su primera pelea exitosa. Con «exitosa», quiero decir que discutieron por algo, lo resolvieron y seguían sintiéndose conectados. Esa vez había sido por la hora de la cena. Bruno siempre llegaba tarde del trabajo y Liz quería cenar más temprano. Parece un asunto menor, pero habíamos pasado por varios asuntos como este, grandes y pequeños, y todo terminaba en una guerra nuclear...hasta hoy.

Por eso me habían venido a ver Bruno y Liz. Ella se sentía distanciada de Bruno porque no podía presentarle ningún problema sin que él explotara y se pusiera a la defensiva. Liz, finalmente se desconectaba de Bruno, y él se sentía perdido. Los problemas nunca se resolvían, y en un nivel más profundo, la alienación estaba poniendo en juego el amor.

Cuando les dije que mi objetivo era que pudieran discutir y seguir conectados, pensaron que estaba loco. No podían imaginarlo después de la ira y la frialdad. Pero se esforzaron, utilizaron los consejos que compartimos en este capítulo y finalmente lo lograron. Aprender a pelear exitosamente requiere de algo de esfuerzo, pero da altos retornos sobre la inversión.

¿Para qué pelear?

Las parejas que saben cómo pelear bien, amarán bien. Las discusiones saludables forman parte importante de la conexión, la reconexión la pasión. Después de todo, en su esencia, pelear tiene que ver con el amor. Es un intento por resolver diferencias para que el amor pueda regresar y crecer. Cuando las personas pelean, están definiéndose para que dos personas diferentes puedan estar unidas, manteniendo su individualidad. Una pelea es una forma vigorosa de resolver el problema de dos personas en desacuerdo que desean seguir conectadas.

Irónicamente, uno de los beneficios de la buena pelea es que puede llevar a la pasión y el romance. La pelea clarifica las definiciones de ambas personas. Él se da cuenta de que ella no es una extensión de su persona y que tiene pensamientos y sentimientos propios, y viceversa. Esto crea un espacio saludable entre los dos amantes. Ese espacio es necesario para crear pasión, anhelo, deseo. Así como las sustancias químicas necesitan su espacio en un tubo de ensayo para interactuar y hacerse volátiles, dos personas no pueden sentir entusiasmo mutuo si no están seguras de quién es quién.

Hay muchos tipos de peleas. Algunas son por preferencias (películas y restaurantes). Otras, por valores (sinceridad y fidelidad). Otras, por comunicación («Nunca te dije que te vías gorda con ese vestido»). Otras, por asuntos más personales (bagaje del pasado). No importa cuál sea la chispa que encienda la pelea, necesitas conocer una forma de enfrentar estos asuntos y cualquier otro desacuerdo que pueda surgir.

Mantener el objetivo en mente

Los matrimonios que pelean bien mantienen el objetivo en mente. Tiene que ver con tu vida amorosa y la relación. No se trata de arreglar, tener razón o mostrar al otro que está equivocado. Por cierto, hay que enfocarse en los problemas, pero no es ese el objetivo ulterior. *Lo que importa no es el problema, sino como afecta este problema a la relación.* Los distancia. Obra en contra de la conexión.

Es fácil perder de vista el objetivo en el fragor de la pelea. Pelear puede hacer surgir en nosotros al niño de tres años, y puede fácilmente aumentar hasta llegar a convertirse en venganza o en juegos de poder. Deben comenzar y terminar con el objetivo en mente: *Esto tiene que ver con nuestra relación. Con tener una mejor conexión.*

En el fragor de la discusión, ten cuidado de la necesidad de desahogarte. Todos necesitamos algo de catarsis de vez en cuando, pero ten en cuenta que esto puede funcionar mejor en una conversación posterior con tu cónyuge, para que la pelea de este momento no requiera de demasiado control de daños. Algunas relaciones pueden beneficiarse con este tipo de descarga, pero no todas. Hay personas que necesitan de otros para descargarse y recordar el objetivo de la relación.

Sean directos y específicos

Los que pelean bien, son directos y específicos. Al ser directo, le das al otro la oportunidad de tener a alguien con quien hablar. Al ser indirecto, produces ansiedad y distanciamiento. El otro sabe que algo está mal, pero no tiene dónde ir, porque el cónyuge indirecto es evasivo. Y entonces se enoja o se encierra.

Cuando uno es específico, le hará saber al otro exactamente qué es lo que ve como problema, y hasta quizá pueda ver los pasos necesarios para cambiar las cosas. Muchas peleas se centran en acusaciones vagas como «Haces todo mal y no haces nada correcto». ¿Hacia dónde se puede ir con esto?

Si tu esposo no hace su parte con los niños después del trabajo, dile eso: «No pienso que estés haciendo tu parte con los niños después del trabajo». Esto le da a él un lugar hacia dónde ir. Atar la crítica a la relación es la clave: «Cuando desapareces en la Internet, me siento realmente sola y desconectada de ti. No es bueno para mí ni para los dos». Y luego sigue: «Usa la Internet unos minutos, para relajarte si quieres. Pero necesito que estés conmigo y los niños apenas termines». Ahora estás siendo directa y específica.

De ida y vuelta

La buena pelea es mucho más que transmitir tus sentimientos y pedidos. Es un diálogo entre dos personas. No te dejes atrapar por el pensamiento de que si dices tu parte ya todo acabó. Lo más probable es que tu cónyuge tenga sus propias realidades y emociones en torno a la situación, y necesite igual cantidad de tiempo. Solamente si puede decir su parte resolverán el problema. Si no logran hacer de esto una conversación, las cosas terminarán en una escalada de acusaciones, y más distanciamiento.

Como pareja, aprendan a mantener la conversación de ida y vuelta. Cada uno debe preocuparse por oír el punto de vista del otro, tanto como se preocupa por hacerse oír. Para comenzar, acostúmbrense a decir: «Cuando termine, quiero saber qué piensas, porque quiero que esto tenga que ver con los dos. Y luego, necesitamos encontrar juntos una solución».

Tengan una estructura

¿Alguna vez observaste que ciertas peleas son repetición de una misma y vieja pelea, una y otra vez? Cada uno sabe lo que dirá el otro. Esto es señal de que el problema no se resolvió. Necesitan resolverlo para siempre si es posible, y esto requerirá de cierta estructura. Aquí te damos cuatro ejemplos.

SÉ POLICÍA DE TRÁNSITO. Cuando la conversación incluye divergencias, malos entendidos, culpas, defensiva y distanciamiento, uno de los dos tendrá que actuar como policía de tránsito. Detén el tránsito durante un momento, y di: «Estamos fuera de foco aquí. Se trata de nuestra relación y de llegar a un lugar mejor. Mencioné tu mal carácter porque me aparta de ti, me asusta. Necesito volver a enfocarme en ello para que podamos resolverlo».

ESTABLECE LÍMITES DE TIEMPO. La pelea no debiera interponerse en la vida ni impedir actividades u horarios a menos que sea algún tipo de crisis. A veces, el desacuerdo parecer ser la única realidad para uno de los dos, y esta parte siente que tiene que entrar en los detalles de la situación, lo cual —por lo general— no es necesario. Si la conversación no avanza, establezcan un límite de tiempo. Tener un límite de tiempo muchas veces ayuda a mantener el foco de atención y hacer recordar que hay un objetivo que alcanzar.

ESTÉN DE ACUERDO ANTES DE LA ESCALADA. Si uno de los dos suele perder el control y gritar o ponerse violento, acuerden de antemano que la escalada no está bien y no se permitirá ni tolerará. Determinen qué harán cuando surja para que ambos estén al tanto. Pueden decir: «Si pasas más allá del enojo normal a los gritos o los insultos, terminaré con esto y saldré de la habitación. En algún momento, trataremos este asunto». Si tu cónyuge tiene un verdadero problema de ira en escalada, quizá tengan que hacer esto varias veces o pedir ayuda de terceras personas para asegurarse de que mantendrá un determinado nivel de dominio propio.

NO EVITEN TODO ENOJO. Las relaciones tienen pasión y el enojo es parte de la pasión. Presten atención al tenor y el tono del enojo. No tiene que ser tan grande como para distanciarlos o asustar a uno de los dos, si uno de los dos generalmente le teme al enojo. Sin embargo, es un problema individual que habrá que tratar por separado. El enojo también tiene que ser de tono «limpio». Es decir, que no puede ser sarcástico, vengativo ni de culpabilidad. Debe ser adecuado al asunto en cuestión. Cuando se solucione el asunto, el enojo producido debe desaparecer. Si esto no sucede, algo más está ocurriendo en el interior de la persona que habrá que tratar como problema adicional.

Normalicen las peleas

Normalicen las peleas quitando el miedo y el poder. Los matrimonios que se vuelven ansiosos por evitar las peleas no resuelven sus problemas o tendrán enormes explosiones cuando sí discutan. No es poco común que los enamorados tengan algún tipo de desacuerdo cada día sobre asuntos que pueden abarcar desde la hora de la cena a la cantidad de dinero que gaste cada uno. Estos desacuerdos no tienen por qué convertirse en grandes peleas, pero lo harán si intentan evitarlos.

Cuando no estén peleando, hablen de sus peleas como parte de la vida compartida: «¿Recuerdas cuando fuimos al río? Fue el día después de la pelea que tuvimos por la visita de tu madre». Y cuando estén peleando, hablen del «ahora». : «Mira, sé que ahora estamos los dos enojados, pero quiero que sepas que te amo, y quiero que nos sintamos seguros el uno con el otro». Este tipo de cosas ayuda a integrar el amor, la verdad, la realidad y la pasión a la conexión.

Salvavidas: POR SOBRE TODAS LAS COSAS, RECUERDA QUE LA PELEA NO SE LLEVA A CABO POR LA PELEA EN SÍ. LA PELEA ES EN BENEFICIO DEL AMOR, LA RELACIÓN Y LA CONEXIÓN. TODA DISCUSIÓN DEBE DOBLAR LA RODILLA ANTE EL AMOR.

El error fatal en la justicia

La vida no es justa. Tampoco lo son las relaciones. Enfréntalo.

No quiero que esto suene frío. Pero es cierto y es importante, en especial si quieres forjar pasión y conexión a partir del conflicto en tu vida amorosa. La realidad, es básicamente esta: *si exigen justicia, estás pidiendo la ruina en tu vida amorosa.*

A primera vista, esto puede parecer lógicamente patas arriba. ¿No tendríamos que ser justos los unos con los otros? ¿No es que tenemos que dar y recibir? Si no exijo trato justo, ¿no me tratarán mal? Para responder estas preguntas, veamos qué significa en realidad exigir justicia, y luego avancemos a partir de allí.

¿Qué es la justicia? En las relaciones, significa que cada una de las partes debiera recibir en la misma medida en que da, dentro de la conexión. En una relación de matrimonio, la idea sería algo así como: *He sido afectuosa y amorosa con mi esposo. Él no lo es conmigo. Entonces, tengo justificación para quitarle mi amor y amabilidad, porque no estoy siendo tratada con justicia.*

Justicia y conexiones

La verdad es que este principio funciona en los negocios y las tareas, pero no en las conexiones. Las conexiones no fueron diseñadas para basarse en la justicia, y te decimos por qué:

La base de la intimidad es la comunión y no el rendimiento. Las relaciones se basan en la cercanía, la vulnerabilidad y el amor. Pero cuando alguien toma la posición de no dar más de lo que recibe, toda la base pasa a ser el rendimiento. Ahora está en la relación por lo que pueda obtener, y no dará hasta obtenerlo. El amor pasa al segundo plano.

Por ejemplo, supongamos que tu cónyuge te ha tratado con negligencia. Ha estado inmerso en sus actividades y amistades. Te sientes poco apreciada. Con la doctrina de la justicia de las relaciones, tienes pleno derecho a echarle la pelota: te desconectas, sales con tus amigas y te ocupas de tus propios asuntos. Técnicamente, es lo justo.

Luego, veamos la situación en sí. Tu esposo siente esta desconexión. Eso le duele y se desconecta más. Lo mismo haces tú. Esto continúa hasta que queda tan poco de la relación entre ambos que la conexión es la que está en problemas.

Las relaciones que se basan en la justicia y el rendimiento no pueden funcionar. No hay suficiente gracia y amor como para mantener el vínculo. Mira cómo pelea un niño de cinco años con sus amigos, y se lleva la pelota a casa. Tiene su pelota, sí, pero se ha quedado sin amigos. Sin embargo, siente que ha hecho justicia.

Es mucho mejor basar la relación en el amor y el apego, y no en la justicia. Olvida la justicia: elige la humildad. Dile a tu esposo: «Realmente siento que estoy fuera de tu vida ¿Estoy haciendo algo que te moleste? ¿Podemos volver a estar juntos en esto?». La humildad y la justicia no se llevan bien, pero el amor y la humildad son los mejores amigos.

La justicia es antiamor. La justicia es *dar para recibir*, un concepto que nada tiene que ver con el amor. Llevar cuentas es una manera de asegurarte que recibirás lo tuyo, lo cual revela la intención por la que entraste en la relación desde un principio. Dar para recibir jamás tendrá como resultado el amor que necesitas. Pregúntate cómo te sentirías si tu esposa te dijera: «Pasaré tiempo junto a ti, conectado contigo, si me pagas». Ni siquiera quieres pensar que tu conexión tiene semejanza con esta situación, así que sal del juego de la justicia.

Los matrimonios que dan más de lo que reciben, también suelen recibir más. La práctica de la gracia, la paciencia y el sacrificio están arraigados en sus corazones y mentes, y cada uno sabe que es especial y valioso para el otro. Y eso, a su vez, genera más amor, como la justicia jamás podría generar.

LA JUSTICIA DISTORSIONA LA REALIDAD. Vivir según el libro de la justicia no funciona, porque tenemos una tendencia a distorsionar el libro del mismo modo en que el salón de los espejos distorsiona nuestro reflejo. La justicia distorsiona la realidad. Solemos minimizar nuestros defectos y maximizar los de nuestro cónyuge. Así que, aunque estemos en el sistema de la justicia, inadvertidamente engañamos y torcemos los resultados. Lo mejor es olvidar todo eso de la justicia, y avanzar hacia el amor.

DIOS NO ES «JUSTO». Mira Cómo Dios modela su relación con nosotros. Cuando vemos cómo nos tratamos a nosotros mismos, a los demás, a nuestro mundo y a Dios, ¿realmente queremos justicia? ¡Sería nuestra peor pesadilla! La justicia de Dios significaría cosechar todo lo que sembramos en la vida, y nadie que esté en su sano juicio querría vivir esa situación (claro que Dios es justo por supremacía, pero no insiste en que seamos perfectos para recibir su amor).

Una de las realidades más profundas y consoladoras en la vida es que Dios «no ha hecho con nosotros conforme a nuestras iniquidades, ni nos ha pagado conforme a nuestros pecados» (Salmo 103:10). Teológicamente, Dios cumplió la justicia suprema con la muerte de Cristo por nosotros: el inocente reemplazó al culpable, por misericordia. Nuestra respuesta es amarle. De la misma manera, cuando dejas de insistir en que tu cónyuge juegue con justicia, estás extendiendo la misma misericordia hacia tu esposo o esposa. Y esto aumentará su capacidad de amarte.

Cómo ir más allá de la justicia

Es fácil quedar atrapado en la mentalidad de los niños de cinco años: «¡Eso no es justo!» Aquí tienes maneras de ir más allá de esto, para madurar y entrar en el verdadero amor y la conexión real.

HABLA DE LA NECESIDAD EN LUGAR DE PEDIR JUSTICIA. Cuando tienes un conflicto o problema en la relación, pónganse de acuerdo en que en lugar de llevar cuentas sobre quién es mejor cónyuge, hablarán de sus necesidades. Te damos algunos ejemplos:

En lugar de decir: «Te trato mejor de lo que me tratas tú», di, «Necesito que seas más amable conmigo».

En lugar de decir: «Yo soy quien resuelve siempre los problemas y hace que todo funcione. Tú jamás te ocupas», di: «Necesito más ayuda para llevar adelante las cosas. Me siento abrumado y solo sin tu ayuda».

En lugar de decir: «Te pregunté cómo te fue en el trabajo todas las noches la semana pasada, y tú sólo me preguntaste una vez», di: «Necesito realmente más iniciativa de tu parte para preguntarte sobre mi vida y lo que siento».

ESTÉN DE ACUERDO EN DAR POR DAR, Y NO EN DAR PARA RECIBIR. Pongan las cartas sobre la mesa, y admitan que a veces están esperando recibir por lo que dan. Este tipo de conducta es muy común, y no hay que avergonzarse por ello, sino solucionarlo. Díganse: «Te amaré porque te amo, y no para que tú me ames. Si ves que llevo la cuenta, tienes derecho a reprenderme por ello».

RESUELVAN LOS PROBLEMAS EN TÉRMINOS DE DISTANCIAMIENTO, DOLOR Y RESPONSABILIDAD, Y NO EN TÉRMINOS DE JUSTICIA. Habiendo dicho esto, probablemente tengas todavía problemas por resolver, sin que ambos pongan el hombro en la misma medida dentro de la relación. Quizá ella no se conecte ni se haga responsable, o ni siquiera muestre interés. Estos asuntos habrá que resolverlos, pero sin gritar: «¡No es justo!». En cambio, hablen en términos de distancia, dolor y responsabilidad:

- «Cuando te enojaste tanto y me gritaste, sentí que me lastimabas mucho y me alejé».
- «Lo que hiciste me dolió mucho, y necesito que te hagas cargo de lo que pasó».
- «No te estás haciendo responsable de las finanzas, y a mí me cuesta hacerlo. Necesito que hagamos algunos cambios».

Estas son afirmaciones directas y precisas, y se prestan a la resolución de los conflictos. También te alejan de la tarjeta que lleva la cuenta de la puntuación.

Cuando recibas misericordia, entrega amor y gratitud. Los matrimonios que no buscan justicia entran en el mundo de la gracia, la misericordia y el verdadero amor. El saber que tu esposo o esposa ya no lleva cuentas y te trata con afecto simplemente porque te ama, hará que abras tu corazón.

Sigue esa apertura y entrégale tu vulnerabilidad, tu corazón y tu pasión. Que nos amen por lo que somos, sentir el verdadero amor, sin tener que hacer nada en especial —como Dios quiere— nos libera, nos sana y nos acerca de maneras que muchos ni siquiera imaginan.

Salvavidas: Guarda el libro de cuentas en algún lugar para que algún día puedas leerlo y sonreír al recordar lo que hacías.

El amor es eterno cuando el perdón es inacabable

La mayoría de las parejas nuevas, sean recién casados o estén comenzando el noviazgo, parecen tener un punto ciego en la relación. En casi todo, están muy al tanto de su amor y sentimientos mutuos, y buscan activamente sus objetivos y sueños para la relación.

Cuando yo (John) les pregunto: «¿Cómo se conocieron?», suelen sonreír divertidos y me cuentan su historia. Cuando les pregunto: «¿Qué les gusta del otro?», se deshacen en elogios por la otra persona. El punto ciego aparece cuando pregunto: «¿Cómo se perdonan cuando se lastiman?». Me miran, luego tuercen la cabeza como lo hace mi perro cuando no entiende lo que le digo (lo cual es frecuente).

Llegan a este punto ciego sinceramente. La mayoría de nosotros ha aprendido el perdón como parte de la religión, y no de las relaciones. Así que, en realidad, no tenemos lugar para el perdón en nuestra conexión. Tenemos que hacerle un espacio, porque el perdón establece un principio clave para mantener a flote nuestra vida amorosa: *su capacidad para conectarse y reconectarse dependerá en gran medida de su capacidad para perdonarse mutuamente.* En otras palabras, los buenos amantes son buenos perdonadores y viceversa.

La deuda

Dicho de manera sencilla, el perdón es *cuando cancelas una deuda.* Es una palabra legal. Primero, presume que una persona ha herido a otra, y hay una deuda por pagar. De esto se trata la ley. Un crimen se castiga para conseguir justicia y reivindicar a la persona inocente. Sin embargo, el perdón lleva la justicia en otra dirección. Aunque hay una deuda justiciable por pagar, *con el perdón, la penalidad se cancela.* No hay castigo. El culpable sale en libertad.

En sentido estricto, el perdón se enfrenta a la justicia. El inocente debiera quedar libre, y el culpable debiera pagar una multa, ir a la cárcel o ser castigado de alguna manera. Sin embargo, el perdón trasciende todo esto. Dice: «Déjalo ir». Le da a la persona otra oportunidad de vida y crecimiento. Y no hay lugar donde esto se ilustre más claramente que en la cruz.

El perdón es el cimiento de la fe cristiana. Todos hemos fallado, dice la Biblia. Todos debemos algo, una deuda que no podemos pagar por completo. Este predicamento es lo que movió a un Dios justo a enviar a su Hijo a morir por nuestros pecados, el justo por el injusto: «En esto consiste el amor: no en que nosotros hayamos amado a Dios, sino en que él nos amó a nosotros, y envió a su Hijo en propiciación por nuestros pecados» (1 Juan 4:10).

¿Para qué pasar por toda la ley y la teología en un libro que trata sobre el rescate de las relaciones? *Porque el perdón es la única esperanza que tiene cualquier conexión cuya comunión e intimidad necesita crecer y florecer.*

Hay solamente dos formas de relacionarse: por medio de la ley y por medio del perdón. No existe una tercera alternativa. Cuando uno de los dos es egoísta, irresponsable o hiriente, se podrá elegir uno de estos dos caminos. El primero consiste en quitar ojo por ojo, insistiendo en que hay una deuda por pagar. En las relaciones, esto significa que ambas partes llevan un registro de las transgresiones y penas causadas. Retiran el amor y la empatía hasta que el otro haya pagado el precio. Siguen desconectados hasta haber obtenido justicia, venganza o ambas cosas. Y no hay relación que pueda soportar tal cantidad de ley. La conexión desaparece y lo más frecuente es que la relación muera.

El perdón, que es el otro camino, es la única esperanza. Cuando uno de los dos incurre en deuda, el otro siente el dolor y sabe que le han hecho daño. *Pero renuncia a su derecho de exigir justicia.* Deja que el prisionero salga en libertad, digamos.

Los beneficios

Si nos detuviéramos aquí, no habríamos demostrado por qué la pareja necesita aprender sobre el perdón. No suena justo ni correcto o saludable. Sin embargo, hay grandes beneficios cuando se construye esta capacidad en la vida amorosa. Veamos algunos de ellos:

AMBAS PARTES TIENEN UNA SEGUNDA OPORTUNIDAD. Piensa en las veces en que no has sido todo lo amorosa que podrías haber sido. Quizá contestaste rudamente o fuiste controladora. Piensa en cómo te gustaría que te trataran. ¿Quieres recibir la ley o la oportunidad de reconectarse, amar y reconciliarse?

Es natural que queramos la ley para el otro y el perdón para nosotros mismos. Lo que es natural no siempre es bueno. No se pueden obtener ambas cosas. Las parejas saludables ven que ambos cometerán errores y se lastimarán mutualmente, y que ambos necesitarán perdonarse a menudo.

LA GRACIA VENCE. La relación de ustedes debe alimentarse de amor y gracia. Cuando viven en mutuo perdón, ambos viven en gracia. Cuando ambos aprenden a perdonar, ya no llevan cuentas, ya no se juzgan o condenan, porque ambos están del mismo lado y a favor de la relación. El perdón abre la puerta de la gracia que ambos necesitan para mantener viva la conexión.

Las parejas que perdonan bien saben cuán profundamente necesitan la gracia que proviene del perdón, y como lo reciben el uno del otro, están seguros en la relación.

El que perdona es libre. A muchas personas les resulta difícil perdonar, porque pareciera que la parte culpable se sale con la suya, y el que ha sido herido sigue sufriendo. Sin embargo, no es así, para nada. *Cuando uno no perdona, el dolor sigue apoderándose de su persona.* Uno no es libre. El dolor lo controla.

Yo (John) puedo recordar ocasiones en mi vida en que tardé en perdonar. Rumiaba mi dolor. Me quejaba en mis adentros. Me retraía. Los pensamientos, las emociones y los recuerdos de dolor llenaban mi mente. Los incidentes controlaban mis conversaciones con otras personas. Esta no es la imagen de la libertad: es una prisión.

Cuando cancelas la deuda de tu cónyuge, eres libre para poder seguir adelante y vivir tu vida. El perdón es un beneficio para la parte que sufre.

El perdón trae gratitud. Cuando le dices al otro: «Te perdono por lo que hiciste», le estás dando un tremendo regalo. Estás levantando de sus hombros la carga de la condenación. En las personas saludables, esto da como resultado un profundo sentido de gratitud.

Una vez, yo (John) me hallaba trabajando con una pareja, y el esposo había sido muy controlador con su esposa. Ella sufría mucho, y comenzaron a apartarse. Él no creía haber hecho nada para causar este distanciamiento. Pero con el tiempo, y con mucha confrontación de mi parte y de parte de otros, finalmente vio lo que le había hecho a su esposa.

Cuando vio el problema a través de los ojos de su esposa y entendió el dolor que le había causado, se quebró. Se sentía terriblemente mal, con remordimientos. Lloró y le preguntó si lo perdonaba. La mujer dijo: «Claro que sí. Lo único que quiero es resolver esto, y que volvamos a estar enamorados». No puedo describir lo agradecido que estaba el hombre por esta segunda oportunidad que su esposa le daba.

Se puede ser real. Las parejas que perdonan no necesitan esconder sus defectos temiendo al rechazo. Se sienten seguros en el perdón como para saber que pasarán por todo lo que venga y seguirán adelante. Así que pueden ser reales, sinceros, mostrándose tal como son. ¿Para qué ocultar cuando no hace falta?

Irrumpir para atravesar los obstáculos

El perdón siempre será lo correcto, aunque no siempre es fácil. Se hace más fácil con el tiempo a medida que ambos disfrutan de sus beneficios, pero habrá que irrumpir para atravesar algunos obstáculos para llegar a lo bueno. Te nombramos algunos:

IGUALAR EL PERDÓN CON LA RECONCILIACIÓN. A veces, la gente piensa que porque han perdonado al otro ya están reconciliados y en comunión, casi como si nada hubiese pasado. Pero muchas veces la conducta hiriente sigue y no se ha resuelto. Es un error común. El perdón y la reconciliación no son la misma cosa. El perdón es tu obligación de cancelar la deuda, así como Dios canceló la tuya: «Antes sed benignos unos con otros, misericordiosos, perdonándoos unos a otros, como Dios también os perdonó a vosotros en Cristo» (Efesios 4:32). Hace falta uno solo para perdonar, pero se necesitan dos para la reconciliación. Si tu esposo o esposa sigue siendo hiriente o no muestra los cambios de actitud necesarios, no se habrán reconciliado. Sigan confrontando y conversando sobre el problema de hoy, pero olvida la deuda del pasado.

AFERRARSE A LA FALTA DE PERDÓN PARA MANTENER LA DISTANCIA. A veces, uno de los dos no perdona porque teme acercarse demasiado y muy rápido al otro, para luego volver a sufrir. Así que prevalece el enojo y la distancia. Es una reacción normal y tiene que ver con nuestra necesidad de contacto y amor que nos pone en posiciones vulnerables. Afortunadamente hay soluciones para este problema. Hay maneras de permanecer seguros sin escatimar el perdón. Establecer límites saludables es una manera. Aprende a cuidar tu corazón y tu vulnerabilidad, estableciendo buenos límites, pero perdonando al mismo tiempo. Por ejemplo, puedes decir: «Ronny, ya no te criticaré por tu mal carácter. Sé que te he juzgado por eso, y lo lamento. Te perdono y espero que me perdones. Al mismo tiempo, sé que no está bien que lo tolere. Así que, la próxima vez que me grites o insultes, saldré de la habitación o la casa. Espero que trabajes en esto, y me gustaría ayudarte».

Esto te mantiene en control de tu vida sin tener que vivir en la pena de no haber perdonado.

AUMENTAR LOS DÉFICITS EN GRACIA. A veces, una de las dos partes intentará perdonar, pero la deuda sigue resurgiendo bajo la forma de sentimientos de enojo o quejas en contra de la injusticia, los pensamientos, los recuerdos o los sueños recurrentes.

En ocasiones, esto se debe a la falta de gracia suficiente dentro del que está sufriendo. Hace falta mucho amor, consuelo y gracia para dejar ir nuestro resentimiento y enojo a partir de nuestro dolor. Y si estamos solos, aislados o desconectados de relaciones buenas, toma más tiempo todavía dejar todo esto atrás. Rodéense de personas buenas y seguras, y permítanles entrar en sus vidas. Permítanse recibir la gracia que necesitan para dejar la deuda atrás. La gracia viene de afuera y nos transforma para que podamos perdonar.

Conviértanse en una pareja que perdona

Aquí hay algunas maneras de agregar el tremendo poder del perdón a su vida amorosa:

PÓNGANSE DE ACUERDO CON LA REALIDAD. En algún momento como pareja, necesitarán ponerse de acuerdo en que ambos lastimarán al otro a lo largo de su relación. (¡Para algunas personas, no será difícil admitir esto!) Ponerse de acuerdo sobre la realidad del fracaso abre el escenario para la necesidad del perdón.

HABLEN SOBRE LO QUE QUIEREN Y NECESITAN. Las personas necesitan diferentes cosas de su pareja en cuanto al perdón. Mientras uno dirá: «Solamente quiero que lo admita y no pongas excusas», otro podrá decir: «Sólo quiero saber que no me guardas rencor». Este diálogo les ayuda a ver lo que tiene que suceder en su relación para que ambos puedan recibir los beneficios del perdón.

PRACTIQUEN A RECIBIR Y DAR PERDÓN. Tráguense su orgullo. «Por favor perdóname por...», y « Te perdono por...», tiene que formar parte de su vocabulario normal. No sirve suponer: *Bueno, ella sabe lo que quiero decir.* Ella no lo sabe, ¡y todos sabemos lo que resulta de las suposiciones! Utilizar las palabras, mirarse a los ojos, esto hace que veamos la realidad de nuestras transgresiones y la profundidad del perdón.

ESTABLEZCAN UNA POLÍTICA «SIN ESPERAS». Cuando tengan un problema, conversen de manera realista y comiencen a echar a rodar la bola del perdón. *No esperes* que el otro venga a disculparse. Siempre toma la iniciativa, tengas la culpa o no. No importa quién dé el primer paso. Solamente importa que el proceso se inicie. (Sin embargo, si hay un patrón de pasividad en uno de los dos, deberán resolverlo como problema por separado.)

HAGAN EL ESFUERZO HASTA EL FINAL. Cuando perdones, *perdona realmente*. Cancela la deuda y déjala atrás. No te aferres a la ofensa para mencionarla más adelante como municiones en una discusión posterior. Identifica tu pena, siente tu tristeza, y dile adiós a tu derecho de castigar.

No estamos diciendo que nunca deban volver a conversar sobre el asunto que requirió de perdón. Puede ser que tengan que conversar sobre la conducta, el egoísmo, la irresponsabilidad de uno de los dos si es un problema persistente. Así es como se resuelven los problemas. Pero deben hablar sobre este problema por separado, como un problema en sí y no como una culpa del pasado.

Salvavidas: HAGAN DEL PERDÓN UNA PARTE DE SU MUNDO DE LA MISMA MANERA QUE LOS PECES VIVEN EN EL AGUA. HAY TANTA AGUA A SU ALREDEDOR QUE NI SIQUIERA SE DAN CUENTA DE QUE ESTAN MOJADOS. HAGAN DEL PERDÓN UN ESTILO DE VIDA PARA SU VIDA AMOROSA. EL PERDÓN IMPEDIRÁ QUE SU VIDA AMOROSA SE HUNDA.

La humildad es una puerta, no una alfombra

A mí (John) me encanta la manera en que las comedias de TV nos enseñan sobre el amor y las relaciones, y sobre todo sobre cómo manejar los conflictos. Mi tema favorito es una situación que he visto mil veces ya. Es el siguiente: una persona hace algo que molesta a su cónyuge. Entonces, el otro hace algo para vengarse. Explotan y van a consultar con sus amigos, y dicen: «No sé qué es lo que vi en él (o ella)». Luego, antes de que pasen los 30 minutos, de algún modo logran reconectarse y volver a estar juntos, hasta el siguiente episodio. Estas comedias pueden ser entretenidas, pero a menudo muestran un problema que enfrentan muchas parejas: *no poder entender el valor de la humildad.*

Por lo general, vemos niveles bastante tóxicos de orgullo y superioridad que infectan las conexiones en estas comedias, pero en la vida real cuando las parejas aprenden cuánto pueden recibir al ejercer la humildad, las cosas pueden transformarse rápidamente, y la alienación da lugar a la comunión e intimidad.

El malentendido

La humildad no es muy elogiada en nuestra cultura. Sin embargo, bien entendida realmente abre cosas en la conexión. Básicamente, la humildad es *la capacidad de vivir la realidad de quiénes somos.* La persona humilde es aquella que no se hace grandiosas ilusiones de sí misma, ni para bien ni para mal, ni en cuanto a su fortaleza o debilidad. La humildad afecta a varias áreas importantes en las relaciones amorosas.

LA HUMILDAD RECONOCE QUE NECESITAS AL OTRO. Cuando descartamos nuestro orgullo y autosuficiencia naturales, debajo encontramos nuestra necesidad del otro. Es decir, que en lugar de pensar: «No sé qué es lo que vi en él (o ella)», el compañero humilde dirá: «En este momento, no estamos llevándonos del todo bien. No me siento cerca de ti con este problema. Pero sí sé que te necesito, y necesito nuestra relación. Así que quiero trabajar en esto».

Claro que es difícil decirlo y pensarlo. Porque te hace vulnerable. Te hace accesible. No te permite esconderte tras un muro de fuerza y conexión. Sin embargo, la humildad *es la clave a la resolución no solamente de los conflictos en el amor, sino también de la relación amorosa en sí misma*, porque el amor tiene que ver con permitir que el otro entre dentro de ti. No funciona de ninguna otra manera.

No decimos que si la otra persona va a lastimarte tienes que permitírselo. No es así. Eres guardián de tu corazón y debes protegerlo. Algunas relaciones necesitan ser muy estructuradas y basadas en la protección para que las cosas se mantengan seguras. La Biblia nos enseña: «Sobre toda cosa guardada, guarda tu corazón; porque de él mana la vida» (Proverbios 4:23).

No habría que preocuparse demasiado –ni haría falta pensarlo– por la autoprotección. En ese caso, puedes abrazar el valor de la humildad, porque te mantiene en contacto con tu necesidad como camino de regreso al amor.

LA HUMILDAD ACEPTA TU INCAPACIDAD PARA CAMBIAR O CONTROLAR AL OTRO. Recuerda que la humildad tiene que ver con admitir la realidad. Y una de las realidades más duras es que realmente no tienes la capacidad para cambiar o controlar al otro. No puedes:

- Obligar al otro a que te ame
- Obligarle a ver tu punto de vista
- Hacer que abandone un hábito o conducta que te moleste
- Obligarle a verte como realmente eres
- Obligarle a querer estar cerca de ti.

Las relaciones pueden rescatarse únicamente cuando ambas partes son libres y tienen poder de decisión. El amor no puede existir sin libertad. La relación se convierte en un cumplimiento basado en el miedo, sin conexión real. Cuando eres humilde, entiendes que no puedes eliminar la capacidad de decisión del otro, no importa cuánto te gustaría que viera las cosas a tu manera. Las parejas que tienen este tipo de humildad saben que los vincula el amor, y no el miedo.

Esto no quiere decir que no debas o no puedas influir en el otro. Esto forma parte de estar enamorados. Fuimos diseñados para ser una fuerza de Dios, para amar y crecer junto con nuestro esposo o esposa. Así que serás influencia sobre tu esposo o esposa absolutamente. Di lo que quieres y necesitas. Da el ejemplo. Sé fuerte. Ve directo a su corazón, pero no intentes controlar. Debes proteger la libertad de tu cónyuge del mismo modo en que proteges la tuya.

LA HUMILDAD RECONOCE TUS PROPIAS IMPERFECCIONES. Las personas humildes no fingen ser lo que no son. Admiten y confiesan sus fracasos y defectos ante el otro.

Una relación es como una planta en un jardín. El suelo necesita ser saludable, porque de otro modo la planta no puede serlo. El suelo de tu conexión es que ambos tengan la humildad de reconocer aquello que no les gusta de sí mismos, *pero que son reales*, ante el otro. Esa es la única forma en que pueden ocurrir el amor y el crecimiento. Si ocultas tus partes malas o fingen que no existen, *no estás presente en la relación.* Tu cuerpo está allí, pero tú no lo estás. La humildad garantiza que ambos «aparezcan».

LA HUMILDAD TE PERMITE MOSTRAR DOLOR SIN VENGANZA. ¿Recuerdas la resolución de conflictos de las comedias? «Cuando tu cónyuge te moleste, págale con la misma moneda». El problema es que este camino no lleva a la resolución, el amor y la conexión.

Cuando actuamos en humildad, no devolvemos lo que recibimos: devolvemos mejor de lo que recibimos. Como escribió el apóstol Pablo: «No seas vencido de lo malo, sino vence con el bien el mal» (Romanos 12:21). Es natural, claro está, escatimar amor cuando sentimos que nos lo mezquinan, acusar cuando nos acusan, explotar cuando sentimos que nos controlan. *Pero esa respuesta natural es recompensa de sí misma, nada más.* Si todo lo que quieres es saber que le pagaste al otro con la misma moneda, entonces al hacerlo tendrían que sentir satisfacción. Muchas personas quieren algo más potente y profundo que la venganza y la devolución. Quieren amor. Y la humildad es el pavimento del camino hacia el amor.

Sentir que tu cónyuge te lastima, nunca es algo bueno. La persona que amas es la que más puede herirte, todos lo sabemos. La mejor respuesta es entonces no vengarse, sino mostrarle al otro tu dolor. Dile: «Cuando ignoraste mis sentimientos sobre nuestra vida sexual, me dolió mucho», o «cuando me pusiste en ridículo en la fiesta delante de nuestros amigos, heriste mis sentimientos».

La humildad echa fuera el orgullo y la venganza, y llega al centro de la cuestión real: uno de los dos ha causado dolor al otro. En lugar de tener que defenderse para desviar tu enojo, verá que le ha hecho algo a la persona que ama. Te mira a los ojos, y está cara a cara con el dolor que causó. Su empatía, compasión y remordimiento se activan, porque hacerlo le da seguridad.

La humildad hace surgir el mejor resultado, porque no juega con la carta de la justicia. Busca amor y realidad, dos cartas que le ganan a todas las demás cuando se trata de formar una conexión y rescatar el amor.

Cómo crear humildad en tu conexión de amor

Aquí te damos algunas formas en que puedes construir humildad buena y saludable en tu relación para que los conflictos sean constructivos.

AFIRMEN QUE SE NECESITAN, AÚN DURANTE LOS CONFLICTOS. Digan en voz alta: «Te necesito y te amo. Aunque peleemos, la necesidad no desaparece. Y quiero resolver nuestros conflictos para que sea más fácil que esta necesidad de estar contigo me dé seguridad». Sí, correrás un riesgo al mostrarle al otro que puede herirte a causa de tu necesidad.

En cierta forma, esta demostración de tu necesidad es una prueba para el carácter. Si tu cónyuge utiliza tu humildad para herirte deliberadamente, deberás detener todo e inmediatamente insistir en que se trate el problema, posiblemente con ayuda de un terapeuta competente. Y no vayas más allá hasta que se haya tratado el asunto directamente. La empatía es la que debe gobernar.

REVÉLENSE SUS MIEDOS. ¿Por qué no has sido todo lo humilde que necesitas ser? ¿Por qué ha sido él orgulloso y autosuficiente? ¿Han tenido miedo al rechazo, al desprecio, al control y la falta de respeto?

Díganse estos miedos y asegúrense que no quieren causarlos. Entréguense gracia y seguridad para que la humildad pueda surgir, junto con la persona real y auténtica.

ADMITAN SUS ERRORES ANTES DE QUE EL OTRO LOS MENCIONE. Una de las señales más grandes del matrimonio saludable es que ninguno de los dos espera a que se le atrape o enfrente con un asunto. Lo menciona directamente porque no quiere que se interponga en el camino del amor, porque quiere que se resuelva y porque la relación es lo suficientemente segura como para hacer esto.

Toma el compromiso de dar el primer paso: «Amor, gasté demasiado. Aquí está el resumen de la tarjeta de crédito. Metí la pata. Enfrentémoslo». «Cielo, me enojé demasiado contigo porque trabajaste hasta tarde otra vez. Es error mío, no tuyo. No lo haré más.»

Recuerda que la humildad tiene que ver con aceptar lo que es verdadero y real en ti. Si han estado juntos durante bastante tiempo, probablemente la admisión no sea sorpresa para el otro, sino la contribución a la relación de algo que ambos conocen, para poder enfrentarlo y solucionarlo.

CELEBRA LA HUMILDAD Y CONFRONTA EL ORGULLO. Los matrimonios que tienen humildad no tienen tolerancia para el ego falso, arrogante, con aire de grandeza. Lo confrontan al verlo, y trabajan para superarlo. Al mismo tiempo, cuando uno de los dos admita su necesidad, limitación o defectos, hagan una fiesta. La humildad ha de acercarlos más, y los llevará a los aspectos más profundos en los corazones y las almas de ambos.

En las relaciones, como en la ley de las finanzas, no hay almuerzos gratis. No se pueden tener las dos cosas. O es el orgullo o la humildad. El orgullo te hace sentir bien durante un tiempito, pero luego te aísla.

Salvavidas: QUE LA HUMILDAD SEA LA EXPECTATIVA Y EL ORGULLO LA ABERRACIÓN EN TU RELACIÓN AMOROSA. LA HUMILDAD DERRITE LO QUE HAY DENTRO PARA QUE EL AMOR PUEDA FLUIR LIBREMENTE. SÍ, LA HUMILDAD ES UNA PÍLDORA DIFÍCIL DE TRAGAR A CORTO PLAZO, PERO DA RESULTADOS INCREÍBLES A LARGO PLAZO. VIVAN EN LA REALIDAD, ADMITAN LA REALIDAD, Y SIGAN ADELANTE EN ESTE ASUNTO DE DOS PERSONAS REALES QUE SE AMAN MUTUAMENTE.

Cómo no reaccionar exageradamente ante reacciones exageradas

Uno de los dos se molesta por algún motivo común y corriente y dice algo así como: «Realmente, me molesta que no me escuches». El otro reacciona explotando con enojo, dolor o ambas cosas a la vez y una reacción mucho más intensa de lo que se justifica ante la declaración inicial. La primera persona intenta tranquilizar las cosas, pero nada funciona. La explosión sigue durante un rato. Con el tiempo, la cosa se calma, pero ninguno de los dos sabe hacia dónde ir desde allí, por lo cual esperan que no vuelva a suceder.

Lamentablemente, sí vuelve a suceder la mayoría de las veces. Lo que haya causado la explosión no desapareció, y todas las buenas intenciones, los pensamientos positivos y lo que hagan para evitarlo no lograrán hacer que desaparezca. Estas explosiones – reacciones exageradas – deben comprenderse y resolverse para que puedan llegar a la comunión perdurable que quieren en su vida amorosa. Sigue leyendo, y te ayudaremos a entender la reacción exagerada y cómo resolverla.

¿Qué es y qué no es una reacción exagerada?

Cuando una persona reacciona exageradamente está viviendo una respuesta emocional (dolor, miedo, ira, culpa, entre otras cosas) más grande de lo normal, dadas las circunstancias. Si gritas y lloras cuando cuelgas de un abismo, no estarás reaccionando exageradamente. Pero si gritas y lloras porque tropiezas con un escalón, lo más probable es que califiques en esta categoría.

Hay matrimonios que se alarman ante la intensidad de las reacciones. A menudo, no tienen experiencia para lidiar con ellas. El que reacciona exageradamente es quizá considerado loco, sensible, manipulador o que intenta llamar la atención. El cónyuge del que reacciona exageradamente puede ser considerado insensible, crítico, poco amoroso. Obviamente, las reacciones exageradas pueden obstaculizar la conexión de amor.

Entiende que, en cierto sentido, las reacciones exageradas no son exageradas. En la realidad objetiva, las emociones que se muestran son mayores a la situación, *aunque para el mundo interior de esa persona las emociones son totalmente coherentes con la situación.* Está viviendo o reviviendo algo que todavía está presente en su experiencia. Tiene que ver con el dolor o la pena que no se ha resuelto, procesado o sanado.

Cuando alguien sufre –emocional, física, traumáticamente o de otras formas– esto causa una profunda reacción interior. El retraimiento, el miedo, la ansiedad y el enojo son reacciones típicas ante algo que nos lastima. Puede tratarse de algo que está en el pasado lejano de la persona. Puede ser un patrón en la conexión de la pareja. Puede ser la representación simbólica de algo que ha ocurrido antes.

El proceso normal para resolver este tipo de dolor es por medio del amor, el apoyo, el pasar por la pena, el perdón y la sanación. El apoyo y la aceptación de parte de un entorno amoroso hace que la persona sea capaz de expresar el dolor, que lo elabore y lo deje atrás en el proceso del duelo. Con el tiempo y siguiendo los pasos adecuados, la mayoría de los eventos dolorosos pueden convertirse en recuerdos normales que instruyen, enseñan y nos advierten sobre la vida. Pero cuando este proceso de sanación no se da, *los recuerdos sin procesar todavía se sienten como si ocurrieran aquí y ahora.* Sea cual fuera la causa específica las reacciones exageradas que tú o tu cónyuge viven, pueden deberse a dolores o penas leves o severas que aún no han sanado.

¿Qué es lo que desencadena la reacción exagerada?

Hay muchos elementos que desencadenan reacciones exageradas. Volviendo al ejemplo de la persona que explota cuando el otro se molesta, su reacción exagerada puede deberse a diversas razones:

- Viene de un entorno familiar lleno de ira y quedó con un trauma.
- Viene de un entorno donde nadie admitía nunca el enojo, y por eso no sabe cómo lidiar con él.
- No se siente amado cuando el otro se enoja y abandona la esperanza en la relación.
- Puede haber contribuido a sus peores miedos al estar frecuente y excesivamente enojado o enojada ante muchas cosas.
- Busca agradar a las personas y se derrumba cuando obviamente no complace a su pareja.

Sea cual fuere la causa, el evento desencadenado es, en cierta manera, similar o representativo de una relación mala o peligrosa o un evento desagradable, y la reacción es como la de un niño. En su experiencia, la persona está de regreso allí, cuando le sucedió eso tan malo. Puede ser muy confuso, y, a menudo, no se lo entiende. Por ejemplo, el que explota puede verse hostil y enfurecido, pero por dentro quizá esté aterrado y simplemente busca protegerse. Se siente débil y obligado a parecer fuerte para escapar del peligro.

Yo (John) estaba en consejería con Ramón y Melissa, una pareja casada que tenía problemas de comunicación, intimidad y resolución de conflictos. Comencé a observar un patrón en que Ramón hacía cualquier cosa por evitar la desilusión y el enojo de Melissa. Melissa está un tanto distante y crítica, y Ramón temía hablar. Entonces, permanecían en una conexión superficial en la que ninguno de los dos era feliz.

Durante una sesión, Ramón corrió el riesgo de enfrentar a Melissa por su indisponibilidad emocional. Ella no respondió positivamente, sino que lo atacó diciendo: «Tú nunca eres auténtico conmigo, y no aprecias todo lo que hago por ti».

Para mi sorpresa, Ramón irrumpió en llanto y se acurrucó en su silla. Sollozando dijo: «Lo siento. Lo siento. Cambiaré. Lo siento. Lo siento». En lugar de ver a un hombre de treinta años, veía a un niñito aterrado ante la ira de su madre. Sentí compasión por él. Y afortunadamente, también Melissa sintió lo mismo. Al ver su miedo y terror, su frialdad se derritió, y se extendió hacia él para ayudarle.

Hallamos que la madre de Ramón había sido mucho peor que Melissa. Era dura, sin amor, y hasta cruel. Ramón nunca había podido ir más allá de la edad en que quedaba paralizado por su necesidad de una madre amorosa, y su miedo desesperado de hacer enojar a su cruel madre.

Con el tiempo, Ramón pudo dejar atrás su dependencia y su miedo. Se hizo más fuerte y autónomo por dentro. Entonces pudo conectarse con Melissa de manera más saludable. El proceso también la ayudó a ella a ser más cálida y estar emocionalmente disponible para él. De esta manera, sus reacciones exageradas, causadas por heridas de la infancia, finalmente les ayudaron a acercarse y conectarse de maneras más profundas y satisfactorias.

¿Cómo ayudar al que reacciona exageradamente?

Aquí presentamos algunas soluciones para el asunto de las reacciones exageradas.

NO ATAQUES LA IRRACIONALIDAD. No puedes cambiar los sentimientos del otro con palabras. En cambio, detén la discusión, y pon a ambos a salvo. Muestra un poco de calor y ternura. Habla con suavidad, y siente empatía hacia el dolor, el enojo y el miedo del otro. Esto ayudará a aumentar la seguridad interna que necesita para resolver su problema.

NO TOMES LAS EMOCIONES NEGATIVAS COMO UN ATAQUE PERSONAL. Cuando tu esposo o esposa reaccione exageradamente, recuerda que fuiste meramente un elemento que desencadena o símbolo de los pecados de alguien en su contra. Cuando más pienses que es en tu contra, tanto menos disponible estarás para ayudarlo, y en realidad necesita que lo ayuden. Muestra tanto afecto y calor como lo harías con un niño que tiene una tormenta emocional, y permanece presente, real y dando contención.

PONTE EN SU LUGAR. Piensa en las veces en que sentiste pánico o dolor y recuerda el miedo y la falta de control que sentiste. Recuerda cómo fue, y cuánto amor, cuidado y tiempo necesitaste para calmarte. Esto te ayudará a sentir empatía, a tener paciencia y compasión por el problema de tu cónyuge.

BRINDA ESTRUCTURA Y REALIDAD SI HACE FALTA. Hazle saber que no te has enojado, no se ha metido en líos contigo, y que le ayudarás a resolverlo. Dile: «Estaré aquí y te ayudaré». Hazle saber que si sus reacciones exageradas empeoran, buscarás ayuda. En la mayoría de los casos, las tormentas se calmarán con suficiente empatía, espacio y tiempo. Nuevamente, piensa en cómo las reacciones de un niño se resuelven gradualmente cuando lo abrazas y le haces sentir a salvo.

HABLA DE LO QUE SINTIÓ. No evites el problema de la reacción exagerada esperando que desaparezca. Tu cónyuge necesita hablar de sus reacciones exageradas en los momentos de normalidad, para poder sentir conexión contigo. Pregúntale qué le ayudaría la próxima vez que suceda. Piensen en algo que pueda ayudarlo a crear un entorno de consuelo y seguridad. Esta rutina le ayudará a estabilizar esa parte herida en su interior, aumentando su sentido interno del control y la seguridad.

JUEGUEN ROLES Y CONFRONTACIONES SEGURAS. Practiquen cómo estar en desacuerdo evitando los elementos desencadenadores. Escribe tu guión –o al menos la escena de apertura– y luego improvisen. Ayuda a tu cónyuge a ver cuáles son los elementos que desencadenan sus reacciones exageradas, para que ambos sepan cuándo se aproximan. Desarrollen la capacidad de ambos de dar y recibir opinión y crítica de manera amorosa y constructiva.

BUSQUEN AYUDA SI LA NECESITAN. Si la condición de tu cónyuge no se resuelve en un período de tiempo razonable, busquen ayuda. Muchos terapeutas están muy bien capacitados para ayudar a la gente a resolver sus reacciones exageradas, y los resultados pueden ser positivos.

Salvavidas: EN ÚLTIMA INSTANCIA, EL DOLOR QUE CAUSÓ QUE TÚ O TU CÓNYUGE SINTIERAN EMOCIONES INTENSAS PODRÍA TRANSFORMARSE Y MADURAR. LAS REACCIONES EXAGERADAS PUEDEN DAR LUGAR A RESPUESTAS APROPIADAS, EMOCINALES E INTELECTUALES, Y PODRÁN AVANZAR COMO PAREJA SIN QUE LAS SALVAJES EXPLOSIONES HUNDAN SU VIDA AMOROSA. FORMEN PARTE DEL CRECIMIENTO DEL OTRO, Y, AL HACERLO, AYUDEN A LA RELACIÓN A CRECER EN EL AMOR.

ACTITUD TONTA #7

«El otro debiera confiar en mí sin preguntar nada»

Piensa en tu cónyuge durante un minuto y pregúntate: «¿Lo amo?», «¿La amo?». A menos que estés en problemas serios, la respuesta probablemente será que sí sientes amor. Ahora pregúntate: «¿Confío en él?», «¿Confío en ella?». Quizá tengas que pensar esta respuesta.

La realidad es que puedes amar a *alguien y al mismo tiempo no confiar en esa persona.* Aunque el amor y la confianza se confunden, muchas veces son dos partes muy distintas de la relación. El amor es un regalo que le das al otro aunque no lo merezca. Pero para que confíes, necesitará demostrar que merece tu confianza. El amor es gratis. La confianza se gana.

La confianza es algo que toda buena relación tiene en el mismo tejido de su ser. A menudo, es lo que hace falta construir o reconstruir, para que haya comunión y rescate. En esta sección, aprenderás qué es la confianza, lo poderosa que es y cómo puedes crear una relación basada en el amor y la confianza al mismo tiempo.

La confianza es un riesgo que tendrás que correr

Karen me miró (dice John), inhaló profundamente y dijo: «Bien, estoy lista».

En el trabajo de parejas que estábamos haciendo con Karen y Jaime, su prometido, había observado que ella se cerraba durante las sesiones. Se retraía, no hablaba, y parecía distraída. Le pregunté a Jaime si estaría bien que hablara con ella en privado. Jaime había dado su consentimiento.

En la reunión a solas, Karen me dijo que poco antes de que ella y Jaime comenzaran su noviazgo, se había hecho un aborto. Sentía un terrible remordimiento y culpa por eso, y jamás se lo había contado a Jaime. Karen estaba profundamente enamorada de él, y le molestaba no contárselo porque quería que en su conexión no hubiera secretos.

Le dije que se lo contara. "¿Pero qué pasa si me detesta o me deja?"

"Siempre existe esa posibilidad", dije. "No les digo a todas las parejas que se cuenten todo mientras no haya engaños. Pero creo que Jaime tiene el carácter como para manejarlo. Y creo que te ama mucho."

Así que en la sesión siguiente, Karen le contó a Jaime. Lloró mientras se lo decía, y ni siquiera lo miraba porque tenía tanto miedo de lo que pudiera decirle.

Cuando terminó, Jaime también tenía lágrimas en los ojos. Se acercó a ella y la consoló. Dijo: "Lamento tanto que esto haya sucedido. Y me alegro mucho de que me lo hayas contado. Quiero saberlo todo de ti, y eso me acerca todavía más."

Karen se sintió profundamente conmovida por la gracia y aceptación. Sabía, como no lo había sabido antes, que podía realmente confiar en él con todo su ser. Ahora están felizmente casados, y esa confianza les ha sostenido a lo largo de muchos años de crecer juntos en el amor y la vida.

La confianza es la capacidad de ser totalmente real, auténticos e indefensos con el otro. Eso significa poder entregarle cada parte de nuestro ser, lo bueno y lo malo, lo fuerte o débil, sin miedo a las críticas o la condenación. Tiene que ver con que no tenemos que editar o colorear lo que decimos y que no tenemos miedo a su reacción.

En las Escrituras hebreas hay una palabra para confianza (*batach*) que en realidad transmite la idea de «abandono o sin cuidado» (Salmos 22: 9). Cuando confías en alguien, no sientes paranoia en cuanto a lo que dices o haces. Dices cosas a veces aunque causen un problema, y será un problema pequeño y no una catástrofe. ¿A quién no le gustaría tener una conexión con su cónyuge que se caracterizara por la capacidad de poder andar «sin cuidado»?

Piensa en la última vez en que hablaste sinceramente ante tu cónyuge en cuanto un defecto o miedo. Cuando fuiste vulnerable ante tu esposo o esposa, ¿se acercó más a ti, e hizo sentirte a salvo? ¿O se apartó y criticó hasta ridiculizar el asunto? Con esto, no quiero sentenciar a tu cónyuge. Simplemente es una manera en que ustedes como pareja puedan comenzar a evaluar el nivel de confianza que se tienen mutuamente.

Las parejas que han aprendido a confiar reciben muchos beneficios a cambio. Son capaces de conectarse en niveles más profundos. Desean estar juntos y quieren entregarse el uno al otro en gratitud. Otorga confianza y seguridad. La confianza forma el cimiento de la vida amorosa que deseas tener.

Los tres elementos de la confianza

Como matrimonio, pueden esforzarse para mejorar su confianza. Veamos tres elementos primarios que cuando están presentes en la relación, crean una atmósfera de confianza y seguridad.

RIESGO. Sin riesgo no hay confianza. Para desarrollar confianza, hace falta salir de tu zona de comodidad y correr un riesgo. El riesgo en una relación implica exponer nuestras partes vulnerables ante nuestro cónyuge. Necesitarás darle a conocer tus experiencias, pensamientos, sentimientos negativos y positivos, dolorosos o frágiles. Esto puede incluir temores, dolores, errores, pecados y partes de ti de las que te avergüenzas o que desearías no tener.

Antes de correr este tipo de riesgo, primero debes enfrentar tu conflicto interno. ¿Cómo piensas que responderá tu cónyuge? Sea cual fuere su respuesta, necesitas correr el riesgo de todos modos, *porque tu designio es el de traer cada una de las partes de tu ser a la relación.* Dios te creó para que te compartas en todos los niveles. Los matrimonios que pueden navegar el riesgo correctamente, van en camino hacia los beneficios de la confianza.

Aquí menciono algunas cosas que a veces necesitamos decir y que implican riesgo:

- «A veces te necesito más de lo que quiero».
- «Temo que veas todos mis defectos y te desconectes de mí».
- «A veces finjo estar bien y no lo estoy».
- «A veces me enojo contigo, no me gustas y me aparto de ti».
- «No sé cómo ser la persona que tu necesitas que sea».
- «Puedo ser realmente egoísta y exigente contigo».
- «Te juzgué en secreto por cosas que no me gustan, y nunca te lo dije».
- «Tengo un mal hábito que te he estado ocultando».
- «Gasté el dinero en algo en que habíamos acordado no hacerlo».
- «Cuando te dije que había llegado tarde por culpa del tráfico, en realidad, había sido porque salí con mis amigos después del trabajo».

Algunos riesgos son pequeños y otros son grandes. Tendrás que determinar cuánto riesgo correr para iniciar este viaje en tu conexión. Sin embargo, en algún nivel será momento de saltar al agua y comenzar a nadar. Las parejas que se niegan a correr riesgos porque temen las consecuencias, pueden creer que están protegiendo la relación, pero en verdad están haciendo algo tonto que puede hundirla.

BIENVENIDA. Aprecia el esfuerzo y la humildad de tu cónyuge por hacer algo incómodo por el bien de la relación. Otórgale gracia y amor sin atisbo de condenación. No tienes que estar de acuerdo con lo que diga o haga para apreciar lo que hace. La mejor forma de entenderlo es dar la bienvenida a la vulnerabilidad del rostro, y no necesariamente a lo bueno con lo malo de lo que esté diciendo. Piensa cuánto te cuesta correr un riesgo y otórgale la misma gracia que necesitarías.

Correr el riesgo implica esfuerzo, porque quien lo corre sabe que el otro no lo está esperando. En cambio, quizá esté anticipando las críticas o distanciamiento de tu parte. Quizá necesites asegurarle tu bienvenida por medio de palabras, presencia emocional y lenguaje corporal, indicándole que quieres conocer esta parte de su persona. Y lo más probable es que necesites hacer esto más de una vez, a lo largo del tiempo. A medida que ambos den la bienvenida a los riesgos que corre cada uno, podrán llegar a creer con el corazón y también con la cabeza que su disposición a revelar sus partes más oscuras en realidad es bienvenida en la relación.

CONFIABILIDAD. La confiabilidad tiene que ver con el carácter de cada uno como individuos. No solamente tienen que arriesgarse y darse la bienvenida mutua, sino que además necesitan ganar la confianza del otro mostrando cómo manejan estas cosas más frágiles.

La confiabilidad significa que tomas la inversión del otro en ti con toda seriedad y no harás nada por romper la confianza entre ambos. Este aspecto toma tiempo. La confiabilidad solamente puede mostrarse a través de una serie de experiencias que se suman para mostrar que en realidad eres ese tipo de persona. La pareja que es confiable tiene en alta estima la fidelidad, la lealtad y la disponibilidad mutua.

Aquí hay algunos ejemplos de lo que es la confiabilidad:

- Ser constante en dar la bienvenida a los riesgos que corre el otro contigo.
- Contenerse de utilizar en contra del otro lo quc haya contado en confianza.
- Cumplir tus promesas y compromisos.
- Negarte a toda forma de mentira o engaño, grande o pequeño.
- Ser una persona auténtica, es decir, ser quien dices ser.
- Hacerte cargo de tus errores y cambiar lo que haga falta cambiar.

Sin riesgos, jamás sabrá si puedes confiar en tu cónyuge. Sin dar la bienvenida a su vulnerabilidad, simplemente fingirán o se distanciarán. Sin confiabilidad, no creerán que la bienvenida sea real. Hagan de estas tres cosas un pacto en su conexión.

La confianza tiene una naturaleza dinámica. No es estática. Se mueve y cambia a medida que la pareja la ejerce. Cuando encuentren éxito en la confianza, se abrirán el uno hacia el otro a niveles cada vez más profundos.

¿Cuánto es demasiada confianza?

En un escenario ideal, no se puede confiar demasiado. La relación amorosa tiene como propósito dar luz y gracia a todas las partes de cada una de las personas para que puedan conocer y darse a conocer a salvo, y crecer a partir de allí. En la realidad, tendrás que descubrir qué cosa es posible en este punto de tu relación y avanzar a partir de allí.

Mientras calculas dónde están en el espectro de la confiabilidad, la mejor regla es arriesgarse a un nivel que va un poco más allá de su zona de comodidad, pero no llega al punto de causar dolor. Si tu relación es frágil o tiene una historia de falta de confianza, no querrán abrirse a un nivel que cause daño real. Fíjate primero cómo maneja tu cónyuge tus riesgos menores antes de correr riesgos mayores.

Las parejas que trabajan sobre la confianza, a menudo se preocupan por las confesiones de indiscreción. Se preguntan: *¿Debo comentarle sobre la lujuria o el amorío?* Esta pregunta no es fácil de responder, y habrá que determinarlo individualmente. Te damos algunas pautas: si la indiscreción sigue en el presente y no vas a terminarla, probablemente necesites decírselo al otro. No es justo para ninguno de los dos que sigas involucrado en algo que engaña y lastima a tu cónyuge. Piensa como te sentirías si la otra parte estuviera viviendo una mentira contigo y no lo supieras.

Si la indiscreción fue en el pasado y la situación ha terminado, lo mejor será comentarle a causa de la naturaleza de la intimidad. Al mismo tiempo, evalúa la relación: ¿Es lo suficientemente fuerte y capaz de adaptarse en este momento como para manejar la información o dañarías la relación con la revelación? También debes determinar cuáles son tus motivos. Si te motiva desahogarte, esto tiene que ver más con tu propio alivio y no tanto con la relación. Si es porque piensas que la otra persona querría saberlo y si está obstaculizando la intimidad, quizá quieras compartirlo. Obviamente, estas son cuestiones que requerirán de consejos maduros de otras personas y de mucha oración y petición por sabiduría y sensibilidad.

Construir un legado de confianza

En una fiesta hace varios años, estaba conversando con un grupito de hombres. Uno de ellos, Frank, era un hombre mayor que había estado casado con su esposa, Ruth, durante muchos años. La conversación pasó al asunto del matrimonio. Y como Frank era el mayor, comenzamos a hacerle preguntas sobre su éxito en ese aspecto de su vida.

En determinado momento, uno de los hombres hizo una observación un tanto inapropiada: «¿Y qué pasaba cuando estabas en el extranjero cumpliendo con tu deber militar? ¡Apuesto a que tienes algunas historias que Ruth nunca oyó!».

La observación estaba fuera de lugar, pero Frank no mordió el anzuelo ni respondió encogiéndose de hombros ni guiñando el ojo como lo hacen muchos. Su respuesta fue: «No tengo secretos con Ruth». Eso fue todo. La conversación pasó a otro asunto.

Recuerdo haber pensado en Ruth. ¡Qué segura tiene que haberse sentido con Frank! Cuando ella no estaba cerca, igual se sentía protegida y amada por un esposo confiable. No es de extrañar que su matrimonio durara tantos años.

Salvavidas: LA CONFIANZA NO ES UN MISTERIO. NO ES EL TIPO DE COSA QUE «SE TIENE O NO SE TIENE». LA CONFIANZA PUEDE DESARROLLARSE Y MADURAR, Y TIENES EL PODER DE HACERLO.

La confianza herida puede sanar

Mi amigo Carlos es una de las personas más cálidas y afectuosas que yo (John) haya conocido. No creo que sea capaz de criticar a nadie. Tiene lo que otro amigo mío, mi agente Sealy Yates, llama «un alto umbral de gracia». Durante mucho tiempo, Carlos no fue la más confiable de las personas. Aunque se interesaba mucho por los demás, tenía dificultades para ser sincero y confiable.

Y no nos sorprendió que Susana, su esposa, pasara por aguas turbulentas al no poder confiar en Carlos. Muchas veces, la decepcionó, y las heridas en su confianza fueron graves. Susana sabía que él la amaba, pero había sufrido tantos desengaños que se cerró y se retrajo en la relación.

Como suele suceder en estas situaciones, Carlos finalmente tocó fondo, y el golpe le dolió. Su estilo de vida engañoso le costó su carrera, y casi le cuesta el matrimonio. Afortunadamente, Carlos valoraba a Susana y su conexión lo suficiente como para buscar ayuda, y las cosas comenzaron a cambiar lentamente. Se volvió más sincero, más responsable, más confiable con Susana y sus sentimientos. Trabajó para cambiar, como lo había prometido.

Recuperar la confianza de Susana no fue algo que sucedió de la noche a la mañana; nunca sucede esto con la confianza herida. Susana al principio no creía que Carlos fuera confiable. Dudaba en su esperanza de que hubiese cambiado, porque había visto muchos nuevos comienzos, y oído muchas promesas que jamás duraban ni se cumplían. Sin embargo, Carlos fue persistente, y Susana hizo su parte, como mostraremos en este capítulo. Con el tiempo comenzaron a reconstruir la confianza entre los dos. Susana pudo ver que emergía un nuevo hombre, muy distinto del que había sido antes. No solamente pudieron pasar esta tormenta, sino que además se acercaron el uno al otro de maneras que ya no imaginaban.

El viaje de Carlos y Susana ilustra un punto: *aunque la confianza puede romperse, hay formas de repararla y reconstruirla.* Esto implica esfuerzo, humildad, coraje y paciencia, y es un proceso que funciona mientras los dos estén comprometidos a lograrlo.

Los problemas de confianza son cosa seria

Los problemas de confianza están en una categoría relacional aparte, porque la confianza subyace al tejido mismo de la relación, y actúa como soporte. Cuando se rompe la confianza, es como si se rajara el cimiento de una casa y ésta ya no fuera un lugar adecuado donde vivir. Cuando decrece la confianza, también decrece el amor, y viceversa.

La confianza puede romperse de muchas maneras, como el engaño, la manipulación, las mentiras inocentes, las indiscreciones financieras, la infidelidad sexual en cualquier nivel, la minimización del dolor que le has causado al otro, decir una cosa y hacer otra, romper promesas y compromisos y ser inconsistente como persona.

Cuando no puedes confiar en alguien, *ya no sabes quién es.* Si es mentiroso o poco confiable, has perdido la capacidad de sentirte a salvo y saber que puedes depender de su carácter y naturaleza en todo momento. Además, si confiaste en la otra persona, le habrás mostrado tus partes más vulnerables, lo débil, lo vergonzoso, lo temeroso o los aspectos que pueden ser frágiles y fácilmente heridos.

Las grietas en la confianza penetran y lastiman las partes más frágiles y profundas de nuestro ser. Cuando uno de los dos es mentiroso o infiel, el otro no solamente se molesta, sino que queda herido y hasta devastado. Los problemas de confianza son cuestiones que lastiman las partes más frágiles del corazón que fueron expuestas y confiadas al otro. El aspecto más débil es la parte que más sufrirá.

Algunos de los asuntos de relaciones más difíciles tienen que ver con la ruptura de la confianza. Los problemas de confianza deben tomarse en serio. Es difícil reconstruir la confianza, pero es tonto no enfrentar el problema y tratar de resolverlo. Vale la pena. Como lo demostraron Carlos y Susana, la gente puede efectuar cambios grandes y duraderos que rescatan sus vidas amorosas. Veamos lo que se puede hacer para corregir problemas de confianza.

Seis pasos para corregir el error

Si tienen un problema de confianza, véanlo como una grieta en el cimiento de su conexión. ¿Cómo pueden, como pareja que desea rescatar su vida amorosa, reparar el error? Aquí presentamos seis pasos básicos.

ESTÉN DE ACUERDO CON LA REALIDAD. Establezcan y conversen sobre lo que realmente pasó, trayéndolo a la luz de la relación. Es decir, hablen con franqueza, y al mismo tiempo reafirmen el amor y la seguridad que tienen el uno por el otro. Si no llegan a un acuerdo, trabajen en eso, pero no negocien ni concedan en cuanto a los hechos y la realidad, ya sea para bien o para mal.

Si uno de los dos se niega insistentemente o racionaliza en cuanto a haber roto la confianza, detengan el proceso y hablen sobre lo que eso significa. La persona herida quizá tenga que decir: «Ya no puedo seguir dándote los beneficios de estar conmigo, hasta tanto hayamos resuelto esto. Necesito que digas la verdad o tendré que realizar algunos cambios». Quizá necesiten de la ayuda de terceros. El punto es que no pueden avanzar, a menos que ambos estén de acuerdo sobre las realidades básicas de lo que ocurrió.

TRÁTENLO COMO ALGO GRAVE. Los problemas de confianza pueden destrozar a una pareja, como no sucede con otro tipo de conflictos. Es de suma importancia que ambos sean sinceros y se apeguen a la verdad, no sólo en cuanto a lo que sucedió, sino en cuanto a sus efectos. La posibilidad de sanación es mucho mayor cuando ambos reconocen la gravedad del problema. Quizá tengan que enfrentar realidades dolorosas entre ambos, para saber qué se puede hacer, como:

- Uno de los dos tiene el corazón roto.
- Uno de los dos ha lastimado seriamente al otro.
- Uno de los dos no puede sentirse cerca del otro.
- No saben si alguna vez volverán a estar en comunión.
- Uno de los dos no sabe si sigue enamorado del otro.

NO SE PUEDE SANAR LO QUE NO SE TRAJO A LA RELACIÓN. No sucederá. No es agradable cuando el constructor nos dice que la grieta en el cimiento es muy grave. Pero si la emparchamos nada más con un poco de cemento, la casa se derrumbará. Las soluciones cosméticas no sanarán la situación real.

Es muy, muy importante que el que haya roto la confianza aprenda a escuchar y contener los sentimientos negativos del otro en cuanto al problema, y en especial en cuanto a su persona. Hay mucho por procesar y confesar en cuanto a lo que siente el que ha sido defraudado. Y necesita que se le escuche, que se contenga su dolor, que no esté allí, presente emocionalmente.

Es extremadamente importante –hasta diría yo, crítico– que la parte que rompió la confianza escuche con atención todo lo referente al dolor del que ha sido defraudado. Deberá aceptar sus sentimientos negativos con respecto al problema y su persona, sin defenderse ni contestar con acusaciones. Debe ponerse en el lugar del otro. La persona defraudada tiene mucho que procesar, y necesita expresar franca y sinceramente qué es lo que está viviendo. Y necesita saber que estás escuchando, realmente escuchando, entendiendo y sintiendo empatía con su dolor, al estar emocionalmente presente.

Jamás minimices o ignores los sentimientos de tu cónyuge en cuanto al efecto de tu traición. Nunca digas cosas como: «No fue para tanto», o «Estás reaccionando exageradamente». Este tipo de afirmaciones complicará el problema y levantará muros muy difíciles de derribar. Hasta puede ser que tus observaciones tengan algo de verdad, pero definitivamente no es este el momento de demostrarlo. Tu tarea consiste en cerrar la boca, escuchar y tragar, sin excusas, sin explicaciones, sin justificaciones y especialmente sin culpar a la víctima de haberte provocado. Cero tolerancia en esto, porque estas cosas pueden hundir tu vida amorosa para siempre.

DEMUESTRA REMORDIMIENTO Y ARREPENTIMIENTO. La parte que traicionó la confianza del otro necesita expresar y demostrar sincero arrepentimiento y contrición. Si amas a alguien, no lamentas solamente el hecho de que te hayan atrapado. Te sientes mal porque has causado pena y dolor. Deja que tu ser amado sepa cuán profundamente lamentas lo que hiciste.

No conviertas esto en un torrente de culpas ni lo centres en ti mismo diciendo: «Me siento tan mal. Soy la peor persona del mundo». Las afirmaciones como estas solamente transmiten egoísmo en lugar de preocupación por el otro. Quieres que la otra persona sepa que tu remordimiento se basa en lo mucho que le has hecho sufrir. No se trata de ti, sino de tu cónyuge.

Cambia de verdad. Sea cual fuere tu indiscreción, necesitarás mostrar que tu remordimiento implica más que palabras. Y luego haz lo que dijiste que ibas a hacer. Esto es lo que la Biblia llama arrepentimiento. Arrepentirse es cambiar y apartarnos de nuestra conducta errada. Por ejemplo, Lucas 17:3 dice: «Si tu hermano pecare contra ti, repréndele; y si se arrepintiere, perdónale». La palabra griega traducida como «arrepentirse» aquí significa acción.

El ofensor tendrá que hacerse cargo de sus acciones ante la persona herida y someterse al otro en cuanto a su preocupación. Esto significa que tendrás que abandonar ciertas libertades para poder reconstruir la confianza. Es algo que tendrás que hacer. Por ejemplo:

- Puede llamarte al teléfono celular en cualquier momento y le dirás dónde estás y qué es lo que estás haciendo.
- Le darás el control y acceso a toda la información financiera.
- Cualquier decisión que tengas que tomar la presentarás ante tu cónyuge antes de decidir.
- Obtendrás ayuda para una adicción.
- Te unirás a un grupo de ayuda o comenzarás una terapia para ayudarte a dejar de mentir.

Si te parece que estos ejemplos te limitan demasiado, es porque es cierto. Te estás sometiendo un proceso de crecimiento y reparación por el bien de la persona a la que lastimaste y por el bien de la relación dañada por tus acciones. Acepta estas restricciones y sigue avanzando. Tendrás que hacer lo que haga falta para mantener tu vida amorosa intacta.

La persona herida también tiene una tarea. Tendrá que mantener los parámetros establecidos para que se cumplan los cambios. Insistir, conversar, no ceder. Muy a menudo, la persona herida tiene compasión a causa de su amor y acepta la promesa de «no lo volveré a hacer», sin más.

Esto puede estar bien para un incidente menor y aislado. Sin embargo, para los patrones de conducta severamente hirientes, deberás mantenerte firme. Es una carga que deben llevar, pero no tendrás que llevarla a solas. Busca personas que te conozcan y te ayuden a mantener intactos los parámetros establecidos.

DARLE TIEMPO AL PROCESO. El tiempo por sí solo jamás sirvió para sanar la confianza dañada. Tampoco poner los ingredientes en un tazón da como resultado una torta. Es necesario darle tiempo a medida que ambos trabajan juntos en esto de renovar la confianza.

Si has traicionado la confianza de tu ser amado, entra en el proceso de crecimiento en lugar de esforzarte por comenzar de nuevo como si nada hubiera pasado. Pon el hombro a largo plazo para lograr crecimiento personal y cambios en tus conductas. Otórgale a tu cónyuge y un grupo de personas en las que confías algún tipo de poder para que te observe, y ellos —no solamente tú— puedan decidir cuándo cambiaste de verdad desde adentro.

Y si has sido víctima de la traición, tendrás que hacerte responsable de aprender a perdonar para cancelar la deuda. Esto no es fácil y puede conllevar tiempo, pero es el único camino. Tendrás que dejar atrás tu derecho a castigar y ventilar tu ira. Este proceso implica crecimiento, pena y el apoyo con amor de parte de Dios y otras personas.

También tendrás que observar los cambios que está haciendo tu cónyuge a lo largo del tiempo, porque en algún momento necesitarás correr otro riesgo. Cuando estés dispuesto, y hayas sanado por dentro, y el otro se muestre como una persona que ha cambiado, habrá llegado el momento de probar el agua con la punta del dedo del pie para dejarle entrar otra vez en tu corazón. Probablemente te resulte más conveniente hacer esto siguiendo el consejo de alguna persona sabia que esté en favor de ambos y la relación.

OCÚPENSE DEL BAGAJE. A veces, cuando se ha traicionado la confianza, el problema empeora porque la persona herida ha tenido que ocuparse de problemas similares en relaciones anteriores. Este tipo de bagaje agrava las heridas. A veces, hace que la persona herida adopte la mentalidad de la víctima, sintiendo que no tiene defecto alguno, pero que todos los problemas son por su culpa. La mayoría de las veces esto es exagerado. Sin embargo, en estos casos el pasado y el presente se funden en la mente de la víctima, lo cual hace más lento el proceso de sanación y reconciliación.

Si eres tú la parte traicionada y ves que en la relación existe el bagaje personal que has traído de tu pasado, busca ayuda para resolverlo. Tienes que liberar a tu relación del pasado para poder enfrentar el problema del presente. He visto muchos casos en los que la persona herida se niega a trabajar con un cónyuge sinceramente arrepentido a causa de su bagaje del pasado, y esto hizo que la relación naufragara.

Salvavidas: NUNCA ES FÁCIL CONFRONTAR LOS PROBLEMAS DE CONFIANZA. SIN EMBARGO, LA BUENA NOTICIA ES QUE LAS RELACIONES AMOROSAS QUE ENFRENTAN LOS PROBLEMAS DE CONFIANZA CON SINCERIDAD, APERTURA Y PACIENCIA PUEDEN SANAR Y LLEGAR A UNA GRATIFICANTE CONEXIÓN DE AMOR Y CONFIANZA.

La confianza goza de mejor salud en la independencia

Cuando yo (John) estaba en la universidad, mi amigo Miguel me explicó por qué mi ruptura con Cindy era culpa mía y no de ella. No le pedí su opinión, pero el pensó que era su deber expresarla. Contaré lo que me dijo, porque a veces las autopsias de viejas relaciones ayudan a identificar patrones y problemas que podemos utilizar para mejorar nuestras conexiones presentes.

Cindy y yo compartíamos muchos intereses y amistades. Los primeros días de nuestra relación fueron divertidos, y los disfrutamos mucho. Sentí que me estaba enamorando de ella, y esperaba que también de su parte hubiera interés sincero.

Comenzamos a pasar más tiempo juntos. Cuanto más tiempo pasaba con ella, más quería. Quería estar con ella todo lo posible. Si estaba lejos de Cindy, la vida no se veía tan brillante como cuando estábamos juntos. En mi mente, esto era señal de que era la chica adecuada para mí.

Todo iba bien hasta entonces. Sin embargo, cuando realmente me interesé por Cindy, ella pareció apartarse. Se volvió un poco distante, y a veces se mostraba preocupada o hasta irritable. Comenzamos a discutir por cosas banales. Finalmente, comenzó a estar menos disponible para mí. Siempre había otras actividades o personas antes que yo.

En última instancia, rompimos, y me sentí muy decepcionado. No estaba seguro de la causa de esta ruptura. Así que conversé con mis amigos, y pregunté si ella había perdido el interés, si había aparecido alguien más o si su interés del principio había sido fingido.

Finalmente, Miguel me habló directamente. Dijo: "Bueno, me parece que querías demasiado de ella".

"¿Cómo es eso?", dije sin entender. "Hice todo lo que podía por ella." Y enumeré la cantidad de veces que la había ayudado con las tareas, que la había acompañado a su casa, que había reparado cosas en su apartamento.

Miguel estuvo de acuerdo, pero fue un poco más allá.

"Sí, claro, hiciste todo eso. Pero también hiciste otras cosas. Te mostrabas fastidiado si ella tenía otras cosas que hacer, le recriminabas el tiempo que pasaba con otras personas, y no te gustaba salir en grupo con ella. Creo que la sofocaste."

Pensando en el análisis de Miguel, vi que había asfixiado a Cindy. En ese momento, yo pensaba que mis actitudes y acciones eran lo que hace y siente alguien enamorado. Pero en realidad, se trataba más de mí que de ella.

La autopsia de mi relación con Cindy señala un elemento clave para rescatar la vida amorosa: *ambos necesitan alentar y desarrollar la independencia y la libertad dentro de un contexto de amor y conexión.*

Esto se relaciona con los asuntos de la dependencia, que mencionamos anteriormente, pero también implica que entramos en un escenario nuevo. En este capítulo, no hablaremos tanto de la dependencia personal. En cambio, nos dedicaremos a establecer una relación fuerte que se basa en dos personas que apoyan la libertad y la independencia de decisión de cada uno.

Yo y nosotros

Hacen falta dos «yo» para formar un «nosotros». El «yo» de cada uno no desaparece ni se derrite para formar parte del «nosotros». Sigue existiendo. Sin embargo, se ha agregado algo nuevo, que es la conexión en sí misma.

Su conexión de amor tiene por intención prestar atención a las necesidades de cada uno, y a las de la relación. Este centro de atención a veces deberá moverse y cambiar, a medida que cambien las necesidades y las temporadas en la vida. Cada vez que cambie este centro de atención, ambos deben continuamente aprobar y apoyar estos dos elementos: las necesidades e intereses de cada uno, y las necesidades e intereses de la relación.

«NOSOTROS». Hay una tensión y un sacrificio inherente en la conformación del «nosotros». Porque aunque queremos amar y conectarnos, probablemente nos resistamos a abandonar cosas personales para poder conseguir esa conexión. Después de todo, es fácil pensar en términos de nuestras propias perspectivas e intereses, pero hace falta esfuerzo para pensar qué es mejor para el otro cónyuge y la relación.

Sin embargo, las parejas con profundo apego que ponen esto en práctica, no sienten que el sacrificio sea demasiado pesado. Los beneficios simplemente son mucho mayores. Lo que recibes, en términos de amor, comunión, intimidad y pasión trasciende todo lo que hayas tenido que resignar.

En un matrimonio, esto quizá implique que la esposa postergue su carrera durante un tiempo para ocuparse de la crianza de los niños. O que el marido rechace un ascenso en otra ciudad para mantener a su familia en un lugar donde están bien. Las decisiones para el «nosotros» no son fáciles, pero hay que enfrentarlas desde la perspectiva de qué es mejor para todo el equipo.

EL «YO». Por otro lado, si prestamos atención exclusiva al «nosotros», tampoco será beneficioso para la relación. Las decisiones de cada uno, sus preferencias, necesidades, sueños y deseos son importantes.

Apoyar el «yo» trae muchos beneficios. La pareja que apoya el crecimiento e intereses de cada uno de los individuos, aporta cosas buenas a la conexión. La relación en sí es mejor y más plena, porque cada una de sus partes se siente mejor y más plena.

Es por esto que las corporaciones envían a sus ejecutivos a conferencias de crecimiento profesional. Adquieren conocimientos de liderazgo, visión, administración y motivación. Luego, armados con sus nuevos conocimientos y capacidades, pueden hacer que la compañía sea mejor y más productiva. Cuando el esposo y la esposa se alientan mutuamente a ir tras sus intereses, pasatiempos y amistades, la conexión se enriquece y la relación vive y ama de mejor manera.

Apoyar tus esfuerzos por cumplir un objetivo puede darle mucha felicidad a tu cónyuge, porque sabe que estás cumpliendo con un deseo tuyo. Entonces, tu gratitud por su apoyo te urgirá a ayudarle también a ir tras sus propios sueños.

Sí y no

Otro de los aspectos importantes para mantener el equilibrio en la vida amorosa es hacer que la relación sea un lugar seguro para decir que no. El amor crece cuando ambas partes pueden tener libertad de decidir. Y no puede existir cuando ese tipo de libertad se niega.

Es importante prestar atención al equilibrio en la relación, porque es fácil que las relaciones entren en desequilibrio. Por ejemplo, si uno de los dos tiene más iniciativa y el otro le sigue, es posible que los intereses del primero tiendan a dominar la relación. El que tiene iniciativa casi siempre hará lo que quiera. En instancias más graves, uno de los dos quizá se resista a permitirle libertad, individualidad y poder de decisión al otro. Quizá intente controlarlo o reaccione negativamente cuando su cónyuge está en desacuerdo. Habrá que enfrentar y resolver esta tonta actitud antes de que hunda al matrimonio.

La relación tiene que valorar mucho la libertad personal. De otro modo, ninguno de los dos obtendrá lo que quiere. Si quieren comunión y pasión, deja que tu cónyuge pueda decidir. Si quieres distancia y frialdad, entonces contrólalo. ¿Cuál es la actitud tonta, entre estas dos?

Como pareja, necesitan tomar una palabra negativa para convertirla en positiva: la palabra *no*. Si se tiene la libertad de decir que no, de estar en desacuerdo, de tener opiniones y decisiones propias, estamos frente a la paradoja del amor. Las parejas que tienen libertad para decidir independientemente tienen mayores oportunidades de conectarse y comprometerse. Los que no tienen esa libertad, quizá parezcan estar en comunión, pero con el tiempo suelen verse las cosas como son en realidad: la complacencia exterior que a menudo da como resultado un corazón frío y una conexión muerta.

No es fácil hacer que la palabra *no* forme parte de la relación como cosa anticipada y aceptada. Muchas parejas se sienten amenazadas, sin amor, incapaces de tener control sobre la relación. Como lo hice yo con Cindy, se resisten y castigan de manera alocada todo intento del otro por ser independiente.

Si uno de los dos tiene problemas para oír la palabra no, quizá les sea útil ver la situación de tres maneras. Primero, ¿no quieres poder decidir independientemente tú también? Lo que quieres para ti, debes brindarlo también a tu esposo o esposa. La libertad tiene que ser mutua o no funcionará. Segundo, si tu cónyuge se queda contigo simplemente porque teme decir no, de todos modos no lo tienes. ¡Y seguramente no es lo que quieres! Tercero, tu resistencia a la independencia quizá sea un problema en otras áreas de tu vida, como el trabajo, los amigos y la familia. Aprender a aceptar el no te ayudará no solamente en tu conexión amorosa, sino en tu éxito y felicidad como persona.

Declara tu independencia

Presten atención a las decisiones e independencia que cada uno tiene en la conexión. Cuanto menos control tengan, tanto más desarrollarán su conexión, deseo y amor. Aquí van algunos consejos y sugerencias para declarar su independencia en la relación.

TENGAN UNA CHARLA SOBRE «LIBERTAD DE DECISIÓN». Hablen del hecho de que el amor y la libertad van de la mano. Expresen su deseo, amor y necesidad del uno por el otro. Expresen su compromiso hacia la relación. Si falta esta declaración de compromiso, lo más probable es que uno de los dos comience a controlar al otro. El temor a perder a su cónyuge hace que lo controlen cada vez más. Cuando se declara el compromiso, pueden conversar sobre permitirse mayor independencia y libertad de decisión dentro de los parámetros de su conexión.

ESTABLEZCAN UNA VISIÓN PARA LA INDEPENDENCIA. Hablen de las ventajas de la independencia. Por ejemplo, ambos podrán tomar decisiones que aumenten su valor como individuos. Esto los fortalecerá, y también dará a cada uno mayor fuerza como para apoyarse mutuamente. Cuando uno sabe que el otro siempre le apoyará, permanece en la relación de todo corazón y por propia decisión, y no a partir del sentimiento de culpa.

De ninguna manera implica esto que la independencia signifique egoísmo o irresponsabilidad. Los adultos independientes son más responsables de ser afectuosos, dedicados, fieles y amorosos porque lo hacen por propia voluntad, y no como obligación. Este es el propósito de la independencia: el de producir una persona madura.

Las personas inmaduras quieren mayor libertad simplemente porque no les gustan las restricciones normales de una relación. Es una de esas tontas actitudes que hay que confrontar, porque el compromiso trae consigo ciertas restricciones. No se puede, ni se debe, tener las mismas libertades en una relación comprometida que las que se tenían en la vida de solteros.

En las conexiones saludables, ambas partes renuncian a ciertas libertades porque las ventajas trascienden a lo que debieron dejar atrás.

ESTABLEZCAN UN SISTEMA PARA MONITORIZAR LA LIBERTAD. Pónganse de acuerdo para que si uno de los dos se siente controlado, asfixiado o acusado por el otro, estará bien decir: «Oye, sentí que me acusaste y me hiciste sentir culpable cuando dije que quería salir con mis amigas este fin de semana. Esto me apartó de ti. Necesito que conversemos». A menudo, quien se resiste a la libertad no se da cuenta de que está haciendo eso y quizá necesita un poco de información, un recordatorio y algo de entrenamiento.

PRESTEN ATENCIÓN A LOS BENEFICIOS. A medida que corran el riesgo de ser independientes dentro de su conexión, vean con atención lo que debieran estar ganando a cambio. Los matrimonios que aprenden a ejercer la libertad, a menudo encuentran que echan de menos a su cónyuge cada vez más. Esperan con ansias poder estar con su esposo o esposa para compartir lo que están viviendo y aprendiendo en la vida. Sienten que hay cada vez más lugar en sus corazones para que quepa más amor.

Salvavidas: PERMITAN Y EJERZAN LA LIBERTAD RESPONSABLE EN SU RELACIÓN Y SEGURAMENTE COMENZARÁN A VER QUE AUMENTAN LAS COSAS QUE AMBOS REALMENTE QUIEREN EN SU VIDA AMOROSA: PASIÓN, COMUNIÓN, FELICIDAD E INTIMIDAD. DECLARAR LA INDEPENDENCIA PARA OBTENER INTIMIDAD QUIZÁ NO SUENE LÓGICO, PERO ES ALGO QUE PUEDE FUNCIONAR MUY BIEN.

Un poco de estructura no vendrá mal

Radamés era un tipo de buen carácter, pero muy controlador. Continuamente contradecía a Sandra, la interrumpía cuando conversaban, y solía hacerse cargo de todas las decisiones. Su padre había sido así, y Radamés salió a él. Cuando vinieron a verme (dice John), Sandra estaba casi a punto de tirar la toalla.

Le dije a Radamés: "La única forma en que podrás hacer que vuelva a conectarse contigo es humillándote, y dándole su lugar, su espacio y tu respeto."

Radamés no entendía lo que quería decir.

"Ya estoy haciendo eso", dijo.

"No, no lo haces. Y tampoco lo haces conmigo. Hasta ahora, en todas nuestras conversaciones no has interrumpido solamente a Sandra, sino también a mí varias veces, cambiando el asunto de la conversación. No creo que lo hagas a propósito, pero te aseguro que tiene razón cuando se queja."

Radamés suspiró: "Bien ¿qué tengo que hacer?".

Le dije: "Mira esto como si fuera un juego, aunque no lo es. Haré que Sandra te hable de un problema que siente contigo, y quiero que sigas tres reglas. Primero, no puedes decir una palabra hasta que ella haya terminado. Segundo, antes de dar tu opinión, debes hacerle saber que entiendes lo que siente, a su satisfacción. Y tercero, debes estar de acuerdo en que cambiarás todo aquello en lo que ella tenga razón. Entonces podrás contribuir tu lado de las cosas."

Radamés dijo: "Suena difícil".

Lo fue. Cuando Sandra comenzaba a hablar, él quería aclarar lo que ella «debía» pensar, e intentaba «guiarla» hacia la percepción correcta. Pero yo detenía la conversación una y otra vez, y así Radamés empezó a ver que era muy controlador. De hecho, entristeció cuando vio que había estado manteniendo a Sandra en una cárcel, cuando pensaba que la protegía y cuidaba.

Seguimos con nuestro «juego» durante varias sesiones. La característica de Radamés estaba muy arraigada, por lo que impuse estas reglas durante un tiempo hasta que sentí que Radamés y Sandra podían manejar sus diferencias. Con el tiempo, dejé que hablaran sin la estructura, y las cosas mejoraron. Sin embargo, no creo que Radamés pudiera haber sido capaz de reconocer o resolver esto sin ese jueguito.

La necesidad de reglas relacionales

Reflexiona durante un minuto en tu primera cita con tu cónyuge. Recuerda dónde estaban, qué hicieron, cómo te sentías y cómo fue tu experiencia con respecto a la otra persona. En algún punto de esa noche, ¿hablaron del tipo de reglas y estructuras que debían poner en práctica para poder conocerse?

¡Claro que no! Eso no sucede, ni tiene sentido. La gente no se siente atraída hacia alguien ni se enamora porque haya reglas que cumplir. La relación comienza con el amor, la comunión de intereses, la excitación, el significado, la seguridad y la pasión. Las reglas no podrían estar más lejos de sus mentes.

Sin embargo, a medida que pasa el tiempo, muchas parejas descubren que se vuelven egoístas, interesados en sí mismos, olvidándose del otro y hasta hiriéndose mutuamente. El amor puede quebrarse y quedar herido. La confianza y el entendimiento pueden volverse frágiles y vulnerables. Toma tiempo desarrollar estas dos cualidades en una conexión amorosa para empezar. Así que cuando uno de los dos le rompe el corazón al otro, la relación entera retrocede varios pasos.

Las parejas muchas veces no saben qué hacer cuando sucede esto. No tienen las herramientas que puedan ayudarles a enfrentar esta pena. A veces, el que es herido intentará ignorar su dolor, pero el corazón no olvida. Y otras veces intentará tener más amor y paciencia, pero esto no ayuda a que cambie o crezca el otro. Entonces se levanta una pared entre ambos, que con el tiempo puede convertirse en muralla. Toda la comprensión, la paciencia y la gracia del mundo no podrán repararlo.

Es como tener un brazo roto y esperar que sane solo. Todas las buenas intenciones del mundo no lograrán reparar el hueso, y hace falta un yeso para dar seguridad y estructura, de manera que pueda haber sanación. Es aquí donde las reglas y la estructura relacional entran en la vida amorosa. Hay momentos en que son necesarias para tratar la herida. Como el yeso en el caso de un brazo quebrado, las reglas relacionales pueden preservar, proteger y hasta reparar el amor que desean.

Esto se aplica a una cantidad de problemas, cuyos efectos pueden oscilar desde lo más leve a lo más grave, como la indisponibilidad emocional, el control, la irresponsabilidad, la defensiva continua, el letargo crónico, el derroche de dinero, la infidelidad y la ira. Estas conductas –y otras más– pueden lastimar al amor y la confianza. Hay que hacer algo al respecto.

No lo ideal, sino lo real

Así como un brazo roto no es lo ideal, tampoco lo es el tener muchas reglas para la relación. Los problemas en la conexión son reales, y necesitamos aceptar las reglas para resolverlos.

Uno de los objetivos a largo plazo en cualquier relación amorosa es el de tener la menor cantidad posible de reglas. Si ambos han hecho de la responsabilidad, el afecto, el sacrificio y la libertad parte de su conducta mutua normal, no necesitan muchas reglas. Pueden confiar en que cada uno actuará en beneficio del otro, y eso los mantiene a salvo, tranquilos. El amor naturalmente fluirá, ya que el entorno es seguro para que crezca y se desarrolle.

Por ejemplo, si tu cónyuge es románticamente fiel, ¿cuántas veces dices: «Quiero que me asegures que te comportas correctamente con las mujeres que conoces en tu trabajo»? Probablemente nunca. No necesitas la regla, porque él vive las reglas. Las reglas que se viven no necesitan declararse.

Pero supongamos que sea mujeriego o que tenga una historia de infidelidades. Es un problema real y habrá que enfrentarlo. El amor romántico es una proposición de uno a uno. Ignorar un patrón de infidelidades es correr el riesgo de sufrir una y otra vez o de destruir la relación que has construido con tanto cuidado. Quizá tengas que establecer algún tipo de regla de rendición de cuentas con tu esposo hasta que demuestre que es confiable, como ir a consejería o tener una manera de poder comunicarte con él en todo momento, pidiéndole que te diga con quién está.

Piensa en las reglas como elementos que protegen y preservan. Utilízalas cuando sea necesario, y usa las menos posibles, para que la libertad y el amor puedan florecer todo lo posible.

¿Cuándo necesitamos reglas?

Hay dos criterios para la estructura de las reglas. Primero, uno de los dos está haciendo sufrir al otro, causando distanciamiento y alienación. Segundo, tus llamamientos y reclamos hacia el ofensor sobre la base de la relación no funcionan.

En un escenario ideal, cuando una persona es hiriente o dura, su cónyuge le dirá algo para que se entere de cuánto dolor ha causado: «Eso realmente hirió mis sentimientos. Estaba tratando de decirte que cuando llegas tarde a casa no es bueno para los niños ni para mí. Me interrumpiste y ni siquiera intentaste escucharme. Necesito que entiendas lo que estoy diciendo porque me alejo un millón de kilómetros de aquí cuando respondes de esa manera».

Este tipo de declaración es directa, pero no deja de mostrar amor. Siempre será el lugar de comienzo. Quien ofende al otro tiene que tener la oportunidad de oír un llamado a la relación: *lo que estás haciendo afecta mis sentimientos hacia ti.* En un escenario ideal, este tipo de declaración que mostramos le ayudará al otro a verse con tus ojos, a sentirse triste porque te ha lastimado, y a cambiar. Ambos podrán reconectarse, y el amor seguirá adelante.

Sin embargo, a veces este llamamiento no alcanza. Tu esposo no puede oírte, no quiere oírte, se pone a la defensiva o está con una mentalidad egocéntrica. Aquí es donde quizá necesites reglas y estructura. Por ejemplo: «He mencionado el problema de que llegas tarde a casa muchas veces, pero nada ha cambiado. Y ahora ignoras mis sentimientos, y esto se está convirtiendo en un problema para mí, más grande que tus tardanzas. Pienso que si realmente entendieras lo que estoy sintiendo, probablemente intentarías cambiar y llegar más temprano. Pero como no me oyes, voy a hacer lo siguiente. Durante un tiempo, si ignoras mis sentimientos y no me escuchas, dejaré de hablar de esto y de resolver el problema. Pero durante un par de días, no estaré abierta para ti. No seré mala contigo. Pero no estaré disponible ni accesible. No me gusta hacer esto, pero veo que mis palabras no funcionan. Cuando vuelvas a intentar escucharme otra vez, dejaré de hacerlo, pero no hasta entonces».

Si no tienes mucha experiencia para poner límites, esto puede sonar duro o malo. Pero observa que esta acción se toma únicamente cuando no hay otra cosa que funcione, y que se refiere a la reconexión y no al castigo. Observa que desaparece si el esposo lo entiende y cambia. La esposa se reconecta, le da el amor que él necesita, y él es más amoroso con ella. Es todo razonable y adecuado.

Digamos que uno de los dos derrocha dinero. Como pareja, tienen objetivos y sueños para lo que están ahorrando: una casa, los estudios de los hijos o su retiro. Pero el que derrocha siempre se endeuda con sus tarjetas de crédito y gasta el dinero de manera frívola.

Cuando los recordatorios y los llamamientos no funcionan para resolver el problema, habrá que imponer estructura. Habrá que romper las tarjetas de crédito. Habrá que hacerse cargo de las finanzas. Habrá que llevar cuentas separadas si es necesario. Habrá que darle el control de las finanzas a una tercera persona. Si el que derrocha dinero sueña con una nueva casa, dile claramente que tendrá que ser financieramente responsable durante un período de tiempo considerable antes de que tomes un préstamo y una hipoteca. Probablemente encuentres muchas formas para mencionar los detalles, pero el punto es que necesitas hacer entrar estructuras externas hasta que el problema se resuelva.

Imponer reglas no significa que haya que hacer un diagnóstico de carácter de tu esposo. No significa que sea narcisista o que tenga un desorden de control. Hay personas que necesitan experiencia práctica para darse cuenta de sus efectos sobre los demás cuando las palabras no funcionan.

Qué sigue

Si tu conexión se ve dañada por la conducta o actitudes de tu cónyuge y si las palabras no funcionan, haz entrar las reglas. Protégete y preserva el amor que quieres tener.

DEJA ENTRAR A UN TERCERO. La mayoría de las personas necesitan hablar con alguien como, por ejemplo, un amigo responsable y seguro, para procesar lo que está sucediendo. Ver cuál es el problema, qué exactamente tiene que cambiar, qué reglas ayudarán a lograr el cambio y cómo enfrentar tu propia ansiedad durante el proceso son todas cosas difíciles de hacer en tu cabeza. Necesitas tomar prestada la cabeza de un amigo sabio y confiable. Habla con alguien equilibrado que esté a favor de la relación.

BASA LAS REGLAS EN LA RELACIÓN. Cuando decidas lo que harás, apela a la conexión. Deja en claro que no se trata de que quieras cambiar o corregir a la otra persona. Es porque quieres confiar y amarla, y no puedes a causa de lo que está haciendo. Siempre vuelve al objetivo: *estoy haciendo esto porque te quiero, porque quiero al "nosotros".* Si necesitas mucho apoyo de otras personas o recursos, no dudes en buscarlo. Estás obteniendo ese apoyo para poder resolver este asunto y reconectarte con tu cónyuge.

SIGUE HASTA EL FINAL. Si hacen falta reglas, establécelas y cúmplelas en tu vida. Si tienes miedo de no poder hacerlo hasta el final, detente y busca más ayuda y recursos, porque —de otro modo— empeorarás las cosas para los dos. Entregarte a tus sentimientos o sus ruegos destruye la efectividad del tratamiento, mostrando que la mala conducta no tiene consecuencias.

Salvavidas: COMPROMÉTETE AL PRINCIPIO DEL PROCESO A SEGUIR CON LA ESTRUCTURA DURANTE TODO EL TIEMPO NECESARIO. A MENUDO, EL TIEMPO AYUDARÁ A TU CÓNYUGE A VIVIR TU FIRMEZA Y A DARSE CUENTA DE QUE VAS EN SERIO. A MEDIDA QUE RECONOZCA SU NECESIDAD DE TI Y TU GRACIA, TENDRÁ MAYOR CAPACIDAD PARA CAMBIAR SU CONDUCTA. MANTEN LAS REGLAS, DALE GRACIA Y DALE TIEMPO. TE ALEGRARÁ HABERLO HECHO.

ACTITUD TONTA #8

«El otro debiera ser perfecto para el sexo»

¿Cómo es que algo tan maravilloso, tan sensacional, tan deseable y tan divertido como el sexo puede salir tan mal a veces? Sea cual sea la razón, este patio de juegos con frecuencia se convierte en un campo de batalla. Lo que tiene que ser una unión de los sexos se convierte en otra batalla de los sexos. Lo que tiene como propósito elevar a los matrimonios al gozo más alto los sume en la profundidad del dolor y la tristeza. A veces, esto sucede por cosas que uno o ambos traen a la relación. Y en otras ocasiones, proviene de cosas que se producen dentro de la relación. De una manera u otra, puede ser muy alentador, y muchas veces corroe la conexión.

Si te cuentas entre los matrimonios que han vivido el lado oscuro del sexo, tenemos buenas noticias para ti. Puedes hacer que vuelve el éxtasis. Puedes restaurar el gozo, la satisfacción, el amor y la pura diversión del sexo. Puedes aprender a recuperar el deseo y también la capacidad de llevarlo a su consumación.

Lo que ofrecemos aquí no es un manual del sexo, sino algo así como un manual de la esperanza. Verás que si tienes problemas sexuales no te pasa solamente a ti. Te ayudaremos a identificar los problemas sexuales más comunes para que sepas cómo manejarlos. Además, te diremos qué tipo de ayuda hay a tu disposición, para darte un empujoncito hacia la sanación.

Si el sexo es lo que hace falta rescatar en tu vida amorosa, aquí está el bote salvavidas que puede llevarte de regreso a tierra firme.

El buen sexo no sucede porque sí nada más

¿Qué es el sexo saludable? Dependerá de a quién le preguntes. De Hugh Hefner a *Cosmopolitan*, la Dr. Ruth y demás, no escasean las opiniones en cuanto a lo que es el buen sexo. La suposición común es que la respuesta del hombre es «más», y la de la mujer será «más conexión». Una encuesta quizá revelaría que hay tantas respuestas como matrimonios.

El sexo es un asunto muy individual, y por una buena razón. Se alimenta de los aspectos más vulnerables y personales del hombre y la mujer, y de su relación. Los terapeutas del sexo hace mucho tiempo ya se han dado cuenta de que la terapia sexual no era lo mismo que arreglar una tubería. Encontraron que para llegar al éxito no podían solamente reparar el mal funcionamiento del equipo. En cambio, tenían que concentrarse en la relación en sí. Descubrieron que el sexo era un atril sobre el cual la relación pintaba una imagen de sí misma. Si la relación es amorosa, también lo será el sexo. Si la relación es egocéntrica, también el sexo lo reflejará. Si la relación es conectada, la experiencia física seguirá el rumbo de la conexión. Pero si los cónyuges están apartados el uno del otro, el sexo corre peligro de ser solamente un acto físico de rutina.

Una cosa sí es segura: *el sexo es importante y poderoso.* Es el lugar que Dios reservó para que la unidad de un matrimonio se exprese de manera única y tangible, para que dos cuerpos se conviertan en «una sola carne». El sexo es el símbolo y la realidad al mismo tiempo, y —por cierto— uno de los designios más increíbles de Dios. Y como el amor y la comunión son los valores más altos en el universo, Dios le otorgó a la experiencia sexual un éxtasis como ningún otro. Con esa capacidad, viene también un poder increíble. La experiencia sexual en el matrimonio tiene el poder de hacer muchas cosas buenas por los cónyuges y la relación. Y cuando algo no anda bien en alguna parte, el sexo tiene su propia batería de amenazas.

A la luz del lugar elevado y honorable que Dios ha reservado para el sexo, y a la luz del placer y el dolor que puede traer, es bueno ver más allá de Heffner y *Cosmopolitan* para determinar qué es realmente el sexo bueno y saludable. Necesitas saberlo porque es una parte importante en esto de preservar y reestablecer tu conexión.

El sexo saludable sabe lo que es conveniente

Desde el punto de vista del Creador, el sexo es la expresión suprema de *conocer* a alguien. Como dijimos antes, la palabra en la Biblia para «coito», «tener sexo» viene de la palabra hebrea que significa «conocer». Es decir, que tener sexo con alguien es realmente conocerlo o conocerla de la manera más profunda. Es por eso que no es algo casual o poco importante. Por el contrario, el sexo es la más profunda expresión de intimidad y de conocer a la otra persona.

No es coincidencia que cuando Adán y Eva cayeran, la parte de sus cuerpos que cubrieron con hojas de higuera fueran sus genitales, porque esto simbolizaba su más profunda vulnerabilidad. De andar «desnudos sin avergonzarse» (ver Génesis 2:24), pasaron a tener miedo de que les conocieran. La vergüenza, la incomodidad, el miedo, la culpa y la desconexión se habían interpuesto en su camino hacia la capacidad de dejarse conocer como personas en su más profundo nivel.

Primero y ante todo, el sexo saludable es el sexo que expresa el conocimiento mutuo en la intimidad más profunda, *sin miedo, vergüenza, dolor o culpa.* El sexo es donde se expresa total vulnerabilidad, es conocer el corazón, la mente, el alma y la fuerza de la otra persona. Veamos algunas de las cosas que ayudan a los matrimonios a conocerse mutuamente de las maneras bíblicas más profundas o sexuales.

El sexo saludable es sexo conectado

«A veces, él no une lo mental con lo físico», Amanda me dijo a mí (Henry), al referirse a su experiencia de sexo con Jacobo. Él la apuraba hacia el acto físico, pero ella sentía que dejaba atrás su corazón y su alma. Como resultado, se sentía desconectada de su esposo mientras hacía el amor con él. ¿Por qué? Porque él le hacía el amor solamente a su cuerpo, y no al resto de ella. Estaba «teniendo sexo» y no haciendo el amor.

Así que comenzaron a trabajar en esto. Establecimos como regla que Jacobo no podría avanzar físicamente sin primero conversar y «encontrarla». Tenía que expresarle a Amanda lo que sentía por ella, las cosas de ella que le gustaban, su deseo de estar cerca de ella. Tenía que escuchar qué era lo que ella sentía por él y también qué quería.

A medida que Jacobo y Amanda comenzaron a hablar más, empezaron a compartir también otras cosas que tenían en mente, y la relación verbal se convirtió en un conocimiento profundo que llevó a una relación sexual que ahora no era solamente mental, sino mucho más física de lo que habían conocido antes. Al final, Jacobo obtuvo más de lo que buscaba en el comienzo, pero sin ir primero a lo físico. Encontró que lo físico venía después de la conexión.

De una manera rara, el mejor manual del sexo podría ser el *Diccionario Merriam- Webster*. Al buscar la palabra «coito», encontramos: «1) la conexión o trato entre personas o grupos, 2) el intercambio, especialmente de pensamientos o sentimientos, 3) el contacto físico sexual entre individuos que involucra los genitales de al menos una persona». (Si los matrimonios tan sólo siguieran el orden que indica el diccionario, las cosas funcionarían mejor: 1) tratarse de manera que los conecte; 2) intercambiar ideas y sentimientos; 3) ¡ir por ello!)

A fin de cuentas, el buen sexo es sexo conectado. Sexo en un matrimonio conectado.

El sexo saludable se da gratis y con libertad

Como hemos dicho ya, donde hay amor también encontrarás libertad. Donde hay control, el amor se derrumba. El amor es algo que se da gratuitamente, con libertad. Si alguien se siente controlado y obligado a dar sexo, ya no es amor, sino esclavitud.

El sexo saludable es aquel en que ambas partes se sienten presentes, en ese acto, por propia decisión. Han dicho que sí con sus cuerpos y sus corazones. El problema viene cuando dicen que sí con el cuerpo, pero no con el corazón.

Cuando las personas son libres de tener sexo voluntariamente, pueden estar realmente «presentes». Entonces, un aspecto importante para conectarse mutuamente en el sexo es hablar sobre el grado de libertad que cada uno siente al decir que no al sexo en algún momento en particular o a la participación en un aspecto del sexo. La relación sexual buena y satisfactoria es aquella en la que ninguno de los dos es obligado o a tener sexo cuando no quiere o realizar actos sexuales que no quieren.

Así como otras áreas de la relación mostrará diferentes preferencias, deseos o inclinaciones, lo mismo sucede con el sexo. Así como uno de los dos quizá quiera salir a cenar con más frecuencia que el otro, también uno de los dos quizá quiera más sexo que el otro, o en un día en particular cuando el otro no quiere. O así como uno de los dos puede preferir comida italiana, y el otro francesa, tendrán gustos distintos en cuanto a lo que desean y disfrutan sexualmente. Aquí está la clave: *En las buenas relaciones los amantes no ven estas preferencias como un problema, sino como algo natural.* Y en las buenas relaciones, así como en el resto de la vida, ambos se escuchan, comprenden y comprometen a entregarse mutuamente, de maneras que sean más satisfactorias para los dos. Nadie queda relegado.

Ceder significa dar a veces cuando uno no lo prefiere, como acto de amor. Ceder también significa quedarse sin algo a veces, cuando uno no quisiera, como acto de amor. Los que se aman, se otorgan libertad y actúan con libertad. En esto consiste *conocerse* realmente.

El sexo saludable es el sexo que acepta

Una de las actitudes más tontas que tienen los matrimonios en cuanto al sexo es que todos tendrían que ser expertos, y si no lo son, algo anda mal en su vida sexual. Es como si el resto de la vida requiriera de práctica y resolución de problemas, pero en esta área todo debiera venir ya completo, prearmado y con baterías incluidas. Nunca es así.

El buen sexo no es sexo de expertos, sino sexo en donde las dos personas se sienten aceptadas así como son y donde están, y donde la relación se siente bien, así como está, en el nivel de salud o competencia sexual que tenga. *El buen sexo es sexo «libre de fallas».*

Otórguense mutuamente la libertad de equivocarse. Otorguen a la relación la libertad de fracasar a veces. Algunas de las parejas sexualmente más satisfechas informan que pasaron del temor a que las cosas no vayan bien a la capacidad de reírse juntos de las veces en que la cosa no funcionó.

Si quieres una vida sexual estupenda, entonces trabajen en aceptarse el uno al otro en todas las áreas de la vida. Cuando una persona se siente completamente aceptada por su cónyuge, las barreras caen en todos los aspectos de la persona. Es el comienzo de estar desnudos y sin sentir vergüenza, que se traduce en pasión y libertad sexual. Saquen la crítica, la ansiedad por rendir al máximo, la culpa, la falta de perdón y toda otra expectativa poco realista de su relación y también de su vida sexual.

El sexo saludable es divertido

Bien, basta ya de todo lo serio. El sexo saludable no es solamente para la comunión profunda, sino también para recreación y diversión. (Probablemente esto ya lo sepas.) El sexo saludable implica conocerse el uno al otro por completo: en cuerpo, corazón, mente, alma y fuerza. Y parte de esto es el acto físico en sí. Hay sexo físico que es simplemente pasión, deseo y la unión de dos personas como «una sola carne».

También está el sexo «de alma» que viene de la personalidad, los sentimientos, intereses y expresiones de quién es cada uno en diversos aspectos únicos para cada uno en la pareja. También hay sexo que proviene de conectarse intelectualmente, uniendo las mentes y creencias. Pero en ocasiones, el sexo es nada más que el hambre físico que el uno tiene por el otro y viceversa. Quizá no sea la reunión de corazones más profunda, sino solamente un momento de pura diversión.

Hay matrimonios que necesitan permiso para ese tipo de sexo, para salir de la seriedad. Diviértanse y vuélvanse físicos. Recuerden lo siguiente: los matrimonios que disfrutan de los momentos en que el sexo es nada más que físico y diversión, tienen eso porque todos los demás aspectos de conexión están bien. Si la conexión del corazón es segura, y tú y tu cónyuge realmente se «conocen» mutuamente de todas las formas que hemos estado mencionando, pueden tener sexo físico y divertido, y nadie sale lastimado. La seguridad y la conexión ya están allí, por lo que son libres de volverse físicos nada más.

El sexo saludable requiere comunicación

Los matrimonios con la mayor satisfacción son los que hablan de sexo: hablan de sus deseos, preferencias, gustos, temores, disgustos, dolores, inseguridades y todo lo demás que pueda entrar en escena. Estos matrimonios tienen un espacio seguro para conocerse sexualmente, aparte de tener sexo nada más.

Es extraño, pero algunos matrimonios parecen pensar que automáticamente sabrán qué hacer en todas las situaciones sexuales. Después de todo, ¿no es el sexo un instinto natural? Nada puede ser menos cierto. Hablar es imperativo para que el sexo sea saludable. Abrirse el uno al otro requiere seguridad. Creen un espacio donde puedan conectarse con respecto al sexo, aparte de la conexión por medio del sexo. No se critiquen ni se juzguen sobre lo que acabamos de mencionar. Hagan que esté bien comunicar abiertamente lo que sienten, sin que ninguno de los dos lo tome como algo personal. Recuerden, el objetivo es conocerse mejor, y para esto necesitan tener la posibilidad de conversar a salvo.

«Conocerse» es un proceso

Toma tiempo poner en práctica todas las cosas que mencionamos aquí. El sexo significa «conocer» a alguien, y debes recordar que toma tiempo conocer a una persona. El sexo saludable es como cualquier otro aspecto de tu relación: toma tiempo.

Los matrimonios con sexo saludable se dan tiempo para poder conocerse mutuamente. Nunca suponen que ya lo saben todo acerca de sí mismos o del otro, y están siempre aprendiendo. Se dan el tiempo necesario como para asegurarse de que suceda todo lo que tiene que suceder.

Salvavidas: TODOS TENEMOS QUE TRABAJAR, OCUPARNOS DE LOS HIJOS, LAS PRESIONES PERSONALES O LA VIDA. A PESAR DE TODO LO QUE LLENA NUESTROS HORARIOS Y AGOTA NUESTRA ENERGÍA, TENEMOS QUE DARLE AL SEXO TIEMPO Y ESPACIO PARA QUE RECIBA LA ATENCIÓN QUE MERECE EN NUESTRO MATRIMONIO. SI INVIERTEN TIEMPO EN CRECER JUNTOS Y SIGUEN TRABAJANDO EN SU VIDA SEXUAL, LOS BENEFICIOS VALDRÁN LA PENA.

Desenredemos los enredos del sexo no saludable

En el último capítulo, hablamos de algunos de los ingredientes que crean sexo saludable. Antes de avanzar, repasémoslos brevemente:

- Conocerse
- Ser libres
- Divertirse
- Ver el sexo como proceso
- Estar conectados
- Aceptarse
- Comunicarse

Si estos son los ingredientes del sexo saludable, ¿cuáles son los del sexo no saludable? Respuesta: la ausencia de estas mismas cosas. Veamos el otro lado del sexo saludable por un momento, para que puedas librar tu relación de las dinámicas que destruyen tu conexión en lo sexual y más allá de lo sexual.

No conocerse o no conectarse

Si «conocerse» es de lo que se trata el sexo, entonces la *ausencia* de conocimiento mutuo es sexo no saludable. El sexo no saludable o desconectado se da cuando uno de los dos no se relaciona con el otro como persona completa, pero aún así quiere sexo. No se toma el tiempo de encontrar el corazón, la mente, el alma y la fuerza del otro; quiere sexo desconectado del resto de la persona.

Ese tipo de sexo es muy feo para el otro, y la conexión en general se rompe en lo sexual y relacional. No es poco común que las mujeres digan que el sexo parece una experiencia totalmente solitaria que las deja vacías. He trabajado con mujeres que me contaron que a veces lloraban en silencio mientras tenían sexo, y sus esposos ni siquiera se daban cuenta. Eso es desconexión, en todo el sentido de la palabra. Otras informan que después del sexo, dan la vuelta en la cama hacia un lado y lloran en secreto. Obviamente, cuando esto sucede el corazón de la mujer no está en el acto sexual.

Cuando los hombres tienen sexo desconectado, a menudo quitan los aspectos del corazón de la relación. Esta desconexión es una de las principales razones por las que existe la adicción a la pornografía y la infidelidad. Cuando uno se relaciona con su cónyuge solamente con el cuerpo y no con el resto de su persona, está en un estado no saludable. Si el único modo en que se conecta con su cónyuge es a través del sexo, la conexión no tiene amor y algo anda mal.

Si sientes que se te trata como objeto sexual y tu relación física está despojada de sentimientos, alma y corazón, es momento de hablar al respecto. Habla de tus miedos, penas, necesidades, dolores y deseos. Establece una estrategia para que tu conexión física sea igual a la conexión de la relación. Pónganse de acuerdo para tener sexo solamente cuando ambos se sienten escuchados, entendidos y conectados el uno con el otro. Entonces, trabajando juntos, formen una estrategia para que su conexión física sea igual a su conexión relacional. Será bueno para ambos.

Sin libertad

Recuerda, hay que tener libertad para tener amor. Así que si uno de los dos pone presión sobre el otro, controlándolo para tener más sexo de lo que el otro quiere, o teniendo un tipo de sexo que no quiere, entonces esto no es saludable. Los matrimonios deben hablar con respecto a estas diferencias, y negociar, ceder y renunciar. Es algo normal.

Lo que es poco saludable es cuando esas renuncias se hacen en contra de la voluntad de uno de los dos. No es bueno cuando la presión de la personalidad, la manipulación, la culpa o algún otro medio coercitivo —aunque sutil— hace que uno de los dos se vea obligado a hacer algo que le hace sentir incómodo.

Hablen sobre este asunto. Hablen de la libertad que existe en su relación para decir que no, con facilidad y sencillez, como al decir: «Esta noche no, por favor. Estoy muy cansada o cansado». No hace falta tener dolor de cabeza para decir que no. Parte de una relación amorosa y una conexión saludable es la libertad de decir que no al sexo, como se diría que no a cualquier otra cosa que uno no quiera en el momento.

Si no sienten ese tipo de libertad en la relación, el problema puede estar en uno de los dos, su cabeza o quizá sea una dinámica entre ambos. A veces, uno no puede determinar cuál de las dos cosas es hasta haberlo conversado. Del mismo modo, es importante que se pongan de acuerdo en qué cosas aceptarán y qué no al tener sexo. Asegúrense de que estos acuerdos no se deban a presiones o acciones coercitivas de ninguna clase.

Tienen que tener libertad para tener amor. Al mismo tiempo, si la libertad se ejerce sin cuidado de las necesidades del otro, el amor también pierde. Decir que no a todo y no tomar en cuenta las necesidades sexuales o deseos del otro tampoco es amor. Es aprovecharse de la libertad. Así que encuentren el equilibrio entre la libertad y el amor.

La libertad va más allá del dormitorio, pero vuelve para acechar a los matrimonios *en* su cuarto. Si hay dinámicas de control en su relación, lo más probable es que su vida sexual se vea afectada. Esto puede deberse a la falta de deseo del esposo por la esposa y su atracción a la pornografía o a otras mujeres, al punto de que se siente controlado por ella y se aparta sexualmente, porque la sexualidad y el poder para los hombres son dos cosas muy ligadas. Hay una razón por la que se usa la palabra *potencia* para describir la capacidad sexual masculina: porque tiene que ver con el poder. Si siente que no tiene poder alguno en la relación con ella, esto se verá en su relación sexual. La falta de deseo, la impotencia, la eyaculación precoz y la adicción sexual pueden provenir de la dinámica de control. Hagan de la libertad uno de sus más altos objetivos en la relación (Gálatas 5:1).

No aceptar

Pocas dinámicas causan mayor disfunción sexual como la falta de aceptación. Si un hombre siente que es controlado por la dinámica del rendimiento, por ejemplo, puede sufrir de impotencia. Y en el caso de una mujer, puede sufrir de varias cosas que van desde la falta de lubricación a la falta de orgasmos. La buena respuesta sexual necesita de la falta de tensión, y la ansiedad por el rendimiento causa tensión. Obviamente, son incompatibles. Una de las cosas que más ayudan a un terapeuta sexual es curar la impotencia librando al paciente de la ansiedad del rendimiento. Puede ser así de simple, y sin embargo, parece un milagro.

Hay otras áreas de falta de aceptación que también caben dentro de lo que es el rendimiento sexual. No aceptar el cuerpo del otro, la forma en que hace el amor o cualquier otro aspecto de su persona pueden ponerlo bajo la dinámica de la vergüenza, con lo cual se crearán sentimientos de incapacidad. Estos sentimientos también llevarán a algún tipo de problema en la respuesta sexual. Es decir, *que nadie debiera preocuparse jamás por no ser «suficientemente bueno». Esta preocupación es la que mata al sexo.*

No hay nada de malo en hablar sobre la forma en que uno o el otro quieren que se hagan las cosas. Sin embargo, está muy mal que se haga esto de manera crítica o vergonzante. Hagan un inventario para ver cómo se piden las cosas mutuamente. ¿Hay atisbos de desaprobación, enojo, culpa, vergüenza o comparación en su voz o lenguaje corporal? ¿Están implicando la pérdida del amor o la conexión por algo en el rendimiento del otro? Es bueno poder hablar sobre esto, pero hay que cuidar la forma en que se conversa. Pregúntense cuán aceptados se sienten el uno por el otro. Pregunten cómo pueden pedir o responder sin que el otro se sienta herido, presionado o desalentado.

En una vida amorosa saludable, tiene que haber aceptación de lo malo —los miedos, los sentimientos, las fantasías, los deseos, las penas, las incomodidades, los defectos, el pasado o lo que sea que esté al acecho entre el corazón de uno y la conexión— y lo bueno por igual. Trabajar hacia la aceptación del propio ser mejorará su vida sexual. Escuchen cómo se hablan, especialmente mientras están haciendo el amor. ¿Son críticos consigo mismos? ¿Están evaluándose? Hay que acallar esa voz y avanzar hacia la aceptación.

Sin diversión

El sexo tiene que ser divertido. Para la mayoría de los matrimonios, esto es natural, especialmente al comienzo. Pero para muchos, el sexo se convierte en rutina, deber, obligación. Y eso no es saludable.

Si a tu vida sexual le falta espontaneidad, libertad y disfrute, hay algo mal. A veces, puede ser causado por una pena o herida persona, como el abuso en el pasado, y esto hay que comprenderlo y sanarlo. Otras veces, proviene de una enseñanza religiosa rígida o mensajes de los padres que habrá que reelaborar en la mente. Recuerda que ¡hasta los misioneros tenían una posición que consideraban buena! Ese viejo chiste quizá se haya originado en algún tabú religioso sobre el sexo, que se veía bien solamente para hacer bebés, y no como fuente de placer o disfrute. Cualquiera que sea el origen de estos tabúes religiosos, no viene de Dios. Lee el Cantar de Cantares en la Biblia, y encontrarás una de las descripciones más explícitas del sexo en el matrimonio que puedas encontrar en cualquier parte. Si se leyera ese libro en la iglesia, el director del coro se sonrojaría.

Las obligaciones e inhibiciones son malas para el sexo bueno. Ambos necesitan mayor libertad para que el gozo pueda volver al dormitorio (o dondequiera que estén).

Sin comunicación

Lamentablemente, muchos matrimonios tienen miedo de hablar sobre lo que en realidad quieren y no quieren en su vida sexual. Como resultado, están destinados a permanecer atascados, porque ninguno de los dos sabe verdaderamente lo que el otro quiere.

Si no tienen relación de diálogo, su relación sexual también se verá afectada. Pero si no hablan, quizá sea porque hay otras dinámicas que contribuyen al problema. Vean por qué no pueden comunicarse en cuanto al sexo.

¿Es reactivo uno de los dos? ¿Está a la defensiva? ¿Es crítico? ¿Toma las cosas como algo personal y no puede aceptar la opinión o crítica? ¿Es moralista? Si estas dinámicas están en juego, hablen de ellas y su relación con el sexo. Sea lo que sea que esté impidiendo la comunicación, elimínenlo.

Quizá sus fallas en la comunicación no se deban a la relación en sí, sino a los miedos propios en cuanto a poder abrirse y hablar. ¿Por qué este miedo? Enfrenten estos temores. Su vida sexual se beneficiará si se animan a correr este riesgo.

No ver el sexo como un proceso

El sexo no se puede apurar. Si hay presión en su relación sexual para que la vida sexual sea perfecta ahora mismo, eso no es saludable. Es una actitud tonta, y hace falta ajustarla para que el sexo sea un viaje que hagan juntos, totalmente a salvo y sin presiones de tiempo por llegar al destino.

El viaje sexual con tu cónyuge es un viaje de descubrimiento, placer, autoconocimiento, conocimiento del otro y aventura. Sepan que jamás «llegarán allí», sino que aprenderán cada vez más el uno del otro, y aprenderán a hacer el amor mejor hasta que la muerte los separe. Sabemos hoy, a partir de la investigación sobre la tercera edad, que el sexo continúa durante mucho más tiempo y en forma mucho mejor de lo que mucha gente piensa. Ambos tienen bastante tiempo para estar sexualmente juntos, hasta el ocaso de su vida, de modo que pueden ver su sexualidad como una aventura de toda la vida.

Y también está la versión microcósmica de esta misma verdad. Así como tienen que darse tiempo a lo largo de la relación para lograr hacerlo bien, también tienen que darse tiempo en cada encuentro sexual. ¡No se apuren! De eso se trata el juego previo, la paciencia, la falta de presión y todas esas cosas. Otórguense el tiempo que les lleve relajarse, sentir placer, amor, conexión y todo lo demás. El sexo no es una carrera.

Falsas expectativas sexuales

Otra de las formas en que el sexo puede volverse no saludable es cuando hay falsas expectativas. Este problema hace estragos hoy, en especial con la manera en que nuestra sociedad ha vendido el sexo como la panacea para todos los males de la humanidad. Se le pide al sexo que logre más de aquello para lo que fue creado, y se ha elevado al punto de ser lo más importante en la vida.

El sexo *no puede ser* la totalidad de una relación, como sugieren muchas revistas y películas. Es darle un brillo que va más allá de toda posibilidad real. Intentar que tu vida sexual siga los patrones que presentan los medios de comunicación es similar al caso de las mujeres que tratan de verse como las modelos en las fotografías, peinadas y maquilladas a la perfección. No existe esa imagen en la realidad.

Las falsas expectativas sexuales pueden originarse en cualquier cosa, desde comparar a tu cónyuge a ti mismo con un personaje de ficción en las películas, leer artículos en revistas que indican la frecuencia o tipo de orgasmos que hay que tener o determinar la longevidad o intensidad de la experiencia a partir de comentarios de amigos. Hay que ignorar todas estas tonterías. Este tipo de fantasías sexuales tienen como propósito vender películas y revistas, y no hay un gramo de verdad en ellas. Lo cierto es que el sexo es muy individual, y cada persona y cada relación son diferentes.

Tu rendimiento sexual, aparte de las disfunciones reales, es tu rendimiento sexual. Tu relación es tu relación. El único parámetro que importa es la satisfacción y plenitud que alcanzan el uno con el otro. No dejen que las falsas expectativas les roben lo que es bueno y satisfactorio para ustedes. Dejen que la realidad sea todo lo buena que pueda ser, y hagan que amarse mutuamente sea la expectativa real que tratan de alcanzar.

La buena noticia sobre el sexo no saludable

La buena noticia sobre el sexo no saludable es que hay solución. Resolver los problemas sexuales es una de las áreas de la consejería donde más éxito se logra. Si tienes problemas sexuales, te sugerimos que consultes a un terapeuta sexual calificado. Lo más probable es que pueda ayudarte mucho.

La noticia realmente buena és que los problemas sexuales se solucionan al mismo tiempo que los problemas de relación. Lo que hemos tratado aquí tiene que ver con mejorar tu relación y tu vida sexual.

Salvavidas: TRABAJAR SOBRE TU VIDA SEXUAL ES UN MUY BUEN COMIENZO PARA CONCENTRARTE EN RECONSTRUIR LA CONEXIÓN, YA QUE LLEGA A MUCHAS ÁREAS QUE TIENEN QUE VER CON EL REENCUENTRO MUTUO. ¡COMIENCEN AHORA MISMO!

Mantengamos viva la llama del hogar

La música es suave, la luna brilla en lo alto. Los amantes se miran desde el balcón, y el reflejo de las luces de la ciudad forma caminos destellantes hacia el cielo. Se acarician, y él la lleva hacia el interior, pasando por la puerta abierta del balcón, mientras la brisa mueve las cortinas. La luz se hace tenue y los amantes desaparecen en las profundidades de la dicha romántica y sexual, mientras el público debe imaginar el resto.

¿Te suena conocido? Los retratos de Hollywood en cuanto al sexo son entretenidos para mirar, pero llevan a muchos a esperar que lo único que necesitan para lograr una relación sexual plena es luz de la luna, un poco de brisa y la música adecuada. Las películas nunca muestran a la pareja cinco años más tarde, tres niños más tarde ni cincuenta y cuatro horas de trabajo más tarde, con 20 Kg. más, ni ninguno de esos «más tarde» de lo que está hecha la vida real. En la realidad, para sostener la conexión sexual en el matrimonio hace falta concentración, atención y trabajo. La buena noticia es que todo lo que vale la pena implica esfuerzo, y el esfuerzo vale la pena a fin de cuentas. En este capítulo, te daremos algunos consejos sobre cómo mantener viva y saludable tu vida sexual.

Hablen, hablen, hablen

Nunca podremos cansarnos de decir lo importante que es conversar para la conexión sexual. Tienen que hablar sobre cosas como:

- ¿Cómo te sientes en cuanto a tu vida sexual? ¿En qué te gustaría que cambiara tu vida sexual?
- ¿Cuáles son tus áreas de inseguridad?
- ¿Qué áreas querrías explorar?
- ¿Cómo te sientes respecto del juego previo, y en qué te gustaría cambiarlo?
- ¿Qué es lo que tu cónyuge hace que realmente te gusta, y que desearías que hiciera más?
- ¿Qué es lo que hace tu cónyuge que no te gusta, y que querrías que no volviera a hacer?
- ¿En qué sientes inhibición, y qué podría hacer tu cónyuge para que no te sintieras así?
- ¿Qué posiciones te gustan, cuáles no te gustan, cuáles querrías probar?
- ¿Qué es lo que te hace difícil comunicarte en cuanto al sexo?
- ¿Qué fantasías tienes que querrías que tu cónyuge cumpliera?
- ¿Qué miedos tienes en cuanto al sexo?
- ¿Qué cosa te provoca tensión?
- ¿Qué cosa te relaja?
- ¿Qué te excita antes del sexo y hace que comiences a desear a tu cónyuge?
- ¿Qué quieres que sepa tu cónyuge sobre cómo te sientes, que todavía no sabe?
- ¿Qué actitudes, acciones y palabras ayudarían a que te sintieras más a salvo, con mayor plenitud?

No sean críticos, para poder sentirse a salvo y hablar libremente sin herirse el uno al otro con cometarios o críticas. Si no pueden llegar a este lugar seguro, esto indica que hay otro problema, y necesitan hablar con un consejero.

Estar con los ojos bien abiertos

A veces, tus propios sentimientos en cuanto al sexo o tu propia persona te impiden responder. Ten los ojos bien abiertos en cuanto a tus creencias, lo que te dices a ti mismo, tus culpas y tu mundo de ideas en cuanto al sexo y durante el sexo. Trabaja en estos patrones y creencias que interfieren y tienen que cambiar. Habla sobre esto con tu cónyuge, con un buen amigo o un consejero. Tanto los hombres y las mujeres que tienen problemas de rendimiento o excitación sexual suelen tener pensamientos que llevan a esos síntomas.

Además, mantén los ojos abiertos para estar al tanto de tu cuerpo y tus sensaciones. Tómate el tiempo para contactarte con tu cuerpo, y aprender qué te excita y qué te hace sentir a salvo, así como qué te provoca nervios o tensión. No hay nada malo en conocer tu cuerpo, en saber qué te excita, cómo te relajas, cómo disfruta. Así que date un baño tibio y aprende a sentir tu cuerpo. Tócate y descubre qué cosas se sienten bien, y dónde están tus sensaciones más sensuales. Comparte esto con tu cónyuge e instrúyelo sobre tu cuerpo y tus sensaciones.

Ejercicios sensuales no sexuales

Una de las cosas más importantes entre las que los terapeutas sexuales utilizan, es hacer que las parejas realicen ejercicios sensuales no genitales y no sexuales, que se conocen a veces como el foco sensual. Esto implica imponer una regla sobre no tener contacto "genital con genital" o ningún tipo de contacto genital. Hay razones para probar que el foco sensual ayuda a los matrimonios que quieren mejorar su vida sexual.

El enfoque sensual quita la presión del rendimiento. Nada impide la sexualidad más que la ansiedad del rendimiento. La presión ya no está porque no hay objetivo como la excitación, el orgasmo, «hacerlo bien», el agradar al otro, el llegar pronto o lo que sea que cause presión. La idea es agradar al otro por medio de masajes, caricias, recorrer el cuerpo con las manos, entre otras cosas. No hay manera de fallar, así que no hay nada más que placer, relajación, afecto y ternura.

El enfoque sensual les permite entrar en contacto con el cuerpo. Les ayuda a descubrir qué se siente bien, emocional y eróticamente, qué es relajante, qué es íntimo, qué los conecta y demás. Ayuda a las personas a redescubrir –o a descubrir por primera vez– su sexualidad. Hace mucho por curar los problemas de excitación causados por la ansiedad.

El enfoque sensual es una experiencia que conecta en sí misma. Es conexión sin sexo, que es lo opuesto a la mayoría de los problemas sexuales, que consisten en sexo sin conexión. Coloca al buey delante de la carreta a veces por primera vez. Es muy sanador y potente.

El enfoque sensual educa a cada uno con respecto al otro. Aprenderás cosas que no sabías que le gustaban al otro, y también qué le disgusta. Pueden hablar sobre cómo se sienten durante el ejercicio de foco sensual, y en otras ocasiones quizá no hablen para solamente disfrutar la experiencia, dejando la conversación para más tarde.

El enfoque sensual entrena a los hombres a ir más lento en su tendencia a ir tras el objetivo. Cuando lo hace, el hombre muchas veces descubre que ella es realmente sensual, que responde, y que hasta es erótica. El problema es que nunca se había tomado el tiempo para descubrirlo.

Eliminar la evaluación

Hay pocos asesinos del deseo y el rendimiento, como dijimos, que superen a la evaluación y la ansiedad por el rendimiento. Observa qué pasa por tu cabeza mientras haces el amor. ¿Te suena conocido lo siguiente?

- «Él piensa que me tardo demasiado.»
- «Ella no piensa que soy buen amante.»
- «No se excita. Debo ser yo.»
- «Piensa que no soy sexy o que estoy muy gorda.»
- «Espero que lo esté disfrutando. Quiero que me ame.»
- «No quiero que piense que soy un pervertido. Mejor me contengo un poco.»
- «Quiero expresar más, pero temo que piense que soy rara.»

Estas son declaraciones reales que he escuchado de personas, acerca de lo que pasa por sus mentes, y que preceden a la inhibición, la excitación demorada, la incapacidad para rendir, la insatisfacción y otros problemas. Recuerda, tu órgano sexual más poderoso es tu mente. Allí comienza y termina el sexo. No permitas que la evaluación que mata al sexo habite tu mente. Deja de evaluar y comienza a experimentar y disfrutar. Entra en el momento y siéntelo. Concéntrate en ese momento. Habla, pero no juzgues. Eso lleva al miedo y la vergüenza.

El sexo comienza en la cocina

El viejo dicho declara: «el sexo comienza en la cocina». En otras palabras, si el marido evita ayudar a su esposa o conectarse con ella más temprano cuando todavía no han ido al dormitorio, no puede esperar excitarla al instante en el dormitorio. Ella irá a la cama sintiendo desconexión, y hasta indiferencia o falta de amor. Y si la mujer es protestona, controladora o criticona, la libido del hombre se derrumba.

El sexo no comienza cuando comienza el «sexo». Nace de la conexión, el amor y la ternura que hayan mostrado hasta ese momento. Ese momento es solamente la culminación de lo que ha estado sucediendo. Si la atmósfera es negativa o sin amor antes de ese momento, no cambiará mágicamente en un instante. Así que ambos comiencen el sexo más temprano. Hombres, búsquenla de manera no sexual durante el día. Y busquen todas sus partes, no solamente su cuerpo. Es decir, sean amorosos, amables, tiernos, incitadores, y ayuden en la cocina, en el teléfono, durante el día, y tendrán más posibilidades de que ella haga que se alegren por haberlo hecho así.

Eliminar la presión

La presión de cualquier tipo obra en contra de todo lo que el sexo tiene que lograr. Quiten la presión del rendimiento del dormitorio y su relación. Si él no logra la erección o le toma tiempo lograrla, hagan que esté bien. Disfruten de estar juntos y de acariciarse. Muchos problemas de erección se curan cuando está bien no tener una erección. De manera similar, ella no debe sentirse presionada para llegar al orgasmo o excitarse en determinada cantidad de tiempo. Si esto sucede, lo más probable es que se logre el efecto contrario.

Hombres, por sobre todo, *vayan más lento.* Las mujeres necesitan mucho más tiempo que los hombres para excitarse. Las investigaciones muestran que las mujeres necesitan que las acaricien, que las toquen (no precisamente en los genitales), que les hablen, que las relajen y demás detalles, unos veinte a treinta minutos antes de que estén listas para el contacto genital. A algunas les lleva todavía más tiempo.

El problema es que algunos hombres ven esto como un precio que hay que pagar, para «llegar allí», y no como parte de la experiencia misma. Las palabras *juego previo* implican que es realmente preliminar a lo realmente importante que viene después. El juego previo es una parte muy importante del buen sexo. A ella no le lleva tan poco tiempo como a él. Recorran el camino de la conexión, juntos, y vayan lento.

Las mujeres necesitan sentir comunión y se excitan lentamente para llegar al deseo. Los hombres llegan primero al deseo y luego pasan a la comunión. Esto es bueno, porque hace que el hombre sea el que busca, y lleva a la mujer a sentirse deseada y amada. Es designio de Dios.

Mujeres: no se impongan parámetros o tiempos para excitarse o llegar al orgasmo de forma determinada. Quizá no sean como las mujeres de las películas (no hay muchas que sean así, digamos de paso). Quizá tengan experiencias sutiles. Habrá momentos en que solamente querrán relajarse y conectarse. Menos de la mitad de las mujeres tienen orgasmos por el acto sexual en sí. La mayoría de las mujeres necesita estimulación directa. No se sientan mal por eso. Y maridos, no se juzguen como malos o torpes amantes si este es el caso. Si ella necesita estimulación directa, hagan que su esposa le enseñe como hacerlo.

Asimismo, señoras, tengan cuidado con el frágil ego de su esposo. Por alguna razón, los hombres son propensos muchas veces a tomar la opinión sexual como crítica a su hombría o virilidad. Ofrezcan opiniones de manera que no imponga presiones ni implique que su esposo no rinde lo suficiente.

Acaricien el ego y el cuerpo de sus esposos por igual. Así como la mujer necesita sentirse amada para responder, él necesita sentirse fuerte, sentir que es bueno. Ofrezcan elogios y apoyo. Básicamente, muestren su aprobación y sean positivas. ¡Sonrían, para comenzar! Es decir, estén con él en el tiempo que están juntos.

El punto aquí es que el sexo tiene que ver con una respuesta relajada, emocional, amorosa, relacional y física. Son un equipo que se complace mutuamente, y no que compite o se critica. Por todos los medios, traten de resolver estos problemas, y busquen un buen consejero sexual para que les ayude.

Vayan a lo físico

Las investigaciones muestran que las personas con mejor estado físico tienen mejor sexo. Lo habrán oído antes, de muchas fuentes, así que ¿por qué no están poniéndolo en práctica? Estén en forma, y coman sano. Descansen y reduzcan su estrés. Todas estas disciplinas están probadas como métodos para mejorar el sexo.

Por ejemplo, hay estudios que muestran que los hombres que hacen ejercicio tienen menos problemas de erección. Esto debiera motivarlos. El ejercicio da como resultado una libido más elevada, cambios hormonales y químicos en el cerebro, mejor circulación sanguínea y muchos otros beneficios sexuales. La gente en buen estado físico se siente mejor con su cuerpo, y por eso tiene menos inhibiciones. Las mujeres se sienten mejor cuando tienen control sobre su cuerpo. Ambos sexos funcionan mejor hasta edad más avanzada. Hay millones de razones para hacer esto, así que dejen esa tonta actitud de estar echados en el sofá, y lleven una vida más sana.

Hagan lo que tengan que hacer. Busquen un amigo o compañero, contraten un entrenador o vayan a un gimnasio. Han estado esperando ya mucho tiempo, y si solamente dependen de ustedes mismos, no lo harán. Busquen ayuda.

Busquen el tiempo

El amor lleva tiempo y espacio. Si están haciendo esto como un agregado, con los pocos minutos y la poca energía que les queda al final de día, entonces así será la calidad de su vida amorosa. Trabajar hasta tarde, la presión de una reunión temprano por la mañana, el cansancio del día, la preocupación, el agotamiento, son todos elementos que no conforman una buena vida sexual. Sin embargo, muchos matrimonios ponen el sexo al final de un día agitado.

Sean más preactivos. Busquen tiempo. Programen el momento para el sexo. Protéjanlo. Hagan variaciones. Salgan por la noche y no dejen que nada les moleste, a menos que sea una emergencia. Pasen un fin de semana a solas, hagan citas sexuales. Sea lo que sea que hagan, busquen tiempo para poder hacer el amor.

Apóyense mutuamente

Cuando uno de los dos tiene un problema o necesita crecer en algún aspecto, apóyense. Son un equipo. Apoyarse y aceptarse mutuamente en todas las situaciones implica dar un paso hacia una vida sexual mejor. Se necesitan el uno al otro, y ambos están en el mismo equipo.

Recuerden, los dos son una sola carne: cuando uno tiene un problema, el problema es de ambos. Así que, apóyense y dense aliento mutuo. El apoyo leal y la aceptación mutua en toda situación darán como resultado una vida sexual mejor. Si se apoyan mutualmente en los problemas, podrán fortalecer su conexión.

Como dijimos antes, este no es un manual del sexo ni un libro de instrucciones. Es más que eso. Lo que hemos intentado aquí es darles información probada a lo largo del tiempo que puede ayudarles en su relación. Sin embargo, no se queden solamente con esto. Hay mucha información de buena calidad, disponible para ayudarles a seguir aprendiendo y a crecer sexualmente como pareja.

Salvavidas: CONVIÉRTANSE EN ESTUDIOSOS DEL BUEN SEXO EN EL MATRIMONIO, Y EN ESTUDIOSOS DE SU CÓNYUGE Y DE SÍ MISMOS. ES UNA DE LAS COSAS MÁS SALUDABLES QUE PUEDEN HACER PARA RESCATAR SU VIDA AMOROSA.

La infidelidad es más que el adulterio

Como hemos visto, la plenitud sexual en el matrimonio tiene poco que ver con la técnica sexual, el atractivo o con ninguna de las otras cosas que Hollywood presenta como imprescindibles. La sexualidad satisfactoria es mucho más profunda, mucho más allá del aspecto, la mecánica, y la investigación le atribuye la cualidad de conexión en la pareja. ¿Qué tan bien se escuchan, qué tan bien atienden sus necesidades mutuas? ¿Hasta qué punto ven el sexo como otra forma de conocerse mutuamente, de sentirse a salvo y libres para ser todo lo que son el uno para el otro?

En esta sección sobre cómo volver a encender la vida sexual del matrimonio, hablaremos de una de las cosas más destructivas: *llevar la sexualidad fuera del matrimonio.* Si la plenitud sexual tiene que ver con la conexión total, entonces llevar partes de uno mismo fuera del matrimonio para gratificación sexual es uno de los enemigos de dicha plenitud.

Hay muchas formas de llevar el sexo fuera del matrimonio, y la más obvia es un amorío. La mayoría de las personas cuerdas ve la infidelidad como un problema para el matrimonio, y si son esas personas las que tienen un amorío, saben que están haciendo algo incorrecto y destructivo. Ya hemos hablado de resistirse a la tentación de un amorío, así que no nos dedicaremos a ese asunto en esta sección.

El ciclo de la adicción sexual

Además de los amoríos, hay otras formas en que se puede llevar la sexualidad fuera del matrimonio. Todos recordamos el frenesí en los medios por el asunto del presidente Bill Clinton con la pasante en la Casa Blanca. Al defenderse, Clinton insistió en que como los actos íntimos entre ellos no incluyeron relación sexual explícita, no entraban en la definición de sexo y que por eso no podían considerarse actos de adulterio. ¿Acaso el país se tragó la explicación del presidente? ¿Salió ileso? Ni por un momento. Casi todos los estadounidenses vieron su acción como una afrenta a su esposa, una afrenta a la moralidad sexual y al pueblo que lo había elegido. Todos podemos entender que cuando alguien cae en expresión o intimidad sexual fuera del matrimonio, se ha traicionado la confianza y se causa daño a la relación.

Los mayores ejemplos de esta traición a la confianza son la pornografía, las novelas o vídeos románticos, y la fascinación fantasiosa por otra persona. Y aunque las personas que ponen en práctica estas cosas no están teniendo un amorío real, sí están sacando una parte sexual de sí mismos, dirigiéndola en un rumbo diferente al de sus cónyuges. Estas actividades quizá no tengan las mismas repercusiones que el adulterio físico, pero aún así ensucian a la persona y a la relación, como les dirá Jesús y cualquier buen terapeuta matrimonial (Mateo 5:28).

Todo comenzó inocentemente para Joel, o así lo creyó. Estaba cansado. Había estado trabajando hasta tarde cada noche durante 3 semanas, en un proyecto muy importante para su empresa y su carrera. Todas las noches, mientras conducía cansado los treinta kilómetros hasta su casa en los suburbios, pasaba por el Cine Triple XXX que siempre tenía las luces de neón encendidas, como atrayendo a quien pasara por allí. Su esposa, Jenny, siempre estaba dormida para cuando llegaba, así que no se enteraría si él se tardaba unos minutos más. Después de todo, y porque había estado trabajando hasta tarde, no había tenido sexo desde que se iniciara el proyecto, y pensó que merecía un poco de diversión sexual para compensar esta falta. Se detuvo entonces, y entró.

Las chicas en los vídeos eran grandiosas, siempre dispuestas, siempre amorosas, siempre complacientes. No pasó mucho tiempo antes de que Joel se detuviera allí casi todas las noches. Al principio, su conciencia le molestó un poco, pero pronto se convenció de que no estaba haciendo nada realmente malo. No tenía sexo con estas chicas. De hecho, ni siquiera eran chicas de verdad, sino meras imágenes en una pantalla. Lo que hacía no tendría ningún efecto sobre Jenny. ¿Cuál era el problema entonces?

El problema es este: cuando uno de los dos se vuelca a la pornografía, por ejemplo, las partes de su ser que se comprometen de la actividad escapan al matrimonio y no están disponibles para la relación. La gente se vuelca a la pornografía y las relaciones de fantasía por muchas razones, entre ellas los miedos, los conflictos, la sensación de no poder más, la incomodidad consigo mismo, las críticas o el miedo a la intimidad. Estos sentimientos y dinámicas son comunes y comprensibles. La mayoría de los matrimonios tiene problemas como estos que en algún momento o nivel necesitan solucionar.

Sin embargo, el que recurre a la pornografía o las relaciones de fantasía, no necesita resolver estos problemas. La relación de fantasía jamás rechaza, desilusiona, no tiene conflictos, no controla ni critica. La fantasía siempre está allí, y como cualquier otro ídolo, siempre está bajo el control del usuario. Así que no hay riesgos, y hay muchas recompensas. Es por eso que la pornografía es la «droga» preferida por tantas personas. Tienen todas las sensaciones (o eso creen) que puede brindar una relación sexual, pero sin el dolor, la pena, el miedo o el riesgo. La gratificación es poderosa. La persona que está en la pornografía o la fantasía sexual siempre aprueba, siempre complace, siempre ama. Es una relación en la que una persona real no puede encontrar cómo competir. Con la pornografía, no hay quejas ni celulitis.

Así que, la persona se adentra cada vez más. Lo que no ve es que cada vez se aparta más de su esposa y la realidad. Su sexualidad real está separándose cada vez más del amor y la relación real. Como resultado, comienza a apartarse, relacional y sexualmente de su esposa. Y su libido desaparece. Se siente culpable, pero no puede parar. El interés sexual y relacional se esfuma. La adicción cobra su precio. No hay impulso ni motivación para resolver los problemas de la relación, porque el dolor recibe su remedio de la adicción. Es un ciclo, y nada impulsa a la persona de regreso a su cónyuge.

Pero eso no es todo. Cuando nos apartamos de la vida real, de la vida del sexo real que Dios nos dio y la relación real, nunca estamos satisfechos. Hay una lujuria que nos exige cada vez más, y nunca es suficiente lo que obtenemos. Por eso es que la gente se vuelve adicta a la pornografía, las novelas románticas o las fantasías masturbatorias. Cuando la excitación de esos sustitutos comienza a declinar, necesitan más para estimularse y sentir satisfacción, y entonces el ciclo se establece sólidamente. Nunca hay lo suficiente, así que hay que buscar cada vez más.

Cuando uno de los cónyuges se hace adicto a la pornografía, las novelas o vídeos románticos o las relaciones de fantasía, la víctima de todo esto es el matrimonio, ambos cónyuges. Sufren la intimidad, se levantan muros, el deseo sexual desaparece, el interés de esfuma y llega el aislamiento.

Qué hacer

Si este ciclo de adicción te describe, busca ayuda. No pienses que podrás detener tu adicción mediante tu fuerza de voluntad. Necesitas la ayuda de Dios y otras personas que entiendan tu adicción sexual para poder salir de allí. Llama a un consejero con experiencia en adicciones sexuales o asiste a reuniones de grupos como Sexahólicos Anónimos u otros grupos de recuperación creados para ayudar con este problema. La adicción sexual puede vencerse, pero necesitarás ayuda para lograrlo.

Si esto describe a tu cónyuge, ponte muy firme. Establece límites. Dile que no compartirás su persona con nadie más, ni siquiera con una persona imaginaria. Dile que quieres todo de él (o ella), y que quieres que el matrimonio funcione. Dile que podrás enfrentar y resolver lo que le haya causado dolor o pena a partir de tu actitud o acciones, y lo que haya hecho que no quiera acercarse a ti. Deja bien en claro que no seguirás fingiendo que el problema no existe, para que continúe como está ahora. Programa la cita. Si no asiste, ve tú y consulta con el profesional cuál es el mejor camino. No dejes que continúe. Ora por tu cónyuge, y pídeles a otros que también oren. Esto se puede vencer.

Si ninguno de los dos tiene este problema, no crean que no pueda sucederles. Nadie está por encima de la tentación a la fantasía, ni siquiera los que creen que jamás engañarán a su esposo o esposa. En sentido literal, quien piensa esto puede tener razón; no estarían engañando a su cónyuge cometiendo adulterio. Pero quien nunca piensa en tener un amorío, igualmente puede ser víctima de la fantasía para sentirse mejor cuando llegue un mal momento o una temporada de sequía.

Salvavidas: «EL QUE PIENSA ESTAR FIRME, MIRE QUE NO CAIGA» (1 CORINTIOS 10:12). UN GRUPO DE APOYO ES CLAVE PARA NO CAER. UN SISTEMA DE APOYO TE AYUDARÁ A MANTENERTE FIEL A TU CÓNYUGE EN TODO EL SENTIDO, Y A ENTREGARLE TODA TU SEXUALIDAD EN UNA RELACIÓN COMPROMETIDA, CON TODA LA PLENITUD QUE DIOS QUIERE QUE DISFRUTES.

Enfrentemos la disfunción sexual

Esta sección tiene dos propósitos: primero, te daremos información sobre disfunciones sexuales muy comunes entre las personas normales. Muchas veces, los que tienen problemas de funcionamiento sexual piensan que nadie más tiene ese problema. Quizá ni siquiera sepan que el problema tiene un nombre, que ha sido estudiado y entendido y que se puede corregir fácilmente. Si tienes problemas físicos, queremos que puedas darle nombre a lo que estés enfrentando y sepas que es común y tratable.

Segundo, queremos darte motivación y esperanza para enfrentar tu problema y buscar ayuda. La realidad es que la mayoría de los problemas sexuales son tratables, algunos en muy poco tiempo. La clave está en dejar de minimizar el problema y sus efectos en el matrimonio, y conseguir ayuda de un profesional con experiencia. Los resultados pueden ser sorprendentes, y tu matrimonio se beneficiará. Pero para que esto suceda, tienes que ser sincero y enfrentarlo directamente. Vence la culpa, la vergüenza, el miedo o lo que sea que te esté impidiendo actuar.

No alcanza lo que resta del libro para darte estrategias de autoayuda para estas dolencias. Hay buenos libros que pueden brindarte esto. Te alentamos a buscar estos libros y a leer más sobre qué es lo que puedes hacer por tu cuenta. Se puede lograr mucho de esa manera. La mayoría de las veces, la clave estará en un terapeuta sexual calificado. Te alentamos a buscar uno si la autoayuda no funciona.

Como el sexo es un asunto muy personal, muchos matrimonios simplemente ocultan o evitan tratar la disfunción sexual. No elijas esa opción. Si ambos son parte de un equipo, con convicción, sólido y están cada uno a favor del otro, si están dispuestos a dar total amor y aceptación para los problemas y defectos del otro, pueden resolver el problema. Les decimos: «¡Vayan por ello!».

Disfunciones sexuales comunes

Aquí mencionamos algunos de los problemas sexuales más comunes:

FALTA O PÉRDIDA DEL IMPULSO SEXUAL. Muchos matrimonios se encuentran en algún momento en una situación en que uno de los dos pasa por la disminución o carencia del impuso sexual. Ella quizá lo describa como falta de interés o motivación hacia el sexo. Con frecuencia, no hay razón dentro de la relación, porque ella se siente amorosa y positiva hacia su cónyuge. Pero siente que su libido ya no está.

Primero, hay que investigar las causas biológicas o médicas para la pérdida de la libido. El impulso sexual es una función física y psicológica compleja, y puede haber causas que hayan hecho que disminuyera o desapareciera. Los cambios hormonales, la depresión, la interacción entre drogas o sus efectos colaterales, la diabetes, el estrés o cualquier otra enfermedad pueden hacer que el impulso sexual disminuya o desaparezca. Puede haber una causa biológica perfectamente lógica que puede tratarse. No es natural no tener libido, así que su ausencia puede significar que hay algo que puede corregirse médica o biológicamente.

La falta de motivación sexual también puede deberse a problemas psicológicos o relacionales. Puede haber un problema en la dinámica de la relación o en la dinámica psicológica de uno de los cónyuges. Un buen terapeuta podrá ayudar con cualquiera de las dos causas. No es poco común pasar por la carencia de impulso sexual a causa de problemas con la propia imagen, con heridas del pasado que no han sanado o con recuerdos de los padres que hacen que una persona sienta represión sexual. Un buen terapeuta puede identificar y tratar estos problemas muy efectivamente. Te alentamos a buscar esa ayuda.

IMPOTENCIA. La impotencia es la incapacidad para lograr o mantener la erección para el acto sexual. Es una de las experiencias emocionales más dolorosas para el hombre, y para sus esposas también suele ser frustrante. Es muy común que la esposa se culpe por no poder excitar a su esposo o se sienta responsable de resolverlo. Así que, implica tensión sobre ambos.

Las causas de la impotencia también pueden ser físicas o emocionales. Nuestro consejo para la impotencia es el mismo que en el caso anterior: busquen primero los aspectos médicos. Muchas causas de la impotencia tienen relación con dolencias físicas, y los tratamientos médicos dan muy buenos resultados. Consulten con su médico antes de hacer cualquier otra cosa.

Las causas psicológicas, emocionales o relacionales tampoco son infrecuentes, y se pueden tratar con éxito también. La ansiedad por el rendimiento muchas veces puede ser el origen de la impotencia, y apenas se resuelve esto, las cosas avanzan rápidamente. El problema también puede estar causado por dinámicas relacionales o por la necesidad de cambios en la relación. Así que no lo posterguen para otro día: busquen ayuda de un médico o consejero calificados.

EVITAR EL SEXO. A veces, cuando hay tensión en la relación, uno de los cónyuges –o ambos– quizá evite iniciar o aceptar el sexo. Si este es el caso, se debe en general a que hay alguien que está sufriendo en algún aspecto. Evitar el sexo también puede deberse a motivos personales como abusos, inhibiciones o culpa, enseñanzas espirituales o religiosas represivas, mensajes de los padres, adicciones, miedo, vergüenza o muchos otros motivos. Hablen sobre esto para poder saber si es algo en la relación que habrá que resolver o un asunto personal que requiere ayuda. Aunque sea un asunto personal, también es relacional porque afecta a los dos, y la ayuda y apoyo de tu cónyuge serán muy importantes.

EYACULACIÓN PRECOZ. La eyaculación precoz también es gran causa de frustración para el hombre y la mujer. Él suele sentir que no sirve, que es mal amante porque no puede durar todo lo que hace falta para que ella disfrute como querría. Para los hombres con este problema, lo que los mata es que se sienten incapaces de corregir el problema.

La buena noticia es que la eyaculación precoz es muy tratable, aún con el tratamiento de autoayuda. Un buen libro de terapia sexual puede enseñar ejercicios probados y eficaces, y encontrarán que el problema se cura en poco tiempo. En otras ocasiones, quizá el problema sea un poco más complicado, pero un buen terapeuta sexual podrá ayudarles.

Al igual que los otros problemas sexuales, la eyaculación prematura puede ser relacional, psicológica o médica. Harán bien en consultar primero con el médico para descartar enfermedades. Asegúrense de preguntarle desde el principio si conoce los tratamientos de terapia sexual para este problema, solamente para estar seguros de que están recibiendo toda la batería de recursos disponibles. Ambos deben trabajar en esto juntos, con el mismo tipo de sensibilidad y apoyo que se darían mutuamente ante cualquier otro problema.

EYACULACIÓN RETARDADA. La eyaculación retardada es un problema cuya existencia muchos hombres desconocen, y cuando aparece, se preguntan qué anda mal. Como sucede con los otros problemas sexuales, puede causar mucha tensión en la relación. La esposa quizá crea que hay algo mal con ella o con la atracción que él siente. Comienza a sentirse responsable del orgasmo de él. Y hay hombres que culpan a sus esposas, añadiendo más peso al problema.

Hay ciertas dolencias y medicaciones que pueden causar eyaculación retardada. Hablen primero con su médico para que haga un buen diagnóstico físico. Si les dice que todo está bien, busquen a un terapeuta sexual. Muchos hombres con este problema pueden eyacular cuando se masturban, pero no durante el acto sexual. Hay técnicas de terapia sexual que pueden resolver el problema, sea relacional o psicológico.

VAGINISMO. El vaginismo es una dolencia que hace que la penetración en la vagina sea imposible a causa de una contracción involuntaria. Se cierra, y nada puede penetrar. Como sucede con otros problemas sexuales, el vaginismo puede estar causado por problemas físicos, relacionales o factores psicológicos. El vaginismo es muy tratable, y muchas veces se cura con ejercicios prescritos por un consejero o indicados en un buen libro de terapia sexual. En otras ocasiones, quizá haga falta una terapia sexual más extensa. Sea cual sea el caso, si sufres de vaginismo no esperes, y busca ayuda. Está disponible y funciona.

DISFUNCIÓN ORGÁSMICA. Como dijimos antes, en más de la mitad de los casos, las mujeres necesitan estimulación adicional además del acto sexual para llegar al orgasmo. Algunas parejas no lo saben, y ven su incapacidad para llegar al clímax como algo malo. Ese no es el caso. Trabajen juntos para brindarle a ella estimulación además del acto sexual. Las técnicas pueden variar, y pueden combinarlas en la secuencia que funcione en cada caso. No hay una forma única que funcione para todas las mujeres, y puede ser divertido buscar qué es lo que sí funciona. Sin embargo, hay una presunción equivocada, y es que se cree que todas las mujeres llegan al orgasmo durante el acto sexual.

La disfunción orgásmica también puede ser causada por presiones emocionales, psicológicas o relacionales. El orgasmo es una respuesta de «liberación», y una mujer está diseñada para liberarse cuando se siente relajada y a salvo. Cualquier cosa, sea interna o externa, que la ponga nerviosa, ansiosa o la haga sentir bajo presión, con miedo o incómoda, puede obrarle en contra. Examinen el tipo de dinámicas en su relación que puedan estar dando origen a estas tensiones.

La terapia sexual para la disfunción orgásmica puede ser muy útil, y la recomendamos. Si aprovechan la ayuda disponible, no solamente mejorarán su vida amorosa, sino que además la salud de la mujer en términos generales también mejorará.

Juntos

Donde hay amor, hay un camino. Los matrimonios comprometidos mutuamente pueden vencer grandes obstáculos o, en el caso de la disfunción sexual, obstáculos muy tratables que parecen enormes. Estos problemas parecen enormes porque la sexualidad es un punto de vulnerabilidad tanto en el hombre como en la mujer. Además, hay muchos sentimientos implícitos en la imagen propia y la imagen del rendimiento propio también.

El término *rendimiento*, como hemos visto, no tiene cabida en tu vocabulario sexual. Concentrarse en el rendimiento es una trampa que puede destruir la sexualidad, y a menudo está en el origen de la disfunción sexual.

Salvavidas: SOLAMENTE EL AMOR Y LA SEGURIDAD PUEDEN AYUDAR A UN MATRIMONIO A SALIR DE LA TRAMPA DEL RENDIMIENTO PARA ENTRAR EN LO QUE EL SEXO TIENE QUE SER: UNA FORMA PROFUNDA DE CONOCERSE MUTUAMENTE. SI NECESITAN AYUDA PARA LLEGAR ALLÍ, BÚSQUENLA POR TODOS LOS MEDIOS. SU VIDA SEXUAL Y SU VIDA AMOROSA SE LOS AGRADECERÁN.

Conclusión:
Al rescate

Bien. Aquí estamos. Has llegado al final, lo cual habla de esperanzas para tu matrimonio. Significa que tu relación te importa, estás dispuesto a darle tiempo y a hacer el esfuerzo. Habrá más esfuerzo más adelante, pero quienes se esfuerzan con amor tienen más posibilidades de encontrar que quienes nada más esperan que suceda.

Esperamos que hayas encontrado tu propia relación en estas páginas. Quizá no sientan el amor que quieren. Quizá el problema sea la intimidad o que la confianza no es como debería ser. Es posible que los conflictos hayan sido dolorosos o que haya un problema de identidad o carácter que se interpone. Al mismo tiempo, también esperamos que hayas encontrado soluciones, principios y consejos que se apliquen a tu situación. Porque creemos que las respuestas están para todos. Han funcionado con muchos, muchos matrimonios, y siguen haciéndolo. Solamente necesitas encontrar el camino adecuado para aplicarlas a tu relación.

Te sugeriríamos que no intentes rescatar tu vida amorosa a solas, ni los dos solos. Los matrimonios que se arraigan en comunidades saludables funcionan mejor. Encuentren una buena iglesia con grupos pequeños donde los matrimonios puedan abrirse y sentirse a salvo compartiendo sus problemas, identificándose, orando los unos por los otros, encontrando apoyo, información y gracia mutua. Afortunadamente, hay muchas iglesias buenas que ofrecen este tipo de grupos para matrimonios y familias.

Muchas veces, el matrimonio se pregunta: «¿Por dónde empezamos? Tenemos que trabajar en varias áreas». Hay una forma de responder a esta pregunta. Comiencen con este principio en mente: *el problema o la preocupación que más impida la intimidad es aquel por el cual tiene que empezar el rescate*. Es decir, tomen la conexión como guía. Lo que sea que impide el amor, el apego, la seguridad, la confianza y la pasión, eso es lo que tendrán que conversar primero, de manera vulnerable y sincera. Comuníquense qué es lo que realmente quieren: amarse el uno al otro. Y pónganse a trabajar.

Los planes y la estructura son importantes. Esperamos que ahora tengan algunas ideas no sólo de las conversaciones, sino también de cómo aplicar los principios. Para más ayuda con aplicaciones personales de estos principios, te alentamos a usar la *Rescue your love life personal discovery guide* (Guía de Descubrimiento Personal para Rescatar tu Vida Amorosa).

Hagan de su vida amorosa una parte activa y planeada de su vida real como lo hacen con el ejercicio, el entrenamiento y la asistencia a la iglesia. Se sorprenderán ante el progreso que pueden lograr para rescatar lo bueno y desechar las actitudes tontas, si trabajan un poco unas veces por semana.

Esperamos también que hayan comprendido la visión de que *los matrimonios que crecen están compuestos por personas que crecen.* A medida que ambos logren ser más abiertos, con mayor aceptación, más vulnerables, sinceros y deseosos del crecimiento personal y espiritual, vivirán un avance natural en su matrimonio. Porque estarán más sanos por dentro, el matrimonio también podrá sanar. Encontrarán muchos beneficios en el crecimiento personal, además de lo que sucede con la conexión, como en las áreas de relaciones, familia, hijos, amigos y trabajo. Nunca se pierde cuando uno crece.

Finalmente, queremos dejarte con esperanza. No solamente han encontrado muchos matrimonios el amor y la intimidad que siempre quisieron usando estos principios, sino que en un sentido más amplio y profundo, recuerda también que el Diseñador del matrimonio no ha dejado tu relación abandonada a su suerte. Dios te brinda las verdades y principios que necesitas para crecer y amarse juntos. También está personalmente involucrado en ayudar a que tu amor crezca. Quiere amor para la relación de ustedes, porque Él tiene que ver con el amor. De hecho, Él es la fuente misma del amor. Así que cuando lo busques y le pidas ayuda para rescatar tu vida amorosa, estarás acercándote a Aquel que más se preocupa por el amor y las relaciones. Tu matrimonio es importante para Dios, y Él te ayudará de maneras sustanciales que quizá nunca hayas esperado.

Oramos por que, a medida que avances siguiendo los pasos de este libro, llegue el día en que tú y tu cónyuge se miren y sepan que están viviendo el amor, la intimidad y el romance que siempre han anhelado.

Dios los bendiga a ambos y su relación.

Obras citadas

Henry Cloud and John Townsend. *Boundaries Face to Face: how to have that difficult conversation you've been avoiding.* Grand Rapids: Zondervan, 2003.

Boundaries in Dating. Grand Rapids: Zondervan, 2000.

Boundaries in Marriage. Grand Rapids: Zondervan, 1999

How People Grow: Grand Rapids: Zondervan, 2001.

Rescue Your Love Life Personal Discovery Guide. Nashville: Integrity, 2005.

John Townsend. *Hiding from Love: How to Change the Withdrawal patterns that Isolate and Imprison You.* Grand Rapids: Zondervan, 1996.

Who's Pushing Your Buttons? Handling the Difficult People in Your Life. Nashville. Integrity, 2004.